구약과 웨슬리

구약과 웨슬리

왕대일 지음

kmc

머리말

존 웨슬리에 대한 글은 많다. 웨슬리 전공자들은 말할 것도 없고 교회사, 감리교 신학, 조직신학, 설교학 등을 가르치는 지구촌의 여러 학자들이 다양한 시각에서 웨슬리를 소개해 왔다. 특별히 웨슬리를 전공한 학자들은 웨슬리의 삶과 신앙, 사상, 설교, 목회, 감리교회, 웨슬리 신학 등을 오늘의 교회가 갈무리해야 할 소중한 자원으로 정성껏 일깨워 주었다.

오늘날 웨슬리에 대한 신앙 공동체의 관심사는 내가 보기에 감리교회 창시자 웨슬리에서 감리교 신학에 주춧돌을 놓은 신학자 웨슬리로 옮겨가고 있다. 지금까지 소개되거나 간행된 글들도 웨슬리의 생애와 신앙, 회심을 소개하는 글에서 웨슬리 사상의 뿌리, 웨슬리의 성령 체험, 웨슬리의 설교, 목회, 전도, 선교, 신학, 에큐메니즘, 교회, 성서 해석, 정치 사회 윤리, 경제 윤리, 성화와 해방, 구원론, 삼위일체론, 영성, 종말론, 웨슬리와 여성 신학, 웨슬리와 동방교회, 웨슬리와 청교도주의, 웨슬리와 생태 신학 등 다양하다. 그러나 유감스럽게도 웨슬리 신학과 구약 성서 해석학과의 교감이나 소통에 대해서는 그리 큰 관심을 기울이지 않았다. 이 점에서 이 글『구약과 웨슬리』는 지금까지 소개된 웨슬리에 대한 여러 문헌들과는 구별된다. 웨슬리 신앙을 구약의 말씀으로 읽고자 하였기 때문이고, 구약의 가르침을 웨슬리 신학으로 되새겨 보고자 했기 때문이다.

지금까지 성서학자들은, 특히 구약 성서학자들은, 웨슬리 신학이나 웨슬리적인 성서 해석에 대해서 그리 주목하지 않았다. 신약학 분야에서는, 예를 들어 독일 감리교신학대학 신약학 교수였던 발터 클라이버(Walter Klaiber)처럼, 웨슬리의 구원론 등을 신약 성서 신학의 시각에서 꾸준히 검토·연구하는 작업이 있었지만,[1] 구약학 분야에서는 웨슬리 신학을 구약의

---

1) 여기에 대해서는 W. 클라이버·M. 마르쿠바르트 지음, 조경철 옮김,『감리교회 신학』(서울:

가르침으로 재조명하는 작업에 별 큰 관심이 없었다. 웨슬리의 유산이, 가령 웨슬리의 설교나 웨슬리의 성서 해석 방법, 웨슬리의 구원론 등이 오늘날 구약학자들이 줄기차게 시도하는 구약 텍스트에 대한 방법론적 연구나 해석학적 탐구 등과는 너무나도 동떨어져 있다고 여겨졌기 때문이다.

웨슬리 신학에 대한 구약 성서학자들의 글은, 우리나라를 비롯하여 전 세계적으로도, 그리 흔하지 않다. 구약학을 웨슬리 신학의 관점에서 추구해 보려는 시도가 학술지 『웨슬리 신학』(*Wesleyan Theological Journal*)에 간헐적으로 소개되고 있지만,[2] 그마저도 '구약 성경을 웨슬리안(Wesleyan)적인 방법으로 어떻게 읽을 수 있을까'와 같은 원론과 이론에 치중하는 작업이지 구약의 가르침이나 구약 신학의 진수를 웨슬리의 시각으로 되새겨 본 작업은 아직 눈에 띄지 않는다. 그런 점에서 이 책 『구약과 웨슬리』는 일종의 개척자적인 작업이다. 지난 30년간 감리교신학대학교에서 구약학 교수로 신학자의 강단을 섬기도록 하나님이 베풀어 주셨던 은총을 웨슬리 신학과 대화하는 가교(架橋)로 삼았다.

주지하듯 웨슬리는 '한 책의 사람(*homo unius libri*)'이었다. 웨슬리는 성경을, 구약과 신약으로 이루어진 성경 말씀을, 하나님의 계시로 가르치고 따르며 선포하였다. 웨슬리 당시의 이신론이나 신 마르시온주의자들이 조성한 분위기에 맞서서 웨슬리는 구약을 신약과 더불어 하나님의 말씀으로 당당하게(!) 고백하였다. 웨슬리가 남긴 설교에는 그가 얼마나 성경적인 사람이었는지가 분명하게 드러난다. 그가 인용·거론·암시·응용한 구약 성구들이 그의 설교에는 넘쳐난다. 물론 웨슬리가 남긴 설교의 대본(성경

---

kmc, 2007), 576~577에 소개된 클라이버의 저술을 보라.

2) 예를 들어 John E. Hartley, "Old Testament Studies in the Wesleyan Mode," *Wesleyan Theological Journal* 17:1 (1982), 58~76; Sherill F. Munn, "Old Testament Studies in a Wesleyan Mode: A Response to the Paper Presented by Dr. John Hartley," *Wesleyan Theological Journal* 17:1 (1982), 77~84.

본문)만 가지고 따지면 웨슬리의 관심은 구약보다는 신약에 치우쳐 있다. 웨슬리의 설교에서 구약은 신약의 말씀을 설명하거나 지지하거나 예증하는 자리에 머물러 있다. 하지만 주목할 것은 웨슬리가 신약을 통해서 구약을 읽었다는 사실이다. 신약의 가르침을 지지하고자 구약을 인용·원용·거론하다가 차츰 구약의 언어로 신약의 문을 다시 두드렸다. 그런 점에서 이 책『구약과 웨슬리』는 웨슬리 신학에 대한 구약학자의 고백이자 웨슬리 신학을 향한 구약학자의 변론이다.

이 책은 크게 3부로 구성된다. 제1부는 "웨슬리를 구약의 언어로 읽을 수 있을까?"라는 질문에 대한 대답으로 웨슬리 신앙에 드리운 히브리 사상을 추적한다. 웨슬리가 전한 율법의 은총을, 율법이라는 은총을 갈무리하면서 웨슬리 신학의 지평을 성서 해석학의 시각에서 조율한다. 이 작업을 위해서 학술지『웨슬리 신학』(*Wesleyan Theological Journal*)에 실린 톰슨(Richard P. Thompson), 로버트 월(Robert W. Wall), 토르센(Donald A. D. Thorsen) 같은 성서학자들을 비롯하여 김홍기, 김진두, 이후정, 김동환 등 우리나라 웨슬리 학자들의 글을 살폈다.

제2부 "웨슬리 신학으로 읽는 구약"은 구약의 세계를 웨슬리 신학의 관점에서 재구성해 보려는 노력이다. 웨슬리가 신학적으로 남긴 유산을 구약 신학의 글말로 되새김질해 보았다. 구약 성경의 세계를 오경, 역사서, 성문서, 예언서로 구분해서 읽는 기독교 신앙 공동체의 전통을 따라서 구약의 각 단원을 웨슬리의 언어·용어·사상·가르침을 따라 살피고자 하였다. 거기에서 구약의 가르침을 구원의 완성을 향한 여정, 약속의 땅으로 가는 길, 우리의 삶을 하나님과 연결하기, 언약 신앙이라는 코이노니아, 성화와 하나님의 경제, 그날을 향한 소망 등으로 묻고 불리고 풀어 보았다. 구약의 가르침을 웨슬리 신앙·웨슬리 신학의 글말로 재해석·재구성하려고 했다는 점에서 제2부는 웨슬리 신학의 관점에서 본 구약 이해에 해당된

다. 이 과정에서 테오도르 러니언(Theodore Runyon)의 『새로운 창조』, 존 캅(John B. Cobb, Jr.)의 『은총과 책임』, 랜디 매닥스(Randy L. Maddox)의 『응답 가능한 은총』이나 그가 편집한 『웨슬리 신학 다시보기』, 클라이버와 마르쿠바르트(W. Klaiber and M. Marquardt)의 『감리교회 신학』 등을 깊이, 두루, 읽으며 익히고 새겼다.

제3부 "구약의 말씀으로 읽는 웨슬리의 구원론"은 웨슬리의 설교 제목을 차용하여 구약 본문을 주석하고 해석한 작업이다. 구약 본문을 해석하되, 그 해석의 열매를 웨슬리가 남긴 설교 제목으로 증언하는 방식으로 되새기고자 했다. 이 제3부는 감리교회가 해마다 정기적으로 지키는 웨슬리 회심 주간을 맞아 내가 틈틈이 강사로 나서서 전하였던 설교의 일부를 에세이 형식으로 다시 다듬어 펴낸 결과물이다. 웨슬리가 남긴 신학적 유산, 특히 구원론에 해당되는 제목 네 개(새로운 탄생, 미완성의 그리스도인, 성령의 증거, 은혜의 수단)를 각각 구약의 창세기, 민수기, 사무엘상, 예레미야에서 하나씩 선정된 본문으로 읽고 주석하고 해석하였다. 이 책의 제2부가 웨슬리 신학으로 구약을 읽는 노력이었다면, 제3부는 구약의 가르침으로 웨슬리를 새겨듣는 노력이라고 말할 수 있다.

웨슬리의 신앙·신학·사상 가운데 구원론을 이 제3부의 소재로 삼은 데에는 두 가지 이유가 있다. 하나는 내가 아직 웨슬리 설교에 담긴 방대한 신학적 유산을 미처 다 깨우치지 못한 까닭이고, 다른 하나는 '선행적·칭의적·성화적 은혜'로 정리되는, 웨슬리의 '성경적 구원의 길(The Scripture Way of Salvation)'이나 '구원의 질서(*Ordo Salutis*)'가 웨슬리 신학의 브랜드로 꼽히기 때문이다. 그러기에 구약 신학의 관점에서 웨슬리가 남긴 방대한 여러 신학적 유산에 대한 체계적인 정리는 추후의 과제로 남겨 둔다.

이 제3부 작업을 위해서는 구약 본문에 대한 깨달음과 더불어 웨슬리의 설교를 읽고 새기는 과제를 이행해야 했다. 웨슬리 설교의 영어 원문은 인터넷 상에서 쉽게 구할 수 있다. 이 글에서는 미국 Grand Rapids 출판사가 무료로 제공한 Christian Classics Ethereal Library(http://www.ccel.org/ccel/wesley/sermons.html) 총서의 PDF 파일인 *Sermons on Several Occasions*(이 파일의 분량은 모두 1,281쪽이다)에서 필요한 부분을 번역하거나, 기존의 웨슬리학자들의 글에 번역·인용된 부분을 편의상 중인하거나, 김홍기가 펴낸『존 웨슬리의 설교』(땅에 쓰신 글씨, 2001)를 인용하는 방식으로 웨슬리의 설교를 새겨 갔다. 이 책에 표기된 웨슬리 설교의 출처는 그때마다 각주에 밝혔다. 우리말로 번역되거나 인용된 웨슬리 설교 본문을 우선적으로 따르되 여의치 않다고 판단될 경우 *Sermons on Several Occasions*에 실린 웨슬리 설교를 직접 읽고 사역하였다. 단, 이 책에 표기된 웨슬리 설교의 번호는 한국웨슬리학회가 전7권으로 펴낸『웨슬리 설교전집』(대한기독교서회, 2006) 150편의 차례를 따랐다. 미국 아빙돈(Abingdon) 출판사가 간행한 웨슬리 저작과는 달리 한국웨슬리학회가 펴낸 자료는 웨슬리 설교의 차례를 웨슬리가 설교했던 연도별 순서를 따라서 정했다. 그래서 이 책에 적어 놓은 웨슬리 설교 번호는 이 자료를 따랐다.

이 책『구약과 웨슬리』를 집필하는 기간 내내 나는 하나님 앞에서 참회하면서 감사했고, 감사하면서 깨달았다. 참회한 것은 내가 30년간 감리교신학대학교에서 감리교 목회자 양성에 힘썼다고 하면서도 웨슬리를 제대로 모르고 있었다는 사실을 뒤늦게 확인하였기 때문이다. 감사했던 것은 웨슬리를 다시 읽으면서 1990년 가을 감리교신학대학교의 강단에 서면서 막연하게나마 품었던 '웨슬리 신학으로 구약 성서를 읽어야지'라는 소망을 글말로 펼칠 수 있는 기회를 하나님이 베풀어 주셨기 때문이다. 깨달은 것은 웨슬리 신학으로 구약 성경을 읽으면서, 아니 구약의 말씀으로 웨슬리 사상에 들어서면서, 웨슬리가 어제의 웨슬리가 아닌 오늘의 웨슬리, 내일의 웨슬리가 된다는 진리를 온몸과 마음으로 체득하였기 때문이다.

『구약과 웨슬리』를 탈고하고 그 머리말을 쓰는 이 시간, 다시 한 번 부족한 사람을 품어 주시고 고쳐 주시고 새롭게 하시는 하나님의 사랑과 은혜에 감사드린다. 아울러 이 책의 집필과 관련하여 세 사람에게 고마운 마음을 전한다. 한 사람은 기독교대한감리회 본부에서 사역하고 있는 나의 제자 김장성 목사다. 그의 제안으로 나는 한 사람의 구약학자로 웨슬리의 세계에 과감하게 들어서는 용기를 낼 수 있었다. 이 책의 제목『구약과 웨슬리』도 그의 제안에 따른 것이다. 다른 한 사람은 나의 조교 이충만 목사다. 그는 나의 감신대 교수사역 30년의 마지막 기간 동안 내 옆에서 힘껏 나를 도운 신실한 제자다. 그가 걷는 걸음마다 주 하나님이 인도하시는 길이 되기를 기도한다. 또 다른 한 사람은 나의 동역자이자 아내인 이경숙 목사다. 그의 격려로 이 책을 집필하는 대장정에 나설 수 있었고, 그의 안내로 구약을 웨슬리로 읽고 웨슬리를 구약으로 품는 길에 들어설 수 있었으며, 그의 인내로『구약과 웨슬리』라는 개척자적인 작업을 마침내 이루어낼 수 있었다.

이 책에 인용된 성경 본문은 우리말 개역개정판을 따랐다. 필요한 경우 새번역성경을 소개하였다. 하나님의 이름은 성경 본문을 따를 경우 여호와로 하였고 그 밖의 경우에는 야훼 하나님으로 표기하였다. 이 책에서는 성경에 대한 호칭도 성경과 성서를 병행하였다. 글의 맥락상 경전과 관련된 표기에서는 성경을, 해석의 과정과 연관된 표기에서는 성서라고 불렀다. 부족한 글이 책으로 간행될 수 있도록 기다려 주고 다듬어 준 도서출판kmc 관계자들에게도 이 자리를 빌려 고마운 마음을 전한다. 이분들이 있었기에 부족한 사람에게 베푸신 하나님의 크신 은총이 신앙 공동체의 글말로 새겨질 수 있었다.

2019년 10월 우장산 서재에서 왕대일

차 례

제1부

웨슬리 신앙을 구약의 언어로 읽을 수 있을까?

01

웨슬리의 재발견

웨슬리를 알면 무엇이 달라지는가?

구약의 가르침을 웨슬리 신앙으로 되새길 수 있을까? 웨슬리 신앙을 구약의 언어로 되짚어 볼 수 있을까? 이 질문은 웨슬리 신앙을 지닌 그리스도인들에게, 목회자들에게, 구약의 말씀이 어떤 도움을 주는지를 따지는 물음이다. 웨슬리 신학의 울타리 안에서 구약학을 수행하는 자들에게도 18세기의 전도자, 설교자였던 존 웨슬리(John Wesley, 1703~1791)가 어떤 영향을 끼치는지를 캐묻는 질문이다. 도대체 웨슬리의 설교나 글 등이 구약 해석학에 어떤 영향을 미칠까? 과연 구약 성경의 말씀을 웨슬리 방식으로 이해할 수 있을까?

웨슬리 신앙을 구약의 글말로 헤아리기 위한 1차 자료는 웨슬리 『설교집』(*Sermons*)이다. 『표준설교집』(*Standard Sermons*)만이 아닌 웨슬리의 유산으로 남아 있는 150편의 설교가 우리가 새겨야 할 대상이다. 웨슬리가 남긴 설교 중에서 『표준설교집』에 드는 설교가 44편인지, 53편인지에 대해서는 논란의 여지가 있다. 또 『표준설교집』으로 정리된 44편은 1763년

이후에 기록된 웨슬리의 설교를 담고 있지 않기에 웨슬리 사역의 후기에 드러난 '웨슬리의 성숙한 사고'를 반영하지 못한다.[1] 웨슬리 학자 김진두가 지적했듯이 웨슬리의 설교는 '설교로 푼 교의학(Dogmatics)'이다.[2] 1765년에 브리스톨(Bristol)에서 3권으로 출판된 웨슬리의 『구약노트』(*Explanatory Notes on the Old Testament*)가 있지만, 이 책은 웨슬리의 저술이라기보다는 기존에 있던 메튜 폴(Matthew Poole)과 메튜 헨리(Matthew Henry)의 구약 본문 해설에 웨슬리가 자기 의견을 첨가해서 편찬한 자료이기에 웨슬리 신앙과 웨슬리 사상을 탐색하는 자료로 삼기에는 적절하지 않다.[3]

웨슬리가 남긴 많은 저술, 저널, 서신 등도 웨슬리 신앙을 구약 성서 신앙의 관점으로 재구성하도록 도와준다. 하지만 이 자료들도 웨슬리 신앙이나 웨슬리 사상을 구약의 언어로 정리하도록 쉽게 도와주지 않는다. 웨슬리의 관심이 '메도디스트(Methodist)'가 지녀야 할 기독교 신앙의 규범이나 기독교인적인 삶을 제시하는 데 쏠려 있기 때문이다. 예컨대 성화(聖化)에 대한 웨슬리의 관점을 요약한 『기독교인의 완전에 관한 평이한 해설』(*A Plain Account of Christian Perfection*)도 그리스도인을 성화의 삶으로 자라 가게 돕는 '은총의 수단(means of grace)'에 대한 서술이지 웨슬리의 성서 해석을 꿰뚫어 보도록 거들어 주는 글은 아니다. 그래서였을까? 웨슬리 신학과 관련해서 그동안 간헐적으로 소개되었던 구약학자들의 관심은

---

1) Albert C. Outler, and Richard P. Heitzenrater, eds., *John Wesley's Sermons: An Anthology* (Nashville: Abingdon, 1991); Albert C. Outler, *John Wesley's Sermons: An Introduction* (Nashville: Abingdon, 1991).

2) 김진두, 『웨슬리와 우리의 교리, 초기 메도디스트 교리연구』(서울: kmc, 2009), 52.

3) 웨슬리의 『구약노트』에서 웨슬리의 주석 방법을 읽고자 했던 카스토(Robert M. Casto)의 연구가 이 점을 확인해 주었다. 카스토에 따르면 웨슬리의 『구약노트』 중에서 웨슬리의 통찰을 담고 있는 분량은 책 전체의 약 14%에 지나지 않는다. Robert M. Casto, "Exegetical Method in John Wesley's Explanatory Notes upon the Old Testament: A Description of his Approach, Use of Sources, and Practice" (Ph. D. Dissertation of Duke University, 1977), 216~217.

웨슬리 신앙, 웨슬리 신학, 웨슬리 사상을, 구약의 언어로 되새김질하는 작업에 대해서는 상당한 거리를 두었다. 그렇다면 우리는 왜, 어떻게, 웨슬리를 구약의 언어로 읽으려고 하는가?

"웨슬리 신앙을 구약의 언어로 읽을 수 있을까?"라는 질문에 답하기 위해서는 미국 연합감리교회 감독이었던 케네스 카더(Kenneth L. Carder)가 남긴 회고, "웨슬리를 알면 무엇이 달라지는가"를 먼저 되새겨 볼 필요가 있다.[4] 케네스 카더가 내슈빌(Nashiville) 지역을 섬기고 있을 때 한 평신도로부터 다음과 같은 질문을 받은 적이 있다. "존 웨슬리가 감독님의 사역에 끼친 영향이 있다면 그것이 무엇인지를 말씀해 주시겠습니까?"[5] 한 평신도가 케네스 카더에게 던졌던 이 질문은 케네스 카더로 하여금 웨슬리가 자신의 사역에 끼친 공적이 무엇인지를 성찰하도록 이끌어 주는 계기가 되었다.

따지고 보면 케네스 카더가 마주하였던 질문은 그에게만 해당되는 도전이 아니다. 그 질문은 오늘날 이 땅에서 감리교회의 지체로 살아가는 자들이라면 누구나 한 번쯤 대면하게 될 물음이다. 동시에 이 질문은 18세기의 존 웨슬리가 마르틴 루터 같은 16세기 종교 개혁자들과 무엇이, 어떻게, 얼마나 다른지를 캐내려는 물음이기도 하고, 웨슬리에 대한 지식과 공감 등이 웨슬리 신앙의 계승자여야 할 21세기 웨슬리안(Wesleyan)들에게

4) Randy L. Maddox, ed., *Rethinking Wesley's Theology for Contemporary Methodism*, 이후정 옮김, 『웨슬리 신학 다시보기』(서울: 기독교대한감리회 홍보출판국, 2000), 23~41. 이 책은 웨슬리 학자로 에모리 대학교에서 40년 동안 가르쳤던 테오도르 러니언 2세(Theodore H. Runyon, Jr)의 은퇴를 기해 그의 동료, 제자, 후학들이 헌정한 논문집이다. 이 논문집에 실린 열네 편의 글 가운데에는 논문 제목에 물음표를 단 글이 두 개 있는데, 하나는 첫 장으로 배정된 케네스 카더(Kenneth L. Carder)의 "웨슬리를 알면 무엇이 달라지는가?"고, 다른 하나는 10장에 실린 후스토 곤잘레스(Justo L. Gonzalez)의 "웨슬리를 스페인어로 읽을 수 있을까?"다. 이 장의 제목을 "웨슬리 신앙을 구약의 언어로 읽을 수 있을까?"로 단 것은 곤잘레스의 글을 패러디한 것이다.

5) 케네스 카더, "웨슬리를 알면 무엇이 달라지는가?," 매닥스, 『웨슬리 신학 다시보기』, 23~41.

그 정체성 규정에 어떤 도움이 되는지를 확인하려는 물음이기도 하다. 그 물음 속에는 프로테스탄트 개신교회의 지평선에서 웨슬리 신앙의 좌표가 어디쯤인지를 확인하려는 궁금증이 담겨 있기도 하고, 웨슬리를 안다고 하는 것이 감리교인의 신앙생활을 어떻게 다르게 인도하는지를 꼬집어서 반문(反問)하는 불평이 들어 있기도 하다.

엄밀하게 말해 케네스 카더가 들었던 질문, "웨슬리에 대해서 안다는 것이 감리교인의 사색이나 사역에 어떤 변화를 가져다주는가?"에 대한 답변은 웨슬리 학자들이 감당해야 할 몫이다. 그러나 케네스 카더가 "웨슬리를 알면 무엇이 달라지는가?"라고 스스로에게 던졌던 질문은 구약학자들에게도 아주 타당한 말 걸기가 된다. 왜 그럴까? 왜 구약학자들이 웨슬리 신앙, 웨슬리 신학을 알아야 할까? 도대체 웨슬리를 알면 구약학 공부의 내용이 어떻게 달라지는가?

나는 1970년대에 신학 수업을 하였다. 그 당시 내가 배웠던 웨슬리는 교회사 시간에, 목회학 시간에 소개되었던 "세계는 나의 교구다."라고 외쳤던 감리교회의 창시자 존 웨슬리였다. 신학 수업을 이수하고 목회 현장에 발을 들여놓았을 때 나를 맞이한 목회 현장의 열기는 1738년 5월 24일 웨슬리가 영국 런던의 올더스게이트 거리(Aldersgate Street)에서 체험하였던 뜨거운 회심에 쏠려 있었다. '도덕적 종교인(a pre-Christian moralist)'으로 지내던 존 웨슬리가 올더스게이트에서 그 마음이 뜨거워지는 체험을 하게 되면서 '참된 그리스도인(a true Christian believer)'으로 변화되었다는 것이다.[6] 그 변화를 가리켜 웨슬리의 회심이라고 불렀다. 웨슬리의 믿음이 '머리의 종교'에서 '마음의 종교'로 옮겨갔다는 소리다. 감리교회가 매년 지키는 웨슬리 회심 주간(매년 5월 넷째 주)은 '존 웨슬리의 오순절'이었던 올더스게이트 체험을 오늘의 감리교인들이 되살려야 할 성령 체험의

6) Randy L. Maddox, ed., *Aldersgate Reconsidered* (Nashville: Kingswood, 1990), 13, 16.

현장으로 확인하던 절기였다. 웨슬리 회심 주간은 웨슬리처럼 마음이 뜨거워지는 오순절 성령 충만을 오늘이라는 상황 속에서 다시금 경험하는 집회에 초점을 두고 있었다.

부끄러운 고백이지만 그때 나는 몰랐었다, 웨슬리가 남긴 신학적 유산을. 웨슬리를 경건한 규칙주의자(Methodist), 열정적인 전도자·설교자, 감리교회의 창시자로만 배웠지,[7] 웨슬리가 전한 하나님의 은총이 삼위일체적이고(말하자면 선행적, 칭의적, 성화적 은총이고), 하나님의 선행 은총(prevenient grace)에 인간이 책임적으로 응답하는 삶에서 구원의 과정(*ordo salutis*)이 전개되며, 성화는 인간성의 회복만이 아닌 모든 피조물들이 함께 누리게 될 창조 세계의 회복(새 창조)에서 완성된다는 것 등을 배우지 못했다.[8] 웨슬리의 설교와 서신과 일지와 글 등이 온통 '하나님을 아는 것과 하나님이 통치하시는 삶을 사는 것과 예수 그리스도 안에서 성령을 통하여 알려진 하나님의 진리를 선포하고 가르치는 것'에 쏠려 있었지만,[9] 당시에 나는 그런 웨슬리 신학을 미처 헤아리지 못했다. 웨슬리에게 있어서

7) 내가 신학 수업을 하던 1970년대 감리교신학대학교의 상징은 말 타고 다니면서 전도하던, 그 말 위에서 성경을 읽던, 존 웨슬리 상(像)이었다.

8) 호세 미구에즈 보니노(Jose Miguez Bonino), "라틴 아메리카의 웨슬리: 신학적, 역사적 성찰," 매닥스, 『웨슬리 신학 다시보기』, 229~236; Theodore H. Runyon, *New Creation, John Wesley's Theology Today,* 김고광 옮김, 『새로운 창조』 (서울: 기독교대한감리회 홍보출판국, 1999), 35~142. 보니노가 요약한 하나님의 은총에 대한 웨슬리 신앙의 삼위일체적 해설은 발터 클라이버(Walter Klaiber)와 만프레드 마르쿠바르트(Manfred Marquardt)의 웨슬리 해석을 인용한 것이다. "어떤 방향에서 이러한 은혜의 차원들은 삼위일체적인 하나님의 계시와 일치한다. 즉 선행적인 은혜는 창조주로서의 하나님의 역사하심에, 구속의 은혜는 예수 그리스도 안에서의 구원의 행위에, 성화의 은혜는 성령의 역사에 해당하는 것이다." 보니노, "라틴 아메리카의 웨슬리," 229~230, 각주 8; 클라이버와 마르쿠바르트의 『삶으로 실천된 은혜: 감리교회 신학의 개요』 (*Gelebte Gnade: Grundriss einer Theologie der Evangelisch-methoditischen Kirche*, Stuttgart: Christliche Verlagshaus, 1993, 개정판은 2006)는 조경철 옮김, 『감리교회 신학: 하나님의 은혜를 실천하는 사람들의 신학』으로 번역·출간(서울: kmc, 2007)되었다. 하나님의 은혜에 대한 삼위일체적인 해석은 클라이버·마르쿠바르트, 『감리교회 신학』, 108을 보라.

9) 케네스 카더, "웨슬리를 알면 무엇이 달라지는가?," 26.

하나님을 아는 일은, 케네스 카더가 지적했듯이, '하나님에 대한 지적인 사유가 아니라 하나님의 실재와 현존에 의해 형성된 삶'을 살아내는 '실천적인 신학(practical divinity)'의 얼개였지만,[10] 아쉽게도 나의 초년병 목회 생활은 그런 웨슬리 신학의 바탕에는 전혀 닿지를 못했었다.

웨슬리의 설교에 대한 평가나 웨슬리 신학에 대한 정리는 이 글의 범주에서 벗어난다. 이 글의 주제는 웨슬리와 구약이다. 다만 여기에서 한 가지 짚고 넘어가려고 하는 것은 내가 요약한 웨슬리 신학의 중심이 '하나님의 선행하시는 은총과 의롭게 하시고 거룩하게 하시고 완전하게 하시는 은총을 말과 행동으로 선포하는' 복음화라는 사실이다.[11] 종교 개혁자 마르틴 루터가 다졌던 '오직 믿음으로만'에 정초(定礎)했던 신앙의 지평을, 믿음으로 의로워진 자는 거룩한 삶을 살아야 한다는 성화(聖化)의 차원으로 들어서게 했다는 것이다. 즉 참된 신앙의 이정표를 의인(義認) → 의인(義人) → 성인(聖人)으로 가는 여정으로 삼았다는 것이다.

하늘 가는 길

주지하듯 웨슬리는 '한 책의 사람(*homo unius libri*)'이다. 웨슬리를 설명할 때 이 말을 빼고서는 웨슬리를 거론할 수 없다. 웨슬리의 설교와 저술 등에 반영된 웨슬리의 모습은, 말 그대로, 한 책에 붙들린 사람, 곧 성경책의 사람이다. 웨슬리에게 성경은 '우리의 구원을 위해서' 계시된 하나님의 말씀이다.

흔히 웨슬리 신앙은 성서·이성·체험·전통이라는, 이른바 '웨슬리 사변형(Wesleyan quadrilateral)'에서 거론된다.[12] 성서 안에 계시된 기독교 신앙

10) 케네스 카더, "웨슬리를 알면 무엇이 달라지는가?," 27.

11) 케네스 카더, "웨슬리를 알면 무엇이 달라지는가?," 28.

은 "전통에 의해서 밝혀지고 개인적인 체험에서 생명으로 일깨워지며, 이성의 도움으로 확고하게 된다."고 웨슬리가 확신하였기 때문이다.[13] 성서의 계시는 이성으로 다져지고 체험으로 확증되면서 전통에 의해 조명된다는 것이다. 이렇게 볼 경우 웨슬리 신학에서 성경은 기독교 신앙의 유일 기준(*sola fidei regula*)이기보다는 제1기준(*prima fidei regula*)이 된다.[14] 하지만 이 말을 오해해서는 안 된다. 웨슬리 신학에서 성경이 차지하는 자리는 그 1/4이 아니다. 웨슬리 신앙의 토대는 종교 개혁자들의 전통과 다르지 않게 '솔라 스크립투라(*sola Scriptura*)', 곧 성경이다.[15] '오직 믿음(*sola fide*),' '오직 성경(*sola Scriptura*)'은 웨슬리에게도 종교 개혁자들처럼 기독교 신앙의 근본이다. 다만 웨슬리는 '오직(*solus*)'의 의미를 '오로지(solely 또는 exclusively)'란 의미보다는 '근본적으로(primarily)'라는 뜻으로 받아들

---

12) Donald A. D. Thorsen, "Interpretation in Interactive Balance: The Authority of Scripture for John Wesley," in Barry L. Callen and Richard P. Thompson, eds., *Reading the Bible in Wesleyan Ways: Some Constructive Proposals* (Kansas City, Missouri: Beacon Hill, 2004), 81~83; Thorsen, *The Wesleyan Quadrilateral: Scripture, Reason, Tradition, and Experience as Model for Evangelical Theology* (Grand Rapids: Zondervan, 1990), 251.

13) 이 인용구는 1988년 미국 연합감리교회(UMC)의 총회에서 통과된 <감리교회의 신학적인 사명>에서 따왔다. 클라이버·마르쿠바르트, 『감리교회 신학』, 548.

14) '신앙의 제1기준'과 '신앙의 유일 기준'이란 용어를 구별해서 사용해야 한다는 지적은 내가 '한국인의 성서해석, 그 회고와 전망 - 한국 구약학을 중심으로'라는 제목으로 이화여자대학교 한국문화원에서 간행한 『신학연구 50년』(서울: 도서출판 혜안, 2003), 47~92에서 프로테스탄트 개신교회의 성서관을 다룰 때 거론하였던 용어다. 이 글은 왕대일, 『기독교경학(經學)과 한국인을 위한 성서 해석』(서울: 대한기독교서회, 2012), 161~192에 다시 실렸으며, 이 글에서 한국 교회의 성서관과 관련된 논란에 대해서는 164~171, 특히 171을 보라.

15) 웨슬리 신앙의 토대가 성경이라는 사실은 일찍부터 지적되었다. 예를 들어 W. E. Sangster, *The Path to Perfection* (New York: Abingdon-Cokesbury Press, 1943); William M. Arnett, *John Wesley, Man of One Book* (unpublished Ph.D. dissertation, Drew University, Madison, NJ., 1954); Paul O'Brien, *Sources of Authority in The Theological Writings of John Wesley* (unpublished STM thesis, Westminster Theological Seminary, Baltimore, Md., 1957); George A. Turner, *The Vision Which Transforms* (Kansas City, Mo.: Beacon Hill Press, 1964).

였다.[16] 웨슬리에게도 성경은 하나님의 자기 계시가 수록된 말씀으로 기독교 신앙에서 으뜸가는 토대다.

그럼에도 웨슬리는 감리교도들에게 성경만 읽으라고 권면하지 않았다. 웨슬리는 성서 연구를 위해서, 그리스도인의 믿음을 심화시키기 위해서, '교부들의 문헌들, 초교파적인 신앙 고백들, 종교 개혁자들의 가르침과 그 시대의 경건 문헌들'을 읽으라고 적극 권장하였다.[17] 웨슬리가 편찬해서 설정한 '크리스천 도서목록 50권(50-volume Christian Library)'이 그 단적인 경우다. 웨슬리 사변형은 웨슬리 신앙에서 성경이 이성·체험·전통과 동떨어져서는, 즉 성경이 이성·체험·전통과 무관하게 읽혀서는 그 중심 역할을 다하지 못한다는 설명이다. 성경의 진리를 알고 성경의 진리와 소통하는 일에 이성과 체험과 전통이 자원 역할을 한다는 것이다. 이것을 랜디 매닥스(Randy L. Maddox)의 표현으로 바꿔 말하면 다음과 같다. "성경이 주도하는 원칙(unilateral rule)은 이성·체험·전통이 이루는 삼각형의 해석(trilateral hermeneutic) 안에 자리 잡고 있다."[18]

웨슬리에게 성경은 '하나님의 생생한 말씀(*vox Dei*, living words of God)'이다.[19] 하나님의 자기 계시를 웨슬리는 '글로 기록된 하나님의 육성(the Written Voice of God)'이라고 설명하였다. 다른 말로 성경은 '하나님의 책

16) Thorsen, "Interpretation in Interactive Balance," 93; Albert C. Outler, ed., *John Wesley* (New York: Oxford University Press, 1980), 28, note 101.

17) 클라이버·마르쿠바르트, 『감리교회 신학』, 548.

18) Randy L. Maddox, *Responsible Grace: John Wesley's Practical Theology* (Nashville: Abingdon/Kingswood, 1994), 46.

19) 예를 들어 웨슬리 설교 87번(1781), "공평하게 숙고된 이성의 역할(The Case of Reason Impartially Considered)," I. 6; David B. McEwan, "The Living and Written Voice of God: John Wesley's Reading, Understanding, and Application of Scripture," *Wesleyan Theological Journal* 46:1 (2011), 109~110; Robert W. Wall, "Toward a Wesleyan Hermeneutic of Scripture," in *Reading the Bible in Wesleyan Ways: Some Constructive Proposals*, 39~55, 특히 51.

(the book of God)'이다. 하나님의 말씀이, 그 육성이, 그 책이 영감으로 기록되어 있기에 성경은 기독교 신앙의 원천(源泉)이다. 하나님은 성경을 통하여 우리에게 말씀하시고자 성경을 기록하게 하셨다.

> 모든 성경은 하나님의 감동으로 되어 있다. - 하나님의 영은 하나님의 말씀을 기록한 자들만 붙드시지 않고 그 말씀을 간절히 기도하면서 읽는 자들도 계속해서 붙드시면서 초자연적으로 도우신다. 그러기에 성경은 교훈을 주고, 무지한 자들을 가르치고, 허물과 죄에 빠져 있는 자들을 책망하거나 바르게 하고, 어떤 잘못을 저질렀어도 그것을 고쳐 주거나 교정해 주고, 하나님의 자녀를 의로 교육하거나 온전하게 하기에 유익하다.[20]

웨슬리는 하나님의 영이 그 말씀을 기록한 자들에게만이 아니라 그것을 읽는 자들에게도 똑같이 작용한다고 말한다. 하나님의 말씀을 기록할 때 역사(役事)하셨던 하나님의 영감(divine inspiration)이 그것을 읽을 때에도 똑같이 작용한다는 것이다. 무슨 소리인가? 하나님의 말씀에는 어떤 오류도 없다. 만약 성경에 오류가 있다면 그것은 순전히 그 말씀을 기록한 사람 탓이다. 하나님의 영은 그 말씀을 읽는 자들을 붙들어 하나님이 주셨던 계시로, 참 진리로, 인도하신다는 것이다. 다음 장에서 다시 확인하겠지만 웨슬리에게 있어서 성경 읽기는 하나님의 영의 인도함을 받아 하나님의 말씀과 소통하는 시간이다. 웨슬리는 성경 말씀의 문자에 매이지 않았으며 성경 말씀을 그럴싸하게 꾸미지도 않았다. 웨슬리는 성경 읽기가 우리를 지혜롭게 해서 구원에 이르게 하고 거룩한 삶을 살도록 이끈다고 보면서도 그 독법(讀法)은 기록된 말씀이 언제, 어디에서 주어졌는지, 그 콘텍스트(시간과 공간)를 간과하지 않았다.[21]

20) Wesley, *Notes upon the New Testament*, 794, 디모데후서 3장 16절.

웨슬리에게 성경은 '구원에 이르는 길(way of salvation)'을 가르쳐 주는 책이다. 웨슬리는 그가 전한 설교에서 구원받기를 원하지만 어떻게 구원받는지를 알지 못하는 자들에게 성경을 읽으라고 전했다.[22] 성경은 우리를 구원에 이르는 길로 단계적으로 인도한다는 것이다. 웨슬리 학자들은 웨슬리 신학의 핵심에 해당되는 웨슬리의 구원론을 '구원의 순서(*ordo salu tis*)'라는 말로 정리했다. 왜냐하면 웨슬리가 성경 말씀의 의도는 구원의 순서(질서)를 일깨워 주는 데 있다고 보았기 때문이다.[23] 예컨대 '하나님의 선행 은총' → '의롭다 하심에 이르게 하는 회개' → '칭의 또는 용서' → '새로운 탄생' → '칭의 이후의 회개와 성화에 이르는 점진적인 행함' → '온전한 성화'에 이르는 웨슬리의 구원론은 전적으로 성경에서 깨우친 구원의 길이다.[24]

웨슬리는 성경에서 '하늘 가는 길(the way to heaven)'을 찾았다. 하나님이 하나님의 뜻을 성경을 통해서 계시해 주셨다. 웨슬리 『설교집』(*Sermons*)의 서문에 실린 다음 글은 유명하다.

> 내가 알기 원하는 한 가지, 그것은 하늘로 가는 길이다. …… 하나님은 이 길을 가르쳐 주고자 스스로 내려오셨다. 그 사실을 성경에 기록해 놓으셨다. …… 나는 오직 한 책의 사람이 되기를 원한다. …… 하나님의 현존 앞에서 나는 그의 책을 펴서 읽는다. 하늘 가는 길을 찾는 바로 이 목적을 위해서.[25]

21) 웨슬리 설교 16번, "은총의 수단(The Means of Grace)," III. 8; Thorsen, "Interpretation in Interactive Balance," 94~102.

22) 예를 들어 웨슬리 설교 4번, "성경적 기독교(Scriptural Christianity)," 웨슬리 설교 43번, "성경적 구원의 길(The Scripture Way of Salvation, 1765)," 웨슬리 설교 111번, "우리 자신의 구원을 성취함에 있어서(On Working Out Our Own Salvation, 1785)"를 보라.

23) Thorsen, "Interpretation in Interactive Balance," 91.

24) Thorsen, "Interpretation in Interactive Balance," 91.

25) Wesley, "Preface" to Sermons, in *Works* (Bicentennial ed.), 1:105.

웨슬리가 말한 '하늘 가는 길'이란, 달리 말하면, 그리스도인이 성취해야 할 구원의 완성으로 나아가는 길이다. 웨슬리는 철저하게 성경에서 구원에 이르는 길을 깨닫고자 하였다. 웨슬리가 성경을 읽는 자들을 가리켜 하늘로 가는 길에 들어선 자로 보았다는 것은 하나님의 말씀을 기록할 때와 하나님의 말씀을 읽을 때 작용하는 하나님의 영감이 구원의 길에 들어선 자에게도 똑같이 작용한다는 뜻이 된다.[26] 웨슬리에게 하나님의 영은 하나님의 말씀을 기록한 자들에게, 하나님의 말씀을 읽는 자들에게, 하나님의 말씀대로 걸어가는 자들에게 똑같이 작용한다.

웨슬리의 성서 이해를 다루는 사람들은 웨슬리의 설교가 얼마나 성경적이자 복음적이었는지를 따질 때 그의 설교에 인용·반영·거론된 성경 본문의 횟수 등을 제시한다. 웨슬리의 설교가 성경적이고 복음적이라는 사실을 힘주어 설명할 때 웨슬리의 설교가 얼마나 성경 읽기에 그 기초를 두었는지를 지적하곤 하였다. 오래전 윌리엄 아르넷(William M. Arnett)은 웨슬리를 이렇게 소개하였다.

> 웨슬리는 성경을 경건하게, 겸손하게, 부지런히 읽었고, 성경의 권위를 수용하였으며, 구원의 도리를 밝히는 말씀으로 성경을 대하면서, 성경 읽기에서 얻은 깨달음을 실제 목양에 적용하고자 노력하였다.[27]

웨슬리가 성경 말씀을 설교하고자 성경 본문을 쉬지 않고 인용했던 것은 사실이다. 설교자야말로 시대와 장소를 막론하고 성경 본문과 항상 마주 대하는 위인이 아니던가! 그만큼 웨슬리의 설교 스타일은 성서적이다.

---

26) Richard P. Thompson, "Inspired Imagination: John Wesley's Concept of Biblical Inspiration and Literary-Critical Studies," in *Reading the Bible in Wesleyan Ways,* 66.

27) William M. Arnett, "John Wesley and the Bible," *Wesleyan Theological Journal* 3:1 (1968), 3~9.

웨슬리의 설교문을 대하다 보면 웨슬리가 한 편의 설교에서 종횡무진(!) 성경 구절들을 엮어서 이어 나가고 있음을 알게 된다. 설교만이 아니다. 그가 쓴 편지나 저술 등도 기독교 진리를 확정하기 위해서 성경 말씀을 인용하거나, 성경 이야기를 예로 들거나, 성경적인 언어나 성서적인 용어들을 치밀하게, 수없이 사용하였다. 기독교 신앙의 정당성을 성경의 언어로 풀어헤친 것이다.

앞에서도 지적했듯이 웨슬리에게 성경은 '하늘 가는 길(the way to heaven)'을 해설해 주는 은총의 수단이다. 웨슬리는 성경 말씀을 하늘로 가는 길의 텍스트로 삼았다. 성경은 구원에 이르는 길을 체계적으로 해설한 거룩한 진리다. 웨슬리가 성경 말씀을 개신교 신앙의, 감리교 신학의 초석으로 삼은 것은 그리고 웨슬리 자신이 쉬지 않고 성경 독서에 매진하였던 것은, 웨슬리가 바로 이 하늘 가는 길을, 구원의 길을 걸어가고자 했기 때문이다. 그 길에 들어서길 바랐기 때문이다. 그래서 늘 말씀을 읽고 묵상하면서 말씀의 길(道)을 익히고자 노력하였다. 하나님이 그 도(道)를, 그 길을, 우리에게 보여 주고자 몸소 하늘에서 땅으로, 저 높고 영광스런 자리에서 낮고 천한 자리로 내려오셨기에, 웨슬리는 하나님의 말씀을 읽고 되새기면서 신앙의 여정을 묵상하였다. 길이 어디에 있는지를 알게 되므로 그 길에 들어서고자 했던 것이다.

웨슬리가 알게 된 길은 하나님께서 사람이 되신 길이다. 그 길이 성경 속에 있다. 웨슬리가 걸어간 길은 사람이 하나님께로 가는 길이다. 그 길이 삶 속에서 펼쳐진다. 그런 길이 성경에 기록되어 있기에, 웨슬리는 진정 그 한 책의 사람이 되기를 소망하였다.

걸림돌

웨슬리의 설교는 웨슬리가 성경을 어떻게 이해했고, 어떻게 활용하였는지를 보여 주는 창구다. 웨슬리에게 설교는 기독교 신앙의 교리를 성경 언어로 가르치는 교실이었다. 문제는 웨슬리의 설교가, 웨슬리가 전한 구원의 질서에 대한 가르침이, 웨슬리가 사색한 하늘로 가는 길이, 주로 신약 언어로 채워져 있다는 사실이다. 웨슬리를 읽어 가려는 구약학자들에게는 이런 사실이 걸림돌로 작용한다.

웨슬리의 설교에 반영된 성경 말씀은 신약에 편중되어 있다. 통계에 의하면 웨슬리가 평생 구약을 설교한 횟수는 2,760회지만, 신약은 그보다 훨씬 더 많은 10,961회고, 『웨슬리 저작』(*Wesley Works*)에 수록된 설교 가운데 구약을 인용한 횟수는 2,455회지만, 신약은 7,636회에 이른다.[28] 그만큼 웨슬리가 남긴 말글이나 글말은 신약 성경에 편중되어 있다. 웨슬리가 구약보다는 신약을 더 귀하게 여겼다는 것이다. 왜 그랬을까? 왜 웨슬리는 한 책의 사람, 곧 성경책의 사람이었으면서도 구약보다는 신약을 더 많이, 더 귀하게, 더 자주 인용·언급하였을까?

물론 웨슬리는 구약 성경을 신약 성경과 더불어 하나님의 계시로, 한 권의 경전으로 믿었다.[29] 웨슬리는 구약과 신약을 성경책의 각각 1/2로 인정하였다. 성경 읽기도 구약을 먼저 읽고 신약을 나중에 읽었다. 성경 읽기에 할애된 시간도 당연히 구약이 신약보다 훨씬 더 많았다. 쉽게 말해 웨슬리는 구약을 신약보다 훨씬 더 오래 읽었다. 구약 성경의 분량이 신약 성경보다 훨씬 더 많지 않은가! 앞에서도 지적하였지만 웨슬리의 표준설

28) Matthew Schlimm, "Defending the Old Testament's Worth: John Wesley's Reaction to the Rebirth of Marcionism," *Wesleyan Theological Journal* 42:2 (2007), 50~51, 각주 79.

29) John N. Oswalt, "Wesley's Use of the Old Testament in his Doctrinal Teachings," *Wesleyan Theological Journal* 12 (1977), 39~53.

교 44편을 포함하여 웨슬리가 남긴 150편의 설교 중에서 구약 성경 구절을 인용·언급·암시한 횟수가 2,455회라면, 그 자체만으로도 적지 않다(물론 신약 성구 인용의 1/3에도 못 미치지만!). 웨슬리 설교의 목록을 보면 웨슬리는 구약 성경의 룻기와 오바댜서를 빼고는 구약의 모든 책들을 다 다루었다. 이런 수치들은 모두 웨슬리가 구약의 가치를 결코 부정하지 않았다는 증거가 된다.

여기에서 우리가 주목할 것은 웨슬리가 구약의 가치를 성경에 근거해서 옹호하였다는 사실이다. 웨슬리는 그의 설교 "은총의 수단(The Means of Grace, 설교 16번)"에서 디모데후서 3장 16~17절을 인용하면서 사도 바울이 여기에서 거론하는 '성경'이 구약 성경이라는 사실을 짚고 넘어간다. 사도 바울 당시에는 아직 신약 성경이 기록되지 않았기 때문이다. 여기에서 웨슬리는 그 당시의 이신론자들(deist)과는 다르게 구약과 신약이 서로 얼마나 다른지를 부각시키려고 하지 않고, 구약과 신약이 서로 짝을 이루고 있다는 점을 신약 성서의 기자가 구약의 말씀에 의존하고 있다는 성경적 사실로 제시하였다. "(신약 성경에 나오는 사도들은) 그들의 주장을 기록된 말씀으로 입증하고자 했다."라는 것이다.[30] 여기에서 '기록된 말씀'이란 구약을 가리킨다. 웨슬리가 남긴 『신약노트』(*Explanatory Notes upon the New Testament*)에도 그런 웨슬리의 견해가 드러난다.

> 구약과 신약으로 구성된 성경은 확실하고도 소중한 하나님의 진리로 짜여 있다. 그 성경의 각 부분은 다 하나님이 주신 것이고, 그 부분들이 모두 합쳐져서 하나의 책을 이룬다. 그 안에는 모자라거나 지나친 것이 결코 없다. 성경은 하늘의 지혜가 있는 샘이고, 그 샘에서 사람들은, 지혜로운 자든 배운 자든 고결

30) Schlimm, "Defending the Old Testament's Worth," 43; Oswalt, "Wesley's Use of the Old Testament in his Doctrinal Teachings," 49.

한 자든, 사람들의 지혜보다 훨씬 더 나은 하늘의 지혜를 맛볼 수 있다.[31)]

웨슬리가 구약이 성경이라는 것을 그의 『신약노트』에서 지적하고 있음에 주목하자. "성경의 각 부분이 다 하나님이 주신 것"이라는 말에서 웨슬리가 구약의 소중함을 놓치지 않고 있음을 간파한다. 웨슬리는 구약이 성경의 지위를 가지고 있다는 것뿐만 아니라 구약과 신약이 합쳐져서 하나의 성경전서를 이룬다는 사실을 분명히 하였다. 구약은 우리 주님이 읽으셨던 성경이다. 예수 그리스도의 제자들이, 사도 바울이 읽었던 경(經)이다. 웨슬리는 신약 성서의 기자들이 읽은 경(經)이 다름 아닌 구약 성경이었음을 지적하였다. 웨슬리가 구약의 말씀을 결코 홀대(?)하지 않았다는 것이다. 아니, 웨슬리에게 구약 성경은 '하나님의 역사(the history of God)'였다.[32)]

그렇지만 엄밀히 따진다면 웨슬리는 구약보다는 신약에 훨씬 더 많이 의지하고 있다. 해석학적 프리즘으로 웨슬리의 설교를 들여다본다면 웨슬리는 구약을 통해서 신약을 읽으려는 흐름에 서 있었다. 기독교 신앙의 중심을 신약에서 찾고 그 신약의 가르침을 지지하고자 구약을 인용하는 경향을 드러내기 때문이다. 쉽게 말해 신약의 눈을 가지고 구약의 세계에 들어섰던 것이다. 예컨대 1771년에 출간된 웨슬리의 "표준설교"에서 본다면, 표준설교의 수를 53개로 볼 경우에는 그 가운데 6개가, 44개로 볼 경우에는 그 가운데 4개가 구약의 말씀을 설교 본문으로 삼았다.[33)]

31) John Wesley, *Explanatory Notes upon the New Testament* (16th ed.; Nashville: Barbee and Smith, 1894), 5 (§10); Schlimm, "Defending the Old Testament's Worth," 40.

32) 웨슬리 설교 114번, "하나님의 섭리에 대하여(On Divine Providence)," 4; Schlimm, "Defending the Old Testament's Worth," 39.

33) Oswalt, "Wesley's Use of the Old Testament," 45. 비교, 서예은, "웨슬리안 성서해석학의 이론적 기초 - 구약성서해석학의 경우" (감리교신학대학교 대학원 2018 박사학위논문), 37~97.

아쉬운 것은 그 몇 개 되지 않는 구약 본문 설교에서도 웨슬리는 구약 본문을 자세히 풀이하기보다는 구약 어구를 도약대로 삼아서 간략하게 거론한 뒤 곧장 신약의 가르침으로 뛰어든다는 사실이다. 웨슬리는 구약의 말씀을 신약의 가르침을 전하기 위한 배경으로 활용하였다. 그만큼 웨슬리는 신약을 설명하거나 지지하거나 예증하는 책으로 구약을 거론하였다. 이 같은 현상은 그가 저술한 『기독교인의 완전에 관한 평이한 서술』에서도 마찬가지다. 그 책에서 웨슬리가 인용한 신약 구절은 모두 224회(그중에서 서로 다른 구절은 189개)인 데 비해 구약을 인용한 횟수는 모두 24회나 25회(그중에서 서로 다른 구절은 22개나 19개)에 지나지 않았다.[34)]

오스월트에 따르면 『웨슬리 표준설교』(*Standard Sermon*)에 나타난 구약 성경 인용의 사례는 모두 295회로 정리된다.[35)] 오스월트는 웨슬리가 구약을 활용하는 경우를 다섯 범주로 구분한다. 간접 인용 또는 넌지시 암시하기(allusive)가 83회, 예로 제시하기(illustrative)가 51회, 신약의 가르침을 구약 성경으로 지지하기(supportive)가 96회, 구약 본문의 뜻을 오늘의 상황에 적용하는 방식의 주해하기(expository)가 8회, 성경 본문의 뜻을 찾기 위해서 본문의 문법이나 정황 등을 파악하는 주석하기(exegetical)가 13회.[36)] 표준설교만 놓고 보면 웨슬리는 구약 서른아홉 권 가운데 여덟 책(여호수아, 룻, 에스더, 아모스, 오바댜, 나훔, 스바냐, 학개)을 제외한 모든 책들을 그의 설교에서 활발하게 인용하였는데, 그중 빈번하게 거론되던 성구는 신명기 6장, 시편 51편, 이사야 53장이었고, 구약 인용 295회 가운데서 가장 많이 거론된 책은 시편(78회)이었으며, 그다음이 이사야(52회)였다.[37)] 웨슬리는 이렇게 구약의 말씀을 그 어느 개신교 목회자보다도 더

34) Oswalt, "Wesley's Use of the Old Testament," 47.

35) 여기에 거론된 웨슬리 표준설교는 1771년에 출간된 웨슬리 표준설교집을 가리킨다. 모두 53편의 설교가 들어 있다. Oswalt, "Wesley's Use of the Old Testament," 42.

36) Oswalt, "Wesley's Use of the Old Testament," 43.

많이 읽고 새기면서 설교로 선포하였다.

그렇다면 왜 웨슬리는 구약보다는 신약을 더 우위에 놓았을까? 왜 웨슬리는 한 책의 사람이었으면서도 신약을 구약보다 훨씬 더 많이 거론하였을까? 매튜 쉴림(Matthew Schlimm)은 그 이유를 다음과 같이 지적한다. 무엇보다도 웨슬리에게는 일종의 세대주의적 역사관이 있었다는 것이다.[38] 웨슬리가 구약의 가치를 인정하지 않은 것은 아니지만, 그가 구약을 '하나님의 역사'라고 규정한 이면에는 구약 시대를 '유대인의 세대(the Jewish dispensation)'로 보았던 인식이 깔려 있었다는 것이다. 다시 말해 하나님의 섭리가 예수 그리스도의 오심 이전과 그 이후로 구분되었다는 것이다. 유대교 시대가 지나가고 기독교 시대가 도래한 이후로, 즉 예수 그리스도의 오심으로, 하나님이 인류를 다루시는 방식이 달라졌다는 것이다. 바로 여기에서 웨슬리는 기독교 시대가 유대교 시대보다 더 우월하다고 인식하였다.

구약과 신약의 관계를 풀이할 때 어두움의 시대가 지나가고 빛의 시대가 왔다고 보는 세대주의적 역사관은 웨슬리가 구약의 의식법(ritual law)이나 도덕법 등을 상대적으로 평가 절하하는 데에도 영향을 미쳤다. 레위기를 비롯한 구약의 각종 의식법은 모두 '목이 곧았던 사람들'에게만 한시적으로 주어진 가르침이었다는 것이다.[39] 그런 연장선에서 웨슬리는 구약이 제시한 법과 계명 가운데에서 십계명과 두 개의 사랑하라는 계명(하나님을 사랑하라, 신 6:5와 네 이웃을 사랑하라, 레 19:18)만 빼고는 그 수준이 다 신약의 도덕법에 미치지 못한다고 보았다. '신령한 뜻(spiritual meaning)'을 지닌 계명은, 말하자면 우리의 마음과 뜻과 손발을 움직이게 하는 계명은, 모두 다 신약에서 나온다고 보았다.[40]

37) Oswalt, "Wesley's Use of the Old Testament," 44.

38) Schlimm, "Defending the Old Testament's Worth," 46~48.

39) Schlimm, "Defending the Old Testament's Worth," 48.

40) Schlimm, "Defending the Old Testament's Worth," 49.

왜 웨슬리가 이렇게 구약에 대하여 모진(!) 소리를 해야 했을까? 이 같은 인식의 저변에는 웨슬리의 기독론이 크게 작용하였다.[41] 웨슬리가 구약의 가치를 신약에 비해 상대적으로 적게 평가한 것은 이성의 시대라는 18세기의 화두를 따라서 내린 판정이 아니었다. 웨슬리가 구약의 비중을 신약보다 작게 보았던 까닭은 구약의 계시가 신약에 비해 열등해서가 아니었다. 구약에는 예수 그리스도를 가리키는 모형(type)만 있지 그 원형이 나타나 있지 않다고 보았기 때문이다. 구약이 하나님의 역사를 알게 해주는 말씀이기는 하지만, 구약이 전하는 하나님의 역사는 신약의 말씀이 선포하는 하나님의 역사의 완전한 수준에까지는 미치지 못한다고 보았던 것이다.

41) Schlimm, "Defending the Old Testament's Worth," 50~51.

02

율법과 은총, 율법이라는 은총

도전과 응전

그렇다면 웨슬리는 구약 성경에 대해 마르시온적인 생각을 가지고 있었던 것일까? 그래서 신약을 구약보다 우월(?)한 말씀으로 간주했던 것일까? 웨슬리의 설교를 대하다 보면 그런 생각이 불쑥 든다. 웨슬리가 설교 본문으로 삼거나 설교에 인용·거론한 성구의 통계만 놓고 보면, 웨슬리는 정녕 신약 성경의 사람이다.

그러나 생각해 보자. 어디 웨슬리만 그러는가? 오늘날 우리 개신교 목회자들도 그렇지 아니한가? "한국 교회 강단의 구약 본문 설교 빈도"에 대한 조사 보고만 보더라도 선교 100년 동안 한국 교회 강단에서 선포된 구약 본문은 그 빈도수에서 17%에 머물렀다.[1] 수도권의 대표적인 교회 27개를 연구 표본으로 선정하여 최근 몇 해 동안 조사한 통계표에 따르면 전체 주일 오전 예배에서 구약 본문이 설교된 비율이 그보다 나은 35.6%에 이르지만, 그마저도 구약 39권 가운데 다루어진 책은 시편 → 창세기

1) 차준희, 『최근 한국교회의 예언서 설교』, 구약사상문고 7 (서울: 대한기독교서회, 2013), 16.

→ 이사야 → 출애굽기 순서로 특정 본문에 편중되어 있으며, 구약 성경 전체를 놓고 보면 오직 16.3%에 해당되는 부분만 설교 대본으로 활용되었다.[2)]

이렇게만 본다면, 웨슬리는 오늘 이 땅의 개신교회 목회자들보다 훨씬 낫다. 웨슬리 『저작집』(*Works*)에 실린 151편의 설교 중 구약이 인용·언급·암시된 횟수가 모두 1,455회로 설교마다 평균 16회 정도에 이르고, 무엇보다도 룻기와 오바댜서를 빼고는 구약의 모든 책이 다 그 151편의 설교에서 거론되고 있기 때문이다.[3)] 이런 까닭에 우리는 구약과 신약의 관계에 대한 웨슬리의 생각을 파고들어야 한다. 기독교 신앙을 가르칠 때 신약이 앞서고 구약이 그 뒤를 따르는 경향을 지녔던 웨슬리를 그 시대적 상황 안에서 따져 보아야 한다.

웨슬리가 살았던 18세기는 마르시온주의자들이 구약 성경의 정경성을 심하게 훼손하던 때였다.[4)] 18세기는 계몽주의(rationalism) 시대, 이성의 시대였다. 성경의 권위보다는 이성의 판단이 앞섰고 반셈족주의(anti-Semitism)와 17세기 말부터 되살아난 마르시온주의가 구약 성서의 가치를 심하게 허물어뜨리던 때였다. 그런 시대사조의 최전선에 틸롯슨(John Tillot son, 1630~1694), 틴달(Matthew Tindal, 1653?~1733), 모르간(Thomas Morgan, 1743? 사망) 같은 현대판 마르시온주의자들이 있었다.[5)] 이들 삼인방은 웨슬리가 마흔이 되기 전에 다 사망하였지만 그들이 남긴 사상은 사

2) 차준희, 『최근 한국교회의 예언서 설교』, 21~22.

3) Schlimm, "Defending the Old Testament's Worth," 42, 각주 44.

4) 마르시온(Marcion, 약 85~160)은 2세기 중반에 출현했던 초기 교회의 여러 이단들 가운데 하나였다. 마르시온주의는 구약의 신을 율법과 진노의 하나님으로, 신약의 하나님을 참 사랑의 하나님으로 구분하는 극단적인 이원론에 빠졌던 사상이다. 마르시온은 누가복음에다가 바울의 서신 열 개를 더해서 발췌·편집한 이른바 '마르시온 성경'을 앞세워 추종자들의 세(勢)를 불렸기에 기독교가 공인되기 전 초기 교회는 마르시온 때문에 심한 내홍을 겪었다.

5) Schlimm, "Defending the Old Testament's Worth," 30~36.

후에도 맹위를 떨치면서 18세기의 화두로 남아 웨슬리를 곤혹스럽게 하였다. 예컨대 모르간에게 구약 성경은 읽을 가치가 없는 책이었다.

> (출애굽과 가나안 정복) 같은 기사는 누가 보기에도 대단히 어처구니없는 소설이자 꾸며낸 거짓으로 가득 차 있다. 이 이야기들은 모두 편견과 선입견 없이는 들을 수 없다. 이것들은 모두 흠이 없고 영감에 붙들린 역사가들이 지녔던 이성과 상식과는 크게 어긋난다. 내가 확신하기는 이처럼 기이하리만치 어리석은 이야기를 하는 자들은 모두 악한 영에 취했거나 사로잡혀 있던 자들이다. 이런 자들의 영과 믿음이 그리스도인 속에 스며들 수 있도록 그대로 놔둔다는 것은 참으로 슬프고도 놀라운 일이다.[6)]

18세기 마르시온주의자들의 눈에 구약은 오류투성이였고 구약의 말씀을 기록한 자들은 모두 악마적인(diabolic) 자들이었다. 이 같은 망언의 대열에는 1691년에 영국 교회의 캔터베리 대주교(Archbishop of Canterbury)가 되었던 틸롯슨이라고 해서 예외가 아니었다. 아니, 더 심각하였다. 물론 틸롯슨은, 그가 대주교였기에, 구약 성서가 교회의 경전의 일부라는 것을 부정하지는 않았지만, 그에게 구약은 합리성이 떨어지는 책이었고, 유대교는 가장 이성적인 종교인 기독교에 비해서 평할 가치가 없는 사상이었다.[7)]

웨슬리는 그의 옥스퍼드 시절에 이신론자(理神論者, deist) 틸롯슨의 설교를 읽었던 것으로 보인다. 이신론자들은 하나님에 대한 가르침을 인간

---

6) Thomas Morgan, *The Moral Philosopher* (3 vols.; Stuttgart-Bad Cannstatt: Friedrich Frommann Verlag, 1969), 2:71, Schlimm, "Defending the Old Testament's Worth," 34에서 중인.

7) John Tillotson, "Sermon Seventh," in *Sermons Preach'd Upon Several Occasions* (5th ed.; 4 vols.; London: B. Aylmer, 1688), 2:193, Schlimm, "Defending the Old Testament's Worth," 31에서 중인.

의 이성(理性)으로 파악하려고 했다. 그들에게 구약의 하나님은 끔찍할 정도로 무서운 신이다. 반면 신약의 하나님은 사랑과 은총과 평화의 신이었다. 그들은 구약의 계시에는 한계가 있으며, 구약의 계명은 필요하지 않고, 구약의 하나님은 그 스스로 모순에 빠져 있다고 보았다. 그래서 구약에 나오는 희생 제의나 도덕법을 모두 부정했으며, 이스라엘의 하나님이란 기껏 지역 신, 부족 신, 특정 민족만을 지키는 수호신에 불과하다고 규정하였다. 예컨대 모르간은 구약의 위인인 다윗을 가리켜 "세상에서 전무후무하게 가장 잔혹했던 압제자였다."고 평하면서 다윗의 시대는 한마디로 "위선과 거짓과 탐욕과 잔인한 행위가 끊이지 않았던 세상이었다."고 평가 절하하였다.[8)]

웨슬리가 나섰던 18세기는 바로 이런 시대적 도전에 강하게 응전해야 했던 현장이었다. 웨슬리는 이성의 이름으로 휘몰아치는 비(非)성경적, 반(反)구약적, 몰(沒)신앙적 지평선에서 성경의 가치를, 특히 구약 성경의 거룩한 가치를 적극 옹호하였다. 웨슬리는 이성의 도전으로 계시의 자리가 위축되고, 현대판 마르시온주의의 위협으로 구약 성경의 가치가 사라져 버린 시대적 풍조에서 구약 성경도 "하나님의 선행하는 은총과 성화의 은총 등을 사람들에게 전달하기 위한 통상적인 통로(ordinary channels)"라고 적극 옹호하였다.[9)] 특히 웨슬리가 구약 성경도 영감 어린 하나님의 말씀이라는 사실을 가르칠 때 인용한 성구는 디모데후서 3장 16~17절이다. 사도 바울이 읽었던 성경이 바로 구약 성경이었다는 사실을 잊지 말라는 것이다.

---

8) Thomas Morgan, *The Moral Philosopher*(3 vols.; Stuttgart-Bad Cannstatt: Friedrich Frommann Velag, 1969), 1:334, Schlimm, "Defending the Old Testament's Worth," 34, 각주 21에서 중인.

9) 웨슬리 설교 16번, "은총의 수단(The Means of Grace)," II. 1. 이 설교의 성경 본문은 말라기 3장 7절이다.

웨슬리가 구약 본문을 가지고 얼마나 많이 설교하였는지는 (비록 그 숫자가 신약 본문을 가지고 설교한 횟수에는 미치지 못하였지만) 이미 앞에서 지적하였다. 웨슬리는 구약을 폄하하거나 평가 절하하지 않았다. 도외시하지 않았다. 웨슬리가 전한 "은총의 수단(The Means of Grace)"이란 설교(웨슬리 설교 16번)가 모르간의 『도덕철학』(*The Moral Philosopher*, 전3권, 1737~ 1740)이 출간된 지 얼마 되지 않은 시점이었다는 사실을 눈여겨보아야 한다.

웨슬리가 구약의 말씀을 광범위하게 거론하면서 유대인과 유대 종교에 대한 그 시대의 편견에 적극 대처하였던 작업은 『이성과 종교의 사람들에 대한 간곡한 호소, 제2부』(*A Farther Appeal to Men of Reason and Religion*, Part II)에서 잘 드러난다.[10] 웨슬리는 유대인의 종교를, 오늘날 우리가 이스라엘 종교라고 부르는 유대인의 신앙을 '하나님의 고대 교회(the ancient church of God)'라고 불렀다.[11] 그러면서 하나님의 고대 교회를 자기 시대의 교회와 비교하면서 물었다. "오늘날 우리가 그들보다 더 나은 것이 얼마나 되는가?"[12] 유대인들을 비난하면서 덩달아 구약의 말씀도 홀대하던 자들에게 하나님의 심판을 받아야 할 대상은 정작 우리 시대의 교인들이라고 통렬하게 꾸짖었던 것이다.

> 유대인들과 우리 사이에 있는 큰 차이는 이것이다. …… 그들은 우연히 (말하자면) 하나님을 잊어버렸다. 너무나 많은 일들이 그들의 길에 들이닥쳤기 때문이다. 그러나 우리는 의도적으로 하나님을 잊어버리려고 한다. 우리는 그

10) John Wesley, *A Farther Appeal to Men of Reason and Religion,* Part II, in *The Appeals to Men of Reason and Religion and Certain Related Open Letters*, ed. Gerald R. Cragg, in *The Works of John Wesley,* Oxford Edition (Oxford: Clarendon, 1975~), II:204(I.3), in Schlimm, "Defending the Old Testament's Worth," 44.

11) Schlimm, "Defending the Old Testament's Worth," 44.

12) Schlimm, "Defending the Old Testament's Worth," 44.

런 짓을 고의적으로 꾸민다. 우리가 그를 기억하기를 좋아하지 않기 때문이다.[13)]

웨슬리의 말에서 눈길을 끄는 단어는 둘이다. 하나는 "유대인들은 우연히 하나님을 잊어버렸지만(they *happened* to forget God)"이고, 다른 하나는 "우리는 의도적으로 하나님을 잊어버리려고 한다(we *design* to forget him)."는 것이다(이탤릭체는 웨슬리의 것이다). 유대인들을 가리켜 문제 덩어리라고 보았던 자들에게 웨슬리는 자기 시대의 교회가 저지르고 있는 죄들이야말로 그보다 훨씬 더 골치 아픈 문제라고 보았다.

웨슬리는 이처럼 처음에는 18세기의 마르시온주의자들, 이신론자들, 반유대주의자들에 맞서 구약 성경의 진정성을 적극 대변하였다. 웨슬리가 남긴 글들은 그가 18세기 마르시온주의자들의 구약 폄훼에 얼마나 단호하게 대처했는지를 대번에 알려 준다. 웨슬리의 노력은 구약의 정경성을 옹호하는 것으로 그치지 않았다. 웨슬리는 구약의 가르침을 통해서 새 창조의 날에는 모든 것들이 다 구원을 얻는다는 소망을 적극 피력하였다. 웨슬리의 사역이 무르익어 갈수록 웨슬리 사상의 내면에는, 다른 것이 아닌, 유대·히브리 사상이 각인된다. 하나님의 구원을 하나님의 창조 사역의 연장으로 읽고자 했던 히브리 사상이 웨슬리의 종말론적 영성의 얼개가 되었다는 것이다.

여기에서 우리는 웨슬리의 구원론이나 성화 사상이 유대·히브리 사상의 18세기 버전(version)으로 보일 정도로 구약의 영성을 담고 있다는 사실에 주목해야 한다. 웨슬리는 하나님이 창조하신 이 세계를 선한 대상으로 본다. 웨슬리는 레위기에서 들리는 "거룩하라."는 주문처럼 해방의 은총

13) John Wesley, *A Farther Appeal to Men of Reason and Religion,* II:215 (II.2), Schlimm, "Defending the Old Testament's Worth," 45에서 중인.

을 얻은 자들에게 책임 있게 응답하는 삶을 실행할 것을 촉구한다. 웨슬리는 하나님의 창조와 하나님이 이루실 새 창조를 이원론적으로 구분하지 않았다. 구약학자의 시각에서 볼 때, 웨슬리 신학은, 이른바 웨슬리의 '통전적 구원론'은, 헬레니즘보다는 유대·히브리 사상에 그 터전을 두고 있다.

웨슬리의 『구약노트』를 면밀히 관찰하였던 카스토의 견해도 우리 논의에 도움이 된다. 이미 지적하였듯이 웨슬리의 『구약노트』는 기존에 있던 매튜 풀과 매튜 헨리의 구약 코멘터리를 대부분 발췌·요약한 결과물이다. 그럼에도 불구하고 거기에는 아주 적은 분량이지만, 웨슬리가 수정한 부분들이 남아 있다.[14] 그런 부분이 어떤 곳일까?

카스토에 따르면 웨슬리는 매튜 풀과 매튜 헨리가 남긴 구약 코멘터리를 읽다가 악의 책임이 하나님에게 있다는 식으로 풀이한 본문을 만나면 수정하였다.[15] 하나님의 선하심을 위험에 빠뜨리게 해서는 안 된다고 웨슬리가 여겼다는 것이다. 선하신 하나님! 그것이 웨슬리가 만난 구약의 하나님이었기에, 웨슬리는 18세기의 마르시온주의자들에 맞서서 구약의 하나님을 단호히 지키고자 했다. 웨슬리에게 구약의 하나님은 신약의 하나님과 결코 다르지 않다. 구약의 하나님도 신약의 하나님처럼 선하시고 인자하시고 은혜로우신 주님이시라는 것이다.

깨달음, 웨슬리의 유산

웨슬리의 유산을 되살려야 한다. 웨슬리 신학에 담긴 유대·히브리 사상을 창조적으로 수렴해야 한다. 율법이 하나님의 은총이었다는 것을, 웨슬리의 표현으로 하면, 은총의 수단이었다는 것을, 적극 되찾아야 한다.

---

14) 예를 들어 출 4:21; 7:13; 8:15, 19, 32; 신 2:30; 시 105:25; 사 63:17; 겔 3:20; 38:16.

15) Casto, "Exegetical Method," iii; Schlimm, "Defending the Old Testament's Worth," 46.

내가 웨슬리의 유산을 되짚어 보게 된 계기는 유학 생활 중에 찾아왔다. 목회자의 강단에 주석이 있는 설교, 설교를 낳은 주석이 있어야 되겠다는 뜻을 품게 하신 주님을 따라서 섬기던 교회를 내려놓고 유학길에 올랐었다. 구약 성서 해석학을 깊이 익히기 위해서였다. 구약 성서 해석학은 웨슬리 신앙이나 웨슬리 신학과는 아무런 관련이 없다. 그런데도 나는 학위 과정 중 우연히 웨슬리 신앙을 되새겨 보는 기회를 얻었다. 나의 지도교수 롤프 크니림(Rolf P. Knierim, 1928~2018)이 인도한 '오경의 구성(The Composition of the Pentateuch)' 세미나를 따라가다가 뜻하지 않게 웨슬리의 유산을 떠올려 보는 기회를 얻었던 것이다.[16)]

당시 '오경의 구성'이란 과목은, 구약 해석학의 용어로 말하면, 양식 비평적 탐구를 공시적 해석의 틀에서 본문의 언어, 글말, 양식, 유형, 삶의 자리, 의도 등과 씨름하는 탐구 과정이었다. 오경의 장르(genre)를 따지게 했고, 텍스트의 구조(structure)를 양식에 근거해서 파악하게 했으며, 그런 작업을 통해서 깨닫게 된 본문의 구성(composition)이 어떤 의도(concept)를 지니는지를 쉬지 않고 묻고 답해야 하였다. 그런데 바로 그런 크니림의 독법(讀法)을 따라서 본문의 짜임새·생김새·쓰임새와 치열하게 대면하다가(크니림은 우리에게 늘 "Stick to the Text." "본문에만 집중하라."고 거듭 다그쳤다), 어느 순간 오경의 토라가 내 눈에 확(!) 들어오는 감동을 누리게 되었다. 득도(得道)의 체험이었다고 해야 할까!

성경 해석학은 하나님이 하신 말씀에 대한 변증이어야 한다. 신학은 종교학이 아니다. 신학은 인간의 종교성을 탐구하는 학문이 아니다. 신학은 창조 세계를 통해서 자기를 계시하신, 말씀으로 자기를 계시하신, 예수

---

16) R. Knierim, "The Composition of the Pentateuch," *Society of Biblical Literature 1985 Seminar Papers* (Atlanta, Georgia: Scholars Press, 1985), 393~415. 이 글은 Rolf P. Knierim, "The Composition of the Pentateuch," in *The Task of Old Testament Theology; Method and Cases* (Grand Rapids: Eerdman, 1995), 351~379에 다시 수록되었다.

그리스도 안에서 자기를 계시하신 하나님을 믿는 신앙으로 '종교(교회) 현상을 반성하고 설명하는' 학문이다.[17] 신학으로서의 성서 해석은 하나님의 말씀이 사람의 말글로 기록되었다는 사실보다는 사람의 글말로 기록된 하나님의 말씀이라는 진실에 그 초점을 두어야 한다.

서구의 성서 해석학은 그 체계가 철저한 지적 오리엔테이션으로 짜여 있다. 그만큼 성서 해석이란 하나님의 소리를 듣게 하는 배움이어야 한다는, 아니 하나님과 대면하게 하는 현장이어야 한다는, 교회의 정서와는 거리가 있다. 그럼에도 그때 대면하였던 '오경의 구성'은, 그토록 지루하고 딱딱하게 여겨졌던 오경의 계명·금령·명령·법도 등을 전혀 새로운 모습으로 마주 대하게 했다. 크니림이 구조 분석으로 제시한 오경의 세계가, 그 오경의 중추인 모세 이야기가, 감리교인인 내게는 웨슬리가 외쳤던 구원의 질서를 상기시키는 마당이 되었다. 모세의 토라가 해방 공동체(출 1~18) → 언약 공동체(출 19~24) → 성막 공동체(출 25~40) → 예배 공동체(레 1~10) → 정결·성결 공동체(레 11~26) → 종군(campaign) 공동체(민 1:1~10:10) 순으로 펼쳐지고 있음을 새기게 하였던 것이다.

오경의 구성에서 웨슬리 신앙의 메아리를 들었던 순간은 구약학도가 내디뎠던 이성적·지성적 걸음걸이를 신학적 감성·영성으로 붙들어 주는 계기가 되었다. 학위 과정 중 공시적 양식비평을 통해서 깨우쳤던 오경의 세계는 나로 하여금 오경의 숲에 다시금 들어서도록 인도하셨던, 웨슬리의 용어로 말하면, '하나님의 선행 은총'이었다. 웨슬리를 잊고 있었던 구약학도에게 웨슬리의 신앙적 사색과 대면하도록 이끌어 주었기 때문이다. 이때를 기점으로 나는 "해방에서 성화까지: 출애굽의 구조에서 읽는 존 웨슬리(1993),"[18] "웨슬리 전통에서 읽는 오경의 구성(Reading the Composition of

---

17) 클라이버·마르쿠바르트, 『감리교회 신학』, 18~113, 특히 20.

18) 왕대일, "해방에서 성화까지: 출애굽의 구조에서 읽는 존 웨슬리." 『존 웨슬리와 현대목회』

the Pentateuch in a Wesleyan Tradition, 1997),"[19] "오경의 신학, 그 새 지평(On the Theology of the Pentateuch, 2000),"[20] "성경을 연주하라: 한국적 성서 해석학의 성경 이해(Performing the Scripture: Understanding the Bible from Korean Biblical Hermeneutics, 2009)" 등을 통해서 구약 신학의 눈으로 웨슬리를 읽으려고 노력하였다.[21] 그러다가 마침내 내가 오랫동안 품고 있었던 화두, "웨슬리안 성서 해석학이 가능할까"라는 질문을 나의 제자 서예은으로 하여금 박사 학위 논문의 주제로 삼게 해서 그가 "웨슬리안 성서 해석학의 이론적 기초(2019)"라는 과제를 성공적으로(!) 완수해 내는 기쁨을 누리게 하였다.[22]

구약의 오경에서만 웨슬리 신학의 울림을 들을 수 있는 것은 아니다. 구약의 예언자들의 호소에서도 웨슬리의 목소리를 들을 수 있다. 웨슬리의 신학사상은 초기(1733~1738), 중기(1738~1765), 말기(1765~ 1791)로 구분된다.[23] 웨슬리가 처음에는 거듭남의 체험과 회심, 영적 각성에 기반을 둔 부흥 운동에 열중하였으나 시간이 지나 후기로 향하면서부터는 구원의

(서울: 감리교신학대학교, 1993), 106~120.

19) Tai-il Wang, "Reading the Composition of the Pentateuch in a Wesleyan Tradition," paper presented at 10th Oxford Institute of Methodist Theology Studies, Oxford, England, 1997.

20) Tai-il Wang, "On the Theology of the Pentateuch," in Wonil Kim, Deborah Ellens, Michael Floyd, Marvin A. Sweeney, eds., *Reading the Hebrew Bible for a New Millennium: Form, Concept, and Theological Perspective*, vol. 2 (Harrisburg, PA: Trinity International, 2000), 276~298.

21) Tai-il Wang, "Performing the Scripture: Understanding the Bible from Korean Biblical Hermeutics," in Young Mee Lee, Yoon Jong Yoo, eds., *Mapping and Engaging the Bible in Asian Cultures,* Congress of the Society of Asian Biblical Studies 2008 Seoul Conference (Seoul: The Christian Literature Society of Korea, 2009), 37~52.

22) 서예은, "웨슬리안 성서해석학의 이론적 기초 – 구약성서해석학의 경우(Toward a Wesleyan Hermeneutics of the Old Testament)" (감리교신학대학교 2018학년도 박사 학위 논문).

23) John B. Cobb, Jr, *Grace and Responsibility: A Wesleyan Theology for Today* (Nashville: Abingdon, 1995), 9.

지평이 인간 영혼의 거듭남에서 모든 피조물의 변화로 뻗어 나갔다는 것이다.[24] 웨슬리는 그의 사역 초기에는 이신론에 매몰되어 있었던 영국 교회를 개혁하고자 애를 썼으나 후기로 접어들면서 온 창조 세계가 구원받는 '우주적 종말론'을 주창하는 경지로 들어섰다는 것이다. 감리교신학대학교에서 있었던 웨슬리 회심 280주년 신학 공개 강연회(2018. 5. 17.)도 그런 웨슬리를 확인해 주었던 현장이었다.

웨슬리 회심 280주년 신학 공개 강연회의 강사는 듀크 대학교(Duke University)의 교수 랜디 매닥스(Randy L. Maddox)였다.[25] 매닥스 강연의 요지는 웨슬리가 그의 사역의 후기에는 하나님의 구원을 받는 대상을 사람으로 국한시키지 않았다는 것을 일깨워 주는 데 있었다. 그런 웨슬리의 구원론을 매닥스는 한마디로 '모든 것들이 다 함께 누리는 구원(Wholistic Salvation)'이란 말로 압축하였다. 강연집의 우리말 원고는 Wholistic Salvation을 '통전적 구원'으로 번역해 놓았으나, 그보다는 모두가, 모든 것들이 함께, 모두가 다 통째로 구원받는다는 의미로 받아들여야 한다. 사람이 구원받음으로 그 사회가 달라지고, 그 사회가 구원받음으로 온 생태계(모든 피조물)가 달라지고, 온 생태계가 구원받으면서 동물들도 새 창조에 참여하게 된다는 것이다. 이런 구원론이야말로 오늘날 지구촌이 되살려야 할 소중한 신학적 유산이 아니겠는가!

매닥스는 웨슬리 설교를 시대적으로 훑어가면서 웨슬리 사상을 추적하였다. 예컨대 초기의 "값없이 주시는 은총(Free Grace, 웨슬리 설교 72번)"

24) 이후정, "랜디 매닥스 박사의 '웨슬리 신학과 통전적 구원론'에 대한 논찬," 「웨슬리 신학과 통전적 구원론, 웨슬리회심 280주년 제31회 신학공개강좌 자료집」 (감리교신학대학교 백주년기념관 중강당, 2018. 5. 17.), 33~35.

25) Randy L. Maddox, "Anticipate Our Heaven Below: John Wesley's Precedent for Reclaiming Wholistic Salvation, 이 땅에 있는 우리의 하늘을 기대하라: 통전적 구원을 되찾기 위한 존 웨슬리의 선례," 「웨슬리 신학과 통전적 구원론 – 웨슬리회심 280주년 기념 제31회 신학공개강좌 자료집」, 6~24.

에서 1781년의 "우주적 구원(The General Deliverance, 웨슬리 설교 88번)"을 거쳐 1785년의 "새로운 창조(The New Creation, 웨슬리 설교 113번)"로 나가다 보면 웨슬리가 관심하는 하나님의 구원의 범주가 점차 넓어지고 있는 것을 확인하게 된다는 것이다. 하나님의 구원에 참여하는 대상이 '선택된 사람'으로부터 '모든 사람들'로, 모든 사람들로부터 동물('동물복지,' 구원받는 동물!)로, '구원받는 동물'에서부터 '하나님이 지으신 세상에 존재하는 온갖 물질'로 그 대상이 점차적으로 대폭 확대되었다는 것이다.[26)]

이 같은 구원론을 웨슬리가 어떻게 품을 수가 있었을까? 신학에서 구원론은 종말론과 그 맥을 같이 한다. 웨슬리도 초창기에는 18세기 그리스도인들이 공유하였던 '신령화된 종말론(Spiritualized Eschatology)'에 따라서 인간이 죽음 이후 맞게 될 새 생명에 대한 그리스도인의 희망을 종말론적 소망으로 품었었다.[27)] '부활의 날'에 인간 영혼은 '신령한 옷을 입고(spiritualized)' 하나님이 이루신 새 창조에 동참하게 된다는 것이다. 생명이 존재로 변모되는 그 찰나의 여정이 죽음 이후 부활의 날에 전개된다는 것이다. 이 점을 새기기 위해서는 웨슬리 설교집(*Sermon*)으로 맨 처음 출간된 제1권의 서문에 담긴 웨슬리의 목소리를 좀 더 들어 보아야 한다.

> 사람의 생명이란 화살처럼 날아가는 하루살이 피조물이다. 나는 하나님으로부터 와서 하나님께로 돌아가는 한 영혼으로 지옥의 심연을 맴돌다가 더 이상 존재하지 않게 되는 순간 변하지 않는 영원 속으로 쑥 들어간다. 내가 알기 원하는 한 가지는 하늘로 가는 길이다. 어떻게 내가 저 복된 구원의 해안가에 들어설 수 있을까? 하나님이 자신을 낮추어 내려오신 것은 바로 그 길을 가르쳐 주기 위해서다. 그 목적을 이루기 위해서 하나님은 하늘로부터 내려오

26) Maddox, "Anticipate Our Heaven Below," 12, 22~23.
27) Maddox, "Anticipate Our Heaven Below," 11, 21~22.

셨다. ……[28)]

웨슬리도 처음에는 종말론 신앙을 사람이 죽음 이후에 맞게 될 영원한 구원이란 차원에서 숙고하였다. 그랬던 웨슬리가 나중에는 인간의 구원만이 아닌 모든 피조물들이 다 '속량되기를 고대하는' 하나님의 새 창조를 고대하는 지평으로 뻗어 나갔다.[29)] 웨슬리의 구원론이 하나님이 이루실 새 창조를 소망하는 종말론적 지평으로 확대되었다는 것이다. 이런 맥락에서 웨슬리는 "창조 전체의 구원에 대한 성경적 모델을 회복하는 것을" 구원론의 내용으로 삼았던 선구자가 된다.[30)] 하나님의 은혜로 개인과 사회와 온 피조 세계가 (여기에는 동물의 세계도 포함된다!) 새 창조에 참여하게 된다는 확신이 전도자 웨슬리가 품었던 종말론이었던 것이다.

왜, 어떻게 해서 웨슬리는 구원론의 지평선이 사람의 구원에서 온 창조 세계의 구원으로 펼쳐 나간다고 생각하게 되었을까? 앞에서도 지적했듯이 웨슬리의 설교는 설교로 푼 교의학이었고 그 맥락은 기독교 신앙 바로 세우기였다. 그런 까닭에 웨슬리는 구약의 말씀을 신약의 눈으로 읽었으며, 구약 본문보다는 신약 본문을 훨씬 더 많이 인용·거론하였다. 그럼에도 웨슬리 구원론의 심연에서는 신약적인 음성보다는 구약적인 음성이 훨씬 더 절실하게, 생생하게 깃들어 있다. 예컨대 하나님의 구원의 은총이 하나님의 피조물 모두에게 미친다는 웨슬리 이야기의 근거는 시편 145편 9절, "여호와께서는 모든 것을 선대하시며 그 지으신 모든 것에 긍휼을 베푸시는도다."였다. 웨슬리 사상의 뿌리가 유대·히브리 사상에, 즉 헤브라이즘(Hebraism)에 닿아 있었다는 것이다.

---

28) Wesley, *Sermons on Several Occasions*, Preface, 5.

29) Randy L. Maddox, "Anticipating the New Creation: Wesleyan Foundation for Holistic Mission," *Asbury Journal* 62 (2007), 49~66.

30) Maddox, "Anticipate Our Heaven Below," 11, 21.

구약학의 시각에서 살필 때 시편 145편의 모티프는 "모든 것(히브리어 콜 כֹּל)"을 은혜로 보살펴 주시는 하나님이다. "모든 것"을 보살펴 주시며(9a절), 하나님이 지으신 "모든 것"에게 긍휼을 베푸시고(9b절), 하나님이 지으신 "모든 것들"이 주 하나님을 찬양하도록 인도하신다(10절). 하나님은 "모든 넘어지는 자들을" 붙들어 주시기에(14절), "모든 사람의" 눈이 주님을 바라보며 기다리고(15절), 하나님은 하나님께 간구하는 "모든 자"에게 가까이 계시면서(18a절), 진실하게 간구하는 "모든 자"를 찾아가신다(18b절). 이처럼 시편 145편은 "모든"이란 낱말을 반복하면서 주 하나님의 은총이 온누리에, 창조 세계의 모든 피조물들에게 임한다고 선포한다.[31] 웨슬리는 바로 이 구절에 의지해서 값없이 베푸시는 하나님의 은총은 모든 피조물들에게 골고루 임한다고 외쳤다. 하나님의 구원의 은총이란 보편적이라는 것이다.

하나님의 인자하심이 온누리에 미친다는 사고(思考)는 본래 구약의 사상이다. 구약의 창조 신앙은 말할 것도 없고 지혜 문학에 담긴 인생 고백에서나 예언자들의 종말 신앙에서도 거듭 반복된다(창 1:1~2:3; 욥 12:7~10; 시 84:4~5; 19:2~4; 104:1~35; 사 11:6~8; 비교, 행 17:22~31; 롬 1:19~23; 8:19~22; 고전 1:21). 그 대표적인 구절이 "그 때에 이리가 어린 양과 함께 살며 표범이 어린 염소와 함께 누우며 송아지와 어린 사자와 살진 짐승이 함께 있어 어린 아이에게 끌리며 …… 젖 먹는 아이가 독사의 구멍에서 장난하며 젖 뗀 어린 아이가 독사의 굴에 손을 넣을 것이라(사 11:6~8)."다.

웨슬리의 구원론은 구약의 예언자들의 종말론과 잘 어울린다. 구약의 예언자들은 하나님의 역사가 안고 있던 신정론 문제를 종말론의 지평에서

31) 시편 145편을 히브리어로 읽으면 우리말 '모든'에 해당되는 히브리어 '콜(כֹּל)'이 모두 17회 나온다(2, 9[×2], 10, 13[×2], 14[×2], 15, 16, 17[×2], 18[×2], 20[×2], 21절). 시편 145편의 시인은 이런 방식으로 모든 사람들을, 모든 만물들을, 구원의 하나님을 찬양하는 자리에 초대한다.

적극 해결하였다. 웨슬리의 사고에 깃든 구약의 종말론적 소망은, 오경의 구성에서 떠올렸던 웨슬리의 구원의 질서와 함께 웨슬리를 구약의 언어로 읽어 가는 길을 적극 터주고 있다.

웨슬리 신학의 좌표

웨슬리 사상에 유대·히브리 사상이 각인되어 있다는 깨달음은 웨슬리 신학이 기독교 사상사에서 어디쯤 자리 잡고 있는지를 새삼 묻게 한다. 이 물음에 답하기 위해서 구약학도의 눈에 비친 웨슬리 신학의 요목을 다음 몇 가지로 정리해 보자.[32] 창조된 세계는 창조주 하나님의 영광을 드러내는 무대다. 하나님의 창조를 새롭게 하는 하나님의 역사는 사람을 하나님의 형상으로 회복시키는 일로 시작된다. 하나님은 온 세상을 사랑하신다. 하나님의 은혜는 선행(先行)하는 은혜다. 그 은혜로 의롭다 하시고 변혁시키시며 성결하게 하신다. 의인(義認)과 거듭남은 의인(義人)이 되고 성인(聖人)이 되어 하나님의 형상을 회복하기까지, '사랑으로 역사하는 믿음' 안에서, 새롭게 하시는 성령 안에서, 자라야 한다. 그리스도인은 "선포와 목회를 통해서, 봉사와 사회적 실천을 통해서, 신앙인들의 모임과 파송을 통해서" 세상에 계시고 세상을 새롭게 변화시키는 하나님의 사역을 책임 있게 수행해야 한다.[33]

신학적으로 웨슬리가 다짐하는 하나님 신앙은 저 높은 곳에 계시는 하나님보다는 우리 가운데 계시는 하나님을 강조하는 축에 든다. 앞에서 언급한 매닥스의 강연도 이런 웨슬리 신학의 속내를 잘 드러내었다. 그 강연

32) 여기에 대해서는 클라이버·마르쿠바르트, 『감리교회 신학』, 106~110, 114~523; Runyon, 『새로운 창조 - 오늘의 웨슬리신학』, 15~327. 특히 15~142.

33) 클라이버·마르쿠바르트, 『감리교회 신학』, 110.

제목은 찰스 웨슬리의 찬송에 나오는 가사, "이 땅에 있는 우리의 하늘을 기대하라(Anticipate Our Heaven Below)"였다. 이 말은 존 웨슬리의 설교 "우주적 구원(The General Deliverance, 웨슬리 설교 88번)"을 끝맺는 말이기도 하다. 이 말에는 창조 세계를 바라보는 웨슬리의 시각이 담겨 있다. 웨슬리에게 구원론이란 '우리의 하늘이 이 땅에 있음을 기대하게 하는' 종말론적 신앙이다. '위에 있는 하늘(heaven above)'이 아니라 '아래에 있는 하늘(heaven below)'이다. '아래에 있는 하늘'을 기대하라니! 하늘은 위에 있고 아래에 없지 않은가?

웨슬리는 새 창조가 구현될 현장이 다른 곳이 아닌 우리가 지금 살고 있는 세계, 즉 하나님이 지으신 창조 세계라고 생각한다. 따지고 보면 이 세계는 악하고 추하고 지저분하며, 하나님도 보시고 후회하셨던 현장이다(참조, 창 6:5~6). 그럼에도 창조주 하나님은 죄와 악과 폭력 등으로 오염된 이 세계를 결코 포기하지 않으신다. 종말의 날이 도래할 때 이 피조 세계를 전혀 새롭게 갱신·변혁하려고 하신다.

웨슬리 신학이 설파하는 하나님의 구원은 인간 구원으로 그치지 않는다. 사회 구원으로도 머물지 않는다. 웨슬리의 비전은 '우주적 종말론'으로 뻗어 나간다. 웨슬리 학자 김홍기의 말로 하면 '우주적 성화'로 나아간다.[34] 하나님이 창조하신 온 우주가, 그 안에 있는 모든 것들이 모두, 몽땅, 완전히 변모하게 되는 새 창조로 나아간다는 것이다. 이사야, 예레미야, 에스겔은 말할 것도 없고 호세아에서 말라기에 이르는 구약의 예언자들이 온통 '그날'에 도래할 하나님의 나라를 줄기차게 고대하였다. 바로 여기에서 웨슬리를 구약의 언어로 읽어가는 길이 열린다. 웨슬리가 고대한 새 창조의 시나리오가 다름 아닌 구약의 예언자들이 품었던 사상이었기 때문이다.

웨슬리 신학은, 기독교 사상사적으로 말하면, 하나님의 법이나 형이상

34) 김홍기, 『존 웨슬리의 구원론: 구원의 완성을 향한 순례』(서울: 성서연구사, 2007).

학적 진리를 신학의 초석으로 삼지 않고 창조주 하나님과 피조물 인간이 공감하는 교제에 주안점을 둔다.[35] 그럼에도 웨슬리가 주창하는 창조주와 피조물이 누리는 공감의 교제는 신비주의 유형과는 거리가 멀다. 신비주의란 하나님의 말씀에 대한 열정을 잃어버린 종교적 경험에 지나지 않기 때문이다.

웨슬리 신학의 계보를 추적한 학자들은 '의롭게 되기보다는 거룩하게 되기'를 신앙의 주제로 삼는 웨슬리 신앙이 17세기 독일 경건주의의 성서해석에 영향을 받았다고 지적한다.[36] 웨슬리가 읽기를 권한 도서에 경건주의자 아른트(Johann Arndt)나 프랑케(August Hermann Francke)의 저작들이 포함되어 있었다는 것이다. 웨슬리가 하나님을 아는 것에 그치지 않고 하나님의 말씀을 삶으로 드러내는 경건을 추구했던 것은, 나아가 하나님과 연합하기를 힘쓰고자 했던 것은, 다 독일 경건주의의 열매라는 것이다. 웨슬리가 사용한 용어들, 이를테면 '진정한 기독교(true Christianity),' '올모스트(almost)'와 '올투게더(altogether),' '내적(inward)'인 종교와 '외적(outward)'인 종교 등도 독일 경건주의자들의 표현을 웨슬리가 차용한 결과였다는 것이다.[37]

경건한 삶을 하나님 닮기로 실천하려는 묵상은 14세기 도미니크회 사

35) 여기에 대해서는 Justo L. Gonzalez, *Christian Thought Revisited: Three Types of Theology*, revised, 이후정 옮김, 『기독교사상사』 재판 (서울: 콘콜디아, 2002)를 참조.

36) 조경철, "존 웨슬리의 성서이해와 감리교적 성서해석의 정신," 『신학과 세계』 49 (2004), 34~35; Cater Lindberg, 이은재 역, 『경건주의 신학과 신학자들』 (서울: 기독교문서선교회, 2009), 16~18, 33, 51. 린드버그는 웨슬리의 신약 성서 주석도 17~18세기 경건주의자 벵엘(Johann A. Bengel, 1687~1752)이 쓴 신약 성서 지침서와 아우구스트 프랑케(August H. Francke, 1663~1727)의 『성서읽기 교본』(*Manuductio ad Lectionem Scripturae Sacrae*)을 따른 것이라고 보았다.

37) Kenneth J. Collins, "The Influence of Early German Pietism on John Wesley," *The Covenant Quarterly* 48:4 (1990), 23~42, 특히 36; 오광석, "독일 뷔템베르그 경건주의와 존 웨슬리," 『한국기독교신학논총』 65 (2009), 107~133.

제였던 마이스터 엑카르트(Meister Eckhart, 1260~1329)에게서도 드러난다. 엑카르트가 남긴 독일어·라틴어 설교 서른일곱 편을 번역·해제·주석한 매튜 폭스(Matthew Fox)에 따르면, 엑카르트는 '창조 세계의 선함,' '만물의 거룩함,' '사람 안에 흐르고 있는 신적인 혈통,' '버림과 그대로 둠' 등을 설교 주제로 삼았다.[38]

> 피조물의 아름다움에 놀라고, 그것들을 지으신 창조주의 아름다운 섭리를 찬미하고, 자비를 베풂으로써 천상의 보화를 사서 창조의 작업에 쓴다면, 이것이야말로 구원일 것입니다.[39]

엑카르트는 '히브리 성서의 창조 신학으로 대표되는 성서적 전통'을 예언자적이자 유대교적이면서도 나사렛 예수의 영성과 통합한 14세기의 설교자로 간주된다.[40] 그 엑카르트의 분위기를 18세기 웨슬리가 걸었던 그리스도인의 길에서도 느낄 수 있다는 것은 우연이 아니다. 엑카르트나 웨슬리 모두 히브리 유대 사상과 동방 교부들의 사상을 이어가는 전통에 서 있다. 웨슬리가 걸었던 길을 마이스터 엑카르트의 말로 바꿔 보면 '하나님이 사람이 되신 것은 사람을 하나님을 닮은 자로 태어나게' 하기 위해서다.[41] 하나님이 사람이 되어 오신 길은 사람이 하나님을 닮은 자로 되어

38) 매튜 폭스 해제·주석, 김순현 옮김, 『마이스터 엑카르트는 이렇게 말했다 - 대지를 품어 안은 엑카르트의 영성』(왜관: 분도출판사, 2006).

39) 마이스터 엑카르트의 설교 30, 『마이스터 엑카르트는 이렇게 말했다』 19. 이 설교의 제목은 "하늘에 계신 여러분의 아버지께서 자비로우신 것같이 여러분도 자비로운 사람이 되시오"고, 설교 본문은 누가복음 6장 36~42절이다. 설교문 전체는 위 책, 607~622.

40) 매튜 폭스, 『마이스터 엑카르트는 이렇게 말했다』, 25~32.

41) 엑카르트는 이렇게 말하였다. "하느님은 왜 사람이 되셨을까요? 나를 똑같은 하느님으로 태어나게 하기 위해서입니다. 하느님이 죽으신 것은, 나로 하여금 이 세상과 모든 피조물에 대하여 죽게 하기 위해서입니다." 매튜 폭스, 『마이스터 엑카르트는 이렇게 말했다』, 523.

가는 길이라는 것이다.

웨슬리 학자 이후정은 아우틀러(Albert Outler)를 따라서 웨슬리가 마카리우스(Macarius, 300~391), 닛사의 그레고리(Gregory of Nyssa, 335~395), 시리아인 에프렘(Ephrem Syrus, 306~373) 같은 동방 교부들의 영향을 받았다고 지적하면서 웨슬리의 구원론에는 웨슬리가 계승했던 '초대 교회의 동방 교부, 특히 시리아 교회의 신학적 유산'이 있다고 본다.[42] 헬레니즘 방식으로 기독교 신앙을 형이상학적 진리로 구성하던 서방 교회 전통과는 다르게 웨슬리는 서방 교회의 기독교 신학이 간과하였던 '시리아 안디옥 학파의 신학적 유산'을 적극 계승하였다는 것이다.

카파도키아 출신의 교부 신학자 닛사의 그레고리에게 기독교는 '신성(神性)의 모방'이었다.[43] 그리스도인의 참된 정체성은 하나님을 모방하고 닮는 데 있다고 보았다. 기독교인을 '의인이자 동시에 죄인'이라고만 보지 않았다는 소리다. 그리스도인은 하나님과 적극 교통함으로 정욕에서 자유롭게 되고, 마침내 신성에의 참여를 이룰 수 있다고 보았다. 그리스도인의 실존을 완전을 향하여 끊임없이 성장해 가는 도상의 존재라고 여겼던 것이다.

> 왜냐하면 인간은 단지 악에로의 경향만 가지고 있는 것이 아니기 때문이다. 만일 그렇다면, 즉 인간성이 선에 상반되는 경향만을 소유하고 있다면, 선에 있어서 성장하는 것이 불가능할 것이다. 그러나 진실로 우리의 가변성의 가장 좋은 국면은 선에 있어서 성장할 수 있다는 것이다. 또한 이러한 향상의 가능성은 영혼이 더욱 더 신적인 존재로 변화되면서 그 영혼을 변형시킨다.[44]

---

42) 이후정, "웨슬리와 마카리우스의 성령체험," 랜디 매닥스, 『웨슬리 신학 다시보기』, 262; "랜디 매닥스 박사의 '웨슬리 신학과 통전적 구원론'에 대한 논찬," Maddox, "Anticipate Our Heaven Below," 33~34.

43) 이후정, "닛사의 그레고리의 '완전' 이해," 『세계의 신학』 15 (1992. 6.), 27~46, 특히 29.

루터 이후 개신교 신앙은 거룩한 삶을 향한 실천을 '행위의 의'로 배척하였다. 그리스도인이란 하나님 앞에 서게 되기 전까지는 영과 육, 신앙과 불신앙, 하나님의 뜻과 인간의 정욕 사이에서 벌어지는 끝없는 싸움을 헤쳐 가야만 한다고 보았다. 닛사의 그레고리에서 웨슬리로 이어지는 그리스도인의 성화와 완전은 이런 개신교 전통에 일정 부문 쐐기를 박는다. 성령 안에서 완전한 사랑을 향해 끊임없이 줄기차게 성장하는 과정이 없는 그리스도인이란 생각할 수 없기 때문이다. 성화란 하나님의 구원의 은총에 대한 인간의 책임인 까닭이다. 웨슬리가 지녔던 이런 생각을 이후정은 시리아 사막의 교부 마카리우스의 영향으로 본다.

> 하나님께 나아가 참으로 '그리스도와 함께 보좌에 앉기를' 원하는 사람은 이전의 상태와 교제로부터 변화될 수 있게, 그에게 나와야 한다. …… 우리 주님 예수 그리스도는 바로 이런 이유, 즉 악한 정욕으로 타락한 영혼을 변화시키고 갱신하며 '새롭게 창조하여,' 그 영혼을 주님 자신의 신적인 영으로 조절하기 위해 오셨다. 주님은 새 마음, 새 영, 새 눈과 귀, 신령한 새 혀를 창조하시기 위해 오셨다. …… 그리하여 주님은 그들에게 '새 포도주' 곧 주의 영을 부어 주실 것이다.[45)]

사람에게 오신 주님을 맞이하고자 사람이 주님께로 가지 않으면 변화는 일어나지 않는다는 것이다. 이것을 웨슬리는 그의 설교 "하나님께로부터 난 자의 특권(The Great Privilege of Those that are Born of God, 웨슬리 설교 19번)"에서 다음과 같이 설명하였다.

---

44) 그레고리의 "완전에 관한" 논문, 83~84, 이후정, "닛사의 그레고리의 '완전' 이해," 35에서 중인.
45) Macarius, H 44.1 (Wesley H 19.1, Chr. Library 1:142~3), 매닥스, 『웨슬리 신학 다시보기』, 278에서 중인.

> 영혼이 하나님께 반응하지 않으면 하나님은 영혼 위에 계속 활동하시지 않는 것이 분명하기 때문입니다. …… 하나님은 먼저 우리를 사랑해 주시고 자신을 우리에게 나타내십니다. …… 그러나 그때 우리가 우리를 먼저 사랑해 주시는 하나님을 사랑하지 않는다면 …… 하나님의 영은 언제나 역사하시지만은 않을 것입니다. 그는 점차로 뒤로 물러나 우리를 우리 자신의 마음의 어두움에 내버려 두실 것입니다. 우리의 영혼이 다시금 하나님을 향하여 숨을 되돌려 보내지 않으면, 하나님은 우리의 영혼 속에 숨을 계속 불어넣으시지 않을 것입니다.[46]

이렇게만 보면 마카리우스와 웨슬리 사이에 사상적 계보가 이어지는 것이 분명하다. 그러나 좀 더 생각해 보면, 닛사의 그레고리, 마카리우스, 웨슬리의 뿌리는 "내가 거룩하니 너희도 거룩하라."는 구약의 가르침이다. 출애굽의 하나님을 상기시키던 모세의 토라가 신앙 공동체의 삶을 규정할 때 내세운 화두가 '거룩하여라'였기 때문이다.

> 나는 여호와 너희의 하나님이라 내가 거룩하니 너희도 몸을 구별하여 거룩하게 하고 땅에 기는 길짐승으로 말미암아 스스로 더럽히지 말라 나는 너희의 하나님이 되려고 너희를 애굽 땅에서 인도하여 낸 여호와라 내가 거룩하니 너희도 거룩할지어다(레 11:44~45).

레위기가 다짐하는 '거룩하라'는 권고는 몸을 구별하는 삶에서 이루어진다. 그 시작은 하나님을 위하여 구별된 시간과 장소지만 그 완성은 삶의 현장에서 구별되는 하나님을 위한, 하나님을 향한 구별이다. 레위기가 외

46) 웨슬리 설교 19번, "하나님께로부터 난 자의 특권(The Great Privilege of Those that are Born of God)," III. 3, 매닥스, 『웨슬리 신학 다시보기』, 267에서 중인.

치는 '거룩하라'는 주문은, 소극적으로는 그 몸을 더럽히지 않는 것이다. 적극적으로는 이스라엘의 하나님이 '되시려고' 이스라엘을 구원하신 하나님을 닮아 가는 것이다. 그레고리의 닛사, 마카리우스, 웨슬리의 용어로 말하면 '신화(theosis: apotheosis),'[47] 곧 하나님을 닮은 자가 되는 것이다. 게다가 레위기의 '거룩하라'는 명령은 가난하고 천하고 약한 네 이웃을 천대하지 말고 네 몸같이 사랑하라(레 19:9~18)고 타이르는 가르침에서 절정을 이룬다. 성화를 개인의 인격적 차원으로만 보지 않고 성화된 자는 사회 경제적으로도 청지기 직을 감당해야 한다는 웨슬리 사상의 뿌리가 구약 레위기의 토라에 닿아 있다는 것이다.

웨슬리의 생각에 유대·히브리 사상이 있는 것은, 이환진의 지적에 따르면, 기독교 신앙의 속내를 하나님의 법이나 형이상학적 진리가 아닌 '상징'으로 채웠던 에프렘(Ephrem Syrus, 306~373)을 만날 때 좀 더 분명해진다.[48] 에프렘은 터키 남부 지역에서 활동했던 신학교 교수로 기독교 신학을 500여 개의 시(詩)로 남겼던 인물이다. 교회가 동방 교회와 서방 교회로 나누어지기 이전의 신학이 그에게 남아 있다. 이 에프렘을 웨슬리가 여러 번 읽었다는 것은 의미심장하다.[49]

에프렘이 읽은 성경, 곧 시리아 말로 번역된 구약 성경(페쉬타)은 유대·기독교인들의 주도로 이루어진 번역이다. 에프렘의 삶은 유대인과 기독교인 사이에서 형성되었다. 예컨대 에프렘은 유대인을 비판하면서도 성경 해석에서는 유대 미드라쉬 기법을 적극 활용하였다. 그랬기에 에프렘은 교회 안의 '유대인 현자(Jewish Sage)'라고도 일컬어졌다.[50] 에프렘에게

47) 매닥스, 『웨슬리 신학 다시보기』, 277.

48) 이환진, "에프렘(Ephrem Syrus)의 창세기와 존 웨슬리," 『신학과 세계』 84 (2015), 62~115.

49) 웨슬리는 1732년부터 1736년까지 설교 준비나 설교 중에 에프렘을 여러 번 읽었다. 이환진은 웨슬리가 읽은 에프렘을 그 제자들이 남긴 『성인전』(*Hagiography*)일 것으로 추측한다. 이환진, "에프렘의 창세기와 존 웨슬리," 62~63, 88.

믿음은 흙으로 지어진 몸과 '하나님과 맞닿아 있는' 숨을 하나로 잇는 통로다.[51] 사람이 하나님과 소통하는 고리가 바로 믿음이다. 예를 들어 살핀 에프렘의 창세기 주해(2.14)는 하나님을 '보임'과 '감춤'과 '입음'이라는 은유로 풀면서 자연 속에 자신을 드러내셨던 하나님이, 사람들에게 그 모습을 감추시던 하나님이, 마침내 인간이라는 몸을 입고 우리에게 오신 하나님이 되셨다는 깨달음으로 나아간다.[52] 그런 깨달음에서 그리스도인도 하나님처럼 거룩한 삶의 옷을 입어야 한다고 외치게 된다.

하와는 메시아를 바라보았으니
자신의 벌거벗음이 엄청난 때문
그들을 다시 옷 입히시는 이
메시아라
벗겨낸 찬란함
엮었던 잎 대신하여 내시니[53]

에프렘에 따르면 인간은 에덴동산에 있을 때 영광스런 옷을 입었다. 하나님이 입혀 주신 가죽(오르 עור, 창 3:21)은 히브리어로 '빛(오르 אור, 창 1:3)'과 그 소리가 같기 때문이다. 이런 에프렘의 생각은 유대교 전통을 따른 결과다. 거기에다가 에프렘은 갈라디아서의 "세례를 받은 자는 그리스

50) Elena Narinskaya, *Ephrem a 'Jewish' Sage. A Comparison of the Exegetical Writings of St. Ephrem the Syrian and Jewish Traditions*, Studia Traditionis Theologiae: Explorations in Early and Medieval Theology 7 (Turnout: Brepols, 2010), 97~288.

51) 에프렘의 시 한 토막을 이환진은 다음과 같이 옮겼다. "죽을 수밖에 없는 몸/ 하여/ 숨에 달려 있으니/ 숨은/ 믿음에 달려 있으니/ 믿음은/ 아,/ 신성에 달려 있어라." 에프렘, 『신앙찬가』 80. 2, 이환진, "에프렘의 창세기와 존 웨슬리," 85.

52) 이환진, "에프렘의 창세기와 존 웨슬리," 71~74.

53) 에프렘, 동정 찬가 51. 7, 이환진, "에프렘의 창세기와 존 웨슬리," 86에서 중인.

도로 옷 입었느니라(갈3:27)."라는 기독교의 가르침을 첨가시켜서 자기 사상으로 발전시켜 나갔다.[54)]

에프렘이 하나님의 구원을 '하나님이 입혀 주신 옷'이라는 은유로 풀이하였다는 것은 웨슬리가 말했던 성화에 대한 풍성한 상징이 된다. 엑카르트가 구원을 '낳음'으로 보았다면, 에프렘은 그것을 '입음'으로 보았다. 인간의 몸으로 오신 메시아도 인간이라는 옷을 입은 주님이 되는 것이다. 그런 점에서 에프렘이 제시한 '입음'의 상징은 '온전한 그리스도인 되기(becoming the Christian perfection)'를 설명하는 은유가 된다.

여기에서 우리는 웨슬리의 사상적 계보를 짐작할 수 있다. 웨슬리는 히브리 유대 사상, 동방 그리스도교의 신학을 잇는 전통에 서 있다. 웨슬리에게서 두드러지는 것은, 구약의 용어로 말하면, 창조주 하나님을 믿는 시각에서 하나님의 구속사를 해석하는 자세다. 신약의 용어로 말하면, 요한서신의 빛에서 바울의 가르침을 통합하는 자세다.[55)] 웨슬리에 앞섰던 종교 개혁자들이 하나님 신앙을 '기독론 중심의 신학(Christological Theology)'으로 펼쳐 갔던 것에 비해서 웨슬리는 '하나님 중심의 기독론(Theological Christology)'으로 펼쳐 나갔다. 창조 세계를 하나님의 은총으로 대한다든지, 칭의(稱義)보다는 온전한 신앙으로 이루는 성화를 강조한다든지, 구원받음을 개인적인 의로움으로 축소시키지 않고 구원받음이란 정의를 구현하는(하나님의 사랑을 실천하는) 창조성(구원의 질서)으로 드러나야 한다든지, 하나님의 은총에 인간은 책임적으로 응답해야 된다든지 등은 모두 히브리 유대 사상에 잘 어울린다. 그레코로만(Greco-Roman) 사상에 눌려서 이성과 논리에 따른 교리적 신앙을 세워 갔던 서방 교회 전통에서는 소외

54) 이환진, "에프렘의 창세기와 존 웨슬리," 74~75.

55) Fred Sanders, *Wesley on the Christian Life: The Heart Renewed in Love,* 이근수 옮김, 『웨슬리가 말하는 그리스도인의 삶』(서울: 아바서원, 2015), 157~184.

되어 있었던 수행(修行)의 동방 교부 신학에도 어울린다. 4세기 동방 교부들의 영성에서 히브리 유대 사상을 퍼 올릴 수 있기 때문이다. 무슨 말인가? 웨슬리의 설교나 저술 등이 신약 위주로 기술되어 있지만, 그 내면에 각인되어 있는 사상은 단연 히브리 유대 사상을 품었다는 것이다. 헬레니즘과 구별되는 유대·히브리적 사고(헤브라이즘)가 웨슬리 신학을 규명하는 소중한 화두가 된다는 것이다.

03

이성과 계시

하나님을 신이라 부르던 시대

오래전 방송으로 들었던 어느 목회자의 설교 한 토막이다. 설교자가 강단에 서서 회중에게 이렇게 말했다. "하나님은 육신의 눈이 아닌 영적인 눈으로 만난다는 것을 믿으시면 아멘 하십시오." 온 회중이 "아멘." 하면서 응답하자 그 설교자는 그다음 이야기를 이렇게 이어갔다. "하나님을 만난 분들은 두 손 들고 아멘 하십시오." 그 소리를 듣자 온 회중이 두 손 들면서 "아멘." 하고 응답하였다. 틀리지 않은 말이다. "마음이 청결한 자는 복이 있나니 그들이 하나님을 볼 것임이요(마 5:8)."라고 하지 않았는가! 그러나 맞는 말도 아니다. 왜 그럴까?

마태복음 5장 8절에 쓰인 "보다"라는 말은 바르게 새겨야 한다. 여기서 본다는 말은, 쉽게 말해서, 느낀다는 뜻이다. 인식한다는 뜻이다. "이 세상 창조 때로부터, 하나님의 보이지 않는 속성, 곧 그분의 영원하신 능력과 신성은, 사람이 그 지으신 만물을 보고서 깨닫게 되어 있습니다(롬 1:20, 새번역)."라고 하지 않았는가(참조, 시 19:1; 마 6:26). 사람은 하나님을 볼 수 없다. 하나님의 사람 모세도 하나님의 얼굴이 아니라 하나님의 등을 보았을 뿐이다(출 33:20~23). 물론 하나님을 만날 수 있다. '영과 진리로' 예배하는 자는 '영이신 하나님'을 만날 수 있다(요 4:24). 하나님을 보여 달라고 졸랐던 빌립에게 예수님은 "나를 본 자는 아버지를 보았거늘." 하고 타이르셨다(요 14:8~9). 그러나 하나님은 봄으로 만나는 분이 아니다. 하나님이 자신을 보여 주실 때 하나님을 만날 수 있다. 그 어디보다도 하나님이 자신을 드러내 보여 주신 곳이 성경이다. 하나님이 자신을 스스로 드러내심은, 신학적 표현으로는, 하나님의 자기 계시다. 하나님의 자기 계시가 가장 분명하게 나타난 것이 예수 그리스도인데, 이 예수 그리스도는 오로지 성경 안에서만 만날 수 있다.[1)]

신학의 주춧돌은 하나님의 자기 계시, 곧 성경이다. 성경은 하나님의 말씀이다. 웨슬리는 성경에서 '하나님의 육성'을 듣고자 했다. 성경은 하나님의 자기 계시다. 하나님은 자신이 누구이신지를 성경 안에 드러내셨다. 창조주 하나님, 구원의 하나님은 성경 안에서 만날 수 있다. 성경을 신학의 토대로 삼는다는 점에서는 웨슬리 신학도 예외가 아니다. 웨슬리가 '그 한 책'의 사람이었던 것은 그가 성경 안에서, 그 하나님의 말씀 안에서, 예수 그리스도를 만났기 때문이다. 그래서 웨슬리는 자기 시대에 진정한 성경적 기독교를 회복하고자 했다.

웨슬리가 선언했던 "나는 한 책의 사람이다."라는 고백은 서재나 골방에서 얻은 깨달음이 아니었다. 이 고백은 웨슬리가 치열하게 살아야 했던 18세기라는 시대 상황을 배경으로 이해해야 한다. 웨슬리는 성경을 단순한 기독교 문헌으로 깎아내리던 이신론자들(deist)의 도전에 맞서야 했다. 웨슬리는 구약 성경을 기독교 경전의 자리에서 몰아내려고 했던 마르시온주의자들의 출현에 맞서야 했다. 웨슬리가 살았던 18세기는 성경 말씀에

1) 클라이버·마르쿠바르트, 『감리교회 신학』, 71.

서 하나님을 만나려고 하기보다는 이성과 지성의 논리로 성경 말씀의 가치를 마구 폄하하던 시대였다.

웨슬리 생애에 대한 소개는 이 글의 목적이 아니다. 거기에 대해서는 다른 글들을 살펴보아야 한다. 여기에서는 다만 웨슬리가 왜, 어떻게, 성경적 기독교를 세우고자 했었는지를 그가 몸 담았었던 시대의 정신 풍토 속에서 되새겨 보려고 한다. 그가 한 책의 사람이 되기까지 헤쳐 가야 했던 여정이 만만치 않았다는 소리다.

18세기 영국은, 유럽은, 문화사적으로는, 이성(理性)의 시대였다. 사회사적으로는 전통적인 농업 사회가 급격한 자본주의 사회로 변모해 가면서 극심한 내홍을 치르던 시대였다. 교회사적으로는 마르틴 루터의 종교 개혁 이후 성경이 누리던 권위가 그 자리를 이성에게 내주고 만 시대였다. 탈(脫)종교, 무(無)종교, 반(反)종교는 아니었다고 해도, 계시와 이성 사이에서 계시의 가치를 인정해 주는 역할은 언제나 이성의 독차지였다. 하나님의 계시를 인정하지 않은 것은 아니었다. 계시는 정녕 믿음의 대상이었다. 그러나 그 계시는 이성의 판단을 받아야만 했다. 한마디로 기독교 신앙의 합리성(reasonableness)을 따지던 시대가 웨슬리의 시대였다는 것이다.[2)]

18세기 사회는 기독교 신앙을 '지성적 제도(intellectual system)'의 일환으로 간주하였다. 이신론(deism)이 득세하여 신앙을 교리로 수렴하였으며, 믿음이란 교리와 도그마(dogma)로 정리된 지적 작업의 소산으로 간주하였다. 이성은 이른바 자연 계시고, 그 이성의 근원은 하나님이었다. 그 시대의 지성인들은 하나님(God)을 신(deity)으로 불렀다.[3)] 하나님을 하나

---

2) Arthur Skevington Wood, *Revelation and Reason: Wesleyan Responses to Eighteenth Century Rationalism* (The Wesley Fellowship, 1992), 7.

3) Wood, *Revelation and Reason*, 9~10.

님으로 부르지 않고 이성의 언어이던 신(deity)이라고 불렀다. 신(deity)이란 말은 라틴어의 하나님(deism)에서 유래한 단어지만, 그 성격은 헬라어에서 온 하나님(theism)과는 다르다. 하나님을 헬라어 방식으로 지칭할 때는 저 높은 곳에 계시는 하나님(초월성)과 더불어 이 낮은 곳에 머무시는 하나님(내재성)을 함께 거론하지만, 라틴어 방식으로 하나님을 부르면 하나님은 세상을 창조하신 뒤 은퇴(?)하시고 저 높은 곳에 홀로 계시는 신이라는 뜻으로 국한된다.[4)]

이신론(理神論, deism)은 하나님이 누구이시고 하나님을 어떻게 파악할 수 있는지에 대한 이론이다. 이신론은 눈으로 볼 수 있고, 귀로 들을 수 있고, 손으로 느낄 수 있는 자연을 신앙의 덕목으로 삼기에 자연 종교(natural religion)라고도 할 수 있다. 그 시절 이신론자들의 성경이라고도 불렸던 매튜 틴달(Matthew Tindal)의 『창조만큼 오래된 기독교』(*Christianity as Old as the Creation*, 1730)는 기독교를 자연법의 재현으로 설명하였다.[5)] 틴달에게 기독교는 낡고 오래된 고색창연한 골동품 같은 것이었다. 다듬거나 수정하거나 다른 것으로 대체할 수 없는 골동품처럼 "기독교에 새 것이 있다면 그것은 진리가 못되고, 기독교에 진리가 있다면 그것은 새 것이 아니다."라고 주장했다.[6)] 기껏 기독교의 복음을 이성과 자연법칙으로 추켜세웠던 것이 예수는 도덕 교사였다는 주장이었다. 틴달은 원죄 이후 타락한 인간은 구속받아야 한다는 기독교의 가르침을 필요하지 않다고 여겼다. 그에 동조하던 자들은 기독교의 삼위일체 신앙마저도 단일신론(unitarianism)으로 대체하였다. 성부 하나님(God the Father), 성자 하나님(God the Son), 성령 하나님(God the Holy Spirit)이 아니라, 아버지 하나님(God the Father), 하

4) Wood, *Revelation and Reason*, 9.

5) Wood, *Revelation and Reason*, 10.

6) Wood, *Revelation and Reason*, 10.

나님의 아들(the Son of God), 하나님의 성령(the Holy Spirit of God)이란 식으로 삼위일체 신앙을 교묘하게 허물어뜨렸다.[7)]

18세기의 정신 풍토는 이렇게 혼탁하였다. 이성의 이름으로 신앙을 홀대하였으며, 지성의 권위로 계시를 폄하하였고, 자연법칙의 시각으로 신앙의 신비를 곡해하였다. 그렇게 어지러웠던 시대 한복판에서 웨슬리는 인간의 이성이 아닌 하나님의 계시를, 자연법칙이 아닌 신앙을, 철학이 아닌 성경을 기독교 신앙의 토대로 삼았다. 신앙의 토대를 계시 위에 두고자 했다. 신앙은 사람이 알고자 해서 알게 되는 이성의 산물이 아니라 하나님이 보여 주시고, 들려 주시고, 알려 주심으로 깨닫게 되는 계시의 열매라고 적극 가르쳤다. 그런 점에서 웨슬리는 18세기의 개혁가였다.

아더 우드(Arthur Wood)가 쓴 『계시와 이성』(*Revelation and Reason*)에는 웨슬리를 향해서 비난과 비판을 쏟아냈던 웨슬리 당대의 가톨릭교회, 퀘이커 교도, 영국 성공회 등의 수많은 성직자들, 지성인들, 철학자들이 거론된다.[8)] 예컨대 아일랜드 성직자였던 제임스 클라크(James Clark)는 웨슬리가 이끄는 감리교도들을 향해서 "실천에서는 광적인 바리새파 집단이고, 이론에서는 고지식하기 이를 데 없는 분파주의자들"이라고 조롱하였다.[9)] 웨슬리는 늘 이신론자들, 교황청주의자들, 신비주의자들에게 포위되어 있었다. 그럼에도 웨슬리는 기독교의 하나님을 철학자의 신이 아닌 사랑의 주님으로 깨우쳐 주고자 했다. '참된 성경적 기독교(genuine scriptural Christianity)'를 세우기 위해서라면 순교라도 기꺼이 감당하려고 하였다.[10)]

---

7) 18세기 초 왕실의 채플린이자 피카딜리(Piccadilly)에 있던 성 야고보 성당의 교구 목사였던 사무엘 클라크(Samuel Clarke)가 그의 책『삼위일체에 대한 성경교리』(*Scripture Doctrine of the Trinity*, 171)에서 이렇게 주장하였다. Wood, *Revelation and Reason,* 14.

8) Wood, *Revelation and Reason*, 7~92.

9) *The Letters of the Rev. John Wesley, A.M.*, Standard Edition, ed. J. Telford, 8 vols., 1931, 3:180, Wood, *Revelation and Reason,* 20에서 중인.

10) *The Journal of the Rev. John Wesley, A.M.*, Standard Edition, ed. N. Curnock, 8 vols.,

웨슬리의 성경적 기독교는 성경에 대한 바른 이해로부터 시작한다. 기독교 신앙의 토대는 성경이다. 성경은 하늘로부터 단번에 주어진 것이 아니다. 웨슬리는 그 성경의 역사적인 기원을 다음과 같이 해설하였다.

> 성경에 대해 개괄적으로 설명한다면 다음과 같다. 성경은 살아 계신 하나님의 말씀으로 모세 때에 그 첫 조상들을 시켜서 기록하게 했다. 그 뒤 여러 세대가 이어지면서 여러 예언자들의 영감 어린 기록이 거기에 첨부되었다. 그다음 하나님의 아들이 선포한 것과 성령이 사도들과 전도자들을 통해서 말씀하신 것이 추가로 기록되었다. 이것이 오늘날 우리가 성경이라고 부르는 책이다. 성경은 '영원히 남아 있을 하나님의 말씀'이다. "하늘과 땅이 사라져도 그 말씀은 일점일획도 사라지지 않을 것이다." 그러므로 구약과 신약으로 이루어진 성경은 가장 확고하고 소중한 하나님의 진리의 책이다.[11)]

'어떻게 성서가 기록되었을까'에 대한 웨슬리의 설명을 19세기 이후 등장한 오늘날의 비평적 관점으로 재단해서는 안 된다. 웨슬리가 여기에서 말하고자 한 것은 두 가지다. 하나는 성경이 긴 역사적 과정을 거치면서 하나님의 사람들의 기록으로 이루어졌다는 것이고, 다른 하나는 성경을 기록한 자들에게는 하나님의 영이 그 안에 계시면서 사람의 판단이 하나님의 뜻에 따르도록 작용하고 있었다는 것이다.[12)]

그렇다면 웨슬리는 이성의 역할을 어떻게 보았을까? 웨슬리 학자들이 감리교회 신학의 토대를 성서·이성·체험·전통으로 설정하듯이 웨슬리는 기독교 신앙에서 이성이 감당하는 역할을 부정하지 않았다. 이성을 남용

1909~1916, 4:3~4, Wood, *Revelation and Reason,* 21에서 중인.

11) Wesley, *Preface to Explanatory Notes upon the New Testament* (1754~55), 10.

12) 여기에 대해서는 Scott J. Jones, *John Wesley's Conception and Use of Scripture* (Nashville: Abingdon/Kingswood, 1995), 18~21.

해서도 안 되지만, 이성을 배척해서도 안 된다고 보았다. 이성을 부인하는 것은 종교도 부인하는 것이라고 여겼으며, 합리적이지 않은 종교는 거짓 종교라고까지 평하였다.[13)] 한마디로 웨슬리는 이성을 무시하지 않았으면서도, 이성을 과대평가하지도 않았다.

여기에서 웨슬리의 설교 "공평하게 숙고된 이성의 역할(The Case of Reason Impartially Considered, 웨슬리 설교 87번)"이 우리 눈에 들어온다. 하나님이 인간에게 이성을 주셨음을 인정하면서도 그 이성이 기독교 신앙의 내용을 제공해 주는 것은 아니라고 지적하였기 때문이다.[14)] 인간의 지식은 불완전하다. 웨슬리는 이성을 깎아내리는 자들에게 이성은 하나님이 주신 고귀한 선물이라고 가르치면서도 이성을 맹종하는 자들에게는 "이성이 할 수 있는 것만을 하게 하라(Let reason do all that reason can)."고 주문하였다.[15)] 지식·지성·이성은 신앙과 소망과 사랑을 주지 못하기 때문이다. 바로 여기에서 웨슬리가 지적하는 이성과 계시 사이의 간격이 있다. 신앙이 주는 것은 이성으로 파악하는 것과는 질적으로 다르다. 사람의 이성은 자연적인 것을 영적인 것으로 나르지 못하고, 보는 것을 보이지 않는 세계로 인도하지 못한다. 하나님은 하나님의 은밀한 것들을 오로지 그의 영으로만 계시하셨다. 우리가 하나님을 알 수 있는 것은 하나님이 그 스스로를 우리에게 알려 주셨기 때문이다. 바로 이런 맥락에서 웨슬리는 삼위일체 하나님도 믿음의 대상이지 앎의 대상이 아니라는 것을 분명히 한다. 삼위일체 신앙이란, 웨슬리의 용어로 "하나님은 셋이자 동시에 하나다(God is three and one)."라는 것은, 믿음의 대상이지 앎의 대상이 아니다.[16)] 웨슬리

13) *The Letters of John Wesley*, 5:364, Wood, *Revelation and Reason*, 23에서 중인.

14) *The Works of the Rev. John Wesley, A.M.*, 3rd Edition, ed. T. Jackson, 14 vols., 1828~1831, 6:354, Wood, *Revelation and Reason,* 24에서 중인.

15) *The Works of the Rev. John Wesley,* 6:360, Wood, *Revelation and Reason,* 24에서 중인.

16) Wood, *Revelation and Reason*, 25.

는 하나님이 계시하신 것을 우리가 믿는 것이지, 하나님이 계시하시지 않은 것은 우리가 알지 못한다고 힘주어 말했다.

웨슬리는 자기 시대에 성경의 권위를 확실하게 다시 세웠다. 웨슬리의 감리교회 운동은 하나님의 말씀을 신앙과 신학의 토대로 분명하게 세웠다. 성경 안에서 하나님은 하나님의 본성을 사랑으로 보여 주셨다. 성경의 진리는 하나님이 아들이 되셔서 이 땅을 찾아오셨기에 모든 피조물들이 하나님을 알게 되었다고 일깨워 주었다. 이것을 웨슬리의 말로 바꾼다면 그리스도인이 된다는 것은 하나님과 인격적으로 만나는 자리에 동참하는 사건이고 마음으로 하나님을 깊이 신뢰하는 관계로 들어서는 여정이다. 그것이 바로 웨슬리가 말했던 '참 종교(true religion)'다.[17] 웨슬리는 하나님을 앎이 아닌 인격으로 모셔 들여야 한다고 보았으며 그리스도인이란 하나님 알기에 그치지 않고 하나님과 역동적인 교제를 믿음 안에서 나누는 관계를 누려야 한다고 가르쳤다. 웨슬리에게 하나님은 멀리 계신 신이 아니라 가까이 계시면서 함께하시는 주님이었던 것이다.[18] 이성에서 계시로 가는 대전환! 철학에서 성경으로 가는 대변혁! 그것이 바로 18세기의 웨슬리를 바르게 읽는 코드(code)라는 것이다.

웨슬리가 읽은 구약

웨슬리는 구약을 열심히(!) 읽었다. 『웨슬리 저작집』(*Works*)에 실린 151편의 설교 중 구약을 인용·언급·암시한 경우는 모두 2,455회에 이른

17) John Wesley, *The Bicentennial Edition of the Works of John Wesley* (Nashville: Abingdon, 1984), vol. 1: *Sermons 1*, Albert C. Outler, ed. (Nashville: Abingdon, 1984), 660.

18) David B. McEwan, "The living and written voice of God: John Wesley's reading, understanding, and application of scripture," *Wesleyan Theological Journal* 46:1 (2011), 106~119.

다.[19] 이 수치를 따른다면 웨슬리는 설교마다 평균 16회 정도 구약을 활용하였다. 오스월트(John Oswalt)는 이 통계를 가지고 웨슬리의 구약 독법을 다섯 유형으로 정리하였지만,[20] 엄밀하게 보면, 세 갈래다. 구약 본문을 강해한 경우, 설교의 대본으로 삼은 구약 본문을 곧장 오늘의 상황에 적용한 경우, 설교하다가 필요하다고 여겨진 구약 성구들을 인용·암시·거론한 경우. 예컨대 웨슬리 설교 90번 "인류의 타락에 대하여(On the Fall of Man)"가 첫 번째 경우라면, 웨슬리 설교 149번 "재물 축적의 위험성에 대하여(On the Danger of Increasing Riches)"는 두 번째 경우에 해당한다. 그밖에 웨슬리 설교에서 만나는 많은 구약 구절들은 대부분 세 번째 경우에 든다.

웨슬리의 표준설교 44편을 성서 해석학의 관점에서 분석한 서예은은 웨슬리 설교에 반영된 구약 읽기 방식을 크게 둘로 구분하였다. 하나는 구약 성서를 본문으로 삼아서 설교하는 경우고, 다른 하나는 웨슬리의 말글 안에 구약 구절들이 인용(암시, 응용)되고 있는 경우다.[21] 서예은은 여기에서 설교 본문으로 제시된 구약 구절들이 "본문의 문맥과 닿지 않게 사용하고 있는 것처럼 보이나 그것은 상황(context)의 도전 혹은 문제에 대한 응답을 성서에서 찾아 제시하고자 한 웨슬리의 노력이었다."고 본다.[22] 웨슬리의 구약 읽기는 설교자가 처해 있었던 상황에 대한 처방을 성경 말씀에서 찾아서 제시하려는 목회자적 열의를 반영하고 있다는 것이다.

그런데 웨슬리의 표준설교 44편 이후에 번역·출간된 다른 설교들을

19) Schlimm, "Wesley's Reaction to the Rebirth of Marcionism," 41~42.

20) 즉 주석하거나(exegetical), 적용하거나(expository), 예문으로 삼거나(illustrative), 증빙 구절로 제시하거나(supportive), 넌지시 암시(allusive)했다는 것이다. Oswalt, "Wesley's Use of the Old Testament," 47.

21) 구약을 설교 본문으로 삼은 설교는 웨슬리 설교 16번 "은총의 수단(The Means of Grace, 말 3:7)," 설교 39번 "관용의 정신(Catholic Spirit, 왕하 10:15)," 설교 44번 "원죄(Original Sin, 창 6:5)"다. 서예은, "웨슬리안 성서해석학의 이론적 기초," 37~97.

22) 서예은, "웨슬리안 성서해석학의 이론적 기초," 96~97.

보면 웨슬리의 구약 읽기는 상황의 도전에 대한 응답으로만 그치지 않았다. 예컨대 웨슬리 설교 90번 "인류의 타락에 대하여"가 그 독보적인 사례다.[23] 이 설교는 1782년에 발간된 잡지(*Arminian Magazine*, 1782년 5,6월호)에 게재되었던 것으로 웨슬리는 이 설교를 여러 번 반복하였다(1759년에 2회, 1760년에 1회, 1761년에 1회, 1782년에 1회, 1789년에 1회).[24] 이 설교의 본문은 창세기 3장 19절의 "너는 흙에서 나왔으니 흙으로 돌아갈 것이다(새번역)."라는 구절이다. 이 설교도, 서예은의 표현으로 말하자면, 어지러운 현실에 대한 해답을 성경에서 찾는 방식이다. 그러나 주목해야 할 것은 웨슬리가 짧은 구절 하나를 가지고, 오늘날의 용어로 말하면, 강해 설교를 하였다는 사실이다.

이 설교는 "세상에는 왜 죄가, 고통이 존재할까?"라는 물음으로 시작한다. 사람은 하나님의 형상으로 창조되었는데 왜 죄와 악이 세상에 편만하게 되었는지를 묻는다. 그런데 그 물음에 대한 해답을 제시하는 과정이 자못 주석적이다. 설교의 서론에서 웨슬리는 본문의 맥락에 해당하는 창세기 3장을 약술한다. 나무를 세기 전에 먼저 숲을 보는 방식으로 뱀의 등장에서부터 시작하여 뱀의 유혹 → 하와의 대꾸 → 뱀의 말에 넘어가는 하와 → 죄의 시작 → 죄에 따른 고통 → 하나님이 내린 벌에 이르는 스토리를 차례대로 요약한다. 설교의 전반부에서 돋보이는 것은 웨슬리의 본문 풀이다. 웨슬리는 뱀의 말에 넘어가는 하와를 이야기하면서 하나님의 말씀보다는 사탄(거짓말쟁이)의 말을 더 믿었던 것이 죄의 시작이었다고 지적한다. 하와를 가리켜서는 "눈을 뜬 채로 죄를 지었다."고 꾸짖고, 하와가 건넨 금지된 과일을 덥석 받아먹은 아담을 두고서는 "창조주보다 피조

23) 웨슬리 설교 90번, "인류의 타락에 대하여(On the Fall of Man)," 『존 웨슬리의 설교』, 140~151.

24) 김홍기의 해설, 『존 웨슬리의 설교』, 140.

물을 더 사랑함으로써 내적으로 우상 숭배의 죄를 지었다."고 꾸짖는다.[25)]

웨슬리는 창세기 3장 이야기에서 인간의 타락만을 고발하지 않았다. 인간이 하나님을 저버렸음에도 불구하고 그런 인간을 품으시려고 하였던 하나님의 마음을 전달하고자 했다. 금지된 과일을 먹고 동산의 나무 사이에 숨었던 아담을 두고서 하나님이 "아담아, 네가 어디 있느냐."라고 부르셨던 것은, '만약 하나님께서 부르시지 않았다면, 영원히 하나님으로부터 도망쳐 버렸을지도 모르는 그를 다시 하나님께 향하게' 하려는 하나님의 자비 때문이었다는 것이다.[26)]

이 설교의 본론은 설교 본문으로 삼은 구절을 하나씩 묻고 새겨가는 작업이다. "너는 흙이니"라는 구절을 풀 때에는, '셀 수 없는 섬유 조직과 신경, 막, 근육, 동맥, 정맥, 다양한 장기들로 구성되어 있는' 인간을 두고서 하나님이 흙이라고 굳이 부르셨던 의도를 캐묻고 있다. "너는 흙으로 돌아갈 것이니라."라는 구절에서는 태어나서 자라다가 늙어갈 수밖에 없는 인생살이의 속내를 성찰하는 기회로 삼는다. '셀 수 없을 만큼 많은 피막과 정교하게, 얇게, 흐르는 액체와 고체로 된 여러 장기'들이 처음에는 '커져 가고' 그다음에는 '단단해지다가' 마침내 '굳어져 가는' 과정을 이야기하면서 사람의 본성 가운데는 하나님이 심어 놓으신 '죽음의 씨'가 있다고 말한다. 웨슬리의 설교 "인류의 타락에 대하여(On the Fall of Man, 웨슬리 설교 90번)"가 그것을 대변한다.

> 주름살은 액체의 비율이 감소됨을 보여 주며, 또한 촉촉하게 하며 부드러움을 유지시키던 혈액과 액체가 감소됨에 따라 피부가 건조해집니다. 몸의 끝부분은 점점 더 차가워지는데 몸의 중심에서 멀어지는 것뿐만 아니라 가늘어진 혈

25) 웨슬리 설교 90번, "인류의 타락에 대하여," I. 1~3, 『존 웨슬리의 설교』, 142~143.

26) 웨슬리 설교 90번, "인류의 타락에 대하여," I. 3, 『존 웨슬리의 설교』, 143.

> 관이 메워져서 더 이상 액체의 흐름이 진행될 수 없기 때문입니다. …… (그래서) 자연스럽게 죽음에 이르게 됩니다. 그러므로 죽음의 씨는 바로 우리의 본성 속에 있습니다. 그러므로 우리는 처음 생명을 가지는 그 순간부터 죽음으로 향하는 여행을 하는 것입니다. 우리는 원하든 그렇지 않든 우리가 왔던 흙으로 다시 돌아갈 준비를 해야만 합니다.[27)]

인간은 태어난 순간부터 죽음으로 나아가는 여행을 한다. 아담과 하와의 범죄로 흙에서 생령으로 지어졌던 인간이 도로 썩어야 하는 흙으로 돌아가게 되었다는 것이다. 여기에서 웨슬리는 사람이 하나님의 형상대로 지음 받았던 존재라는 사실을 상기시킨다. 웨슬리 설교 90번 "인류의 타락에 대하여"는 이렇게 계속된다.

> 하나님은 자신의 형상대로 인간을 만드셨습니다. …… 하나님은 그를 물질, 감각이 없고 비지성적인 진흙 조각으로 만들지 않으셨습니다. 자신과 같은 영으로 만드셨습니다. (그러나) 아담은 …… 창조자의 뜻보다 자신의 뜻을 행하는 것을 택했습니다. 그는 꾀임을 받지 않았으나 알면서 일부러 그의 아버지와 그의 왕을 배반했습니다. 그 순간 그는 하나님의 도덕적 형상(moral image)을 잃었고 부분적으로 본성적 형상(natural image)을 잃었습니다. …… 그래서 아담 안에서 모든 사람이 죽게 되었습니다. 그는 그의 모든 후손에게 실수하고, 범죄하고, 슬퍼하며, 두려워하는 성격을 주었고 고통, 질병, 사망에 이르는 운명을 주었습니다.[28)]

바로 여기에서 웨슬리의 설교는 주해에서 적용으로 넘어간다. 흙으로

---

27) 웨슬리 설교 90번, "인류의 타락에 대하여," II. 5~6, 『존 웨슬리의 설교』, 147~148.
28) 웨슬리 설교 90번, "인류의 타락에 대하여," II. 6, 『존 웨슬리의 설교』, 149.

돌아갈 것이라는 판정을 받았던 아담의 일이 지금 이 세상에서도 일어나고 있다고 주의를 환기시킨다. 세상을 덮고 있는 '무지, 실수, 악덕, 질병, 아픔' 등을 보라고 촉구한다. 거기에 이어지는 설교 "인류의 타락에 대하여"의 결론에서 웨슬리는 세상의 문제를 치유하시는 하나님의 방법을 소개한다. 창조주 하나님이 예수 그리스도를 우리에게 보내 주셨다는 것이다.

> 즉 '뱀의 머리에 타격을 입힐 여자의 후손을 주셨습니다.' 하나님이 세상을 이처럼 사랑하사 그의 독생자를 주셨습니다. 그것은 그를 믿는 자마다 멸망치 않고 영생을 얻게 하기 위함입니다. 여기에 우리의 모든 죄를 위한 치유 방법이 있습니다. 그는 나무에 달려 그 몸으로 우리의 모든 죄를 담당하셨습니다. 그리하여 죄를 범한 어떤 사람이라도 우리는 아버지 앞에 우리의 본성의 타락(부패)을 위한 치유를 받을 수가 있습니다.[29)]

이에 비해 웨슬리의 설교 149번 "재물 축적의 위험성에 대하여(On the Danger of Increasing Riches)"는 그 설교의 분위기가 다르다. "재물 축적의 위험성"이란 설교는 웨슬리 사후 발견된 설교로 설교문의 끝에 "브리스톨, 1790년 9월 21일"이라고 기록되어 있는 것으로 보아 웨슬리가 죽기 전에 마지막으로 남긴 간절한 호소로 보인다.[30)] 웨슬리는 그리스도인의 성화를 가로막는 가장 큰 장애물로 돈을 꼽았다. 웨슬리가 후기에 들어 선포한 설교 중에 유독 돈의 사용과 관련된 주제들이 많다는 점이 그런 사실을 반증한다.

이 설교의 성경 본문은 시편 62편 10절 "재물이 늘어도 거기에 마음을 두지 말지어다."다. 이 설교에는 본문 주석이 없다. 시편 62편은 본래 탄원

29) 웨슬리 설교 90번, "인류의 타락에 대하여," II. 8, 『존 웨슬리의 설교』, 150.
30) 김홍기의 해설, 『존 웨슬리의 설교』, 395.

시에 속하는 시로 구원은 사람이 아니라 하나님께로부터 온다는 것을 다짐하는 기도다. 그러나 웨슬리의 시편 62편 10절 읽기는 이런 탄원 기도하고는 아무 상관 없다. 웨슬리는 다만 시편 62편 10절에 거론된 '재물'이라는 단어를 자기 설교의 도약대로 삼았을 뿐이다.

이 설교에서 돋보이는 것은 본문 적용의 수사학이다. 이 설교는 재물이 늘어나는 것은 하나님의 선물이라는 말로 운을 뗀다. 그러면서 네 가지 주제를 다룬다. 재물이란 무엇인가, 재물이 늘어날 때, 마음을 재물에 둔다는 것은, 어떻게 하면 유혹을 피할 수 있을까. 웨슬리의 관심은 "하나님의 은총으로 된 일이 저주받을 일이 되지 않도록 하라."는 데 있다. 이 설교에는 명시적으로 언급한 성경 본문이 하나도 없다. 대신 웨슬리가 말년에 했던 설교답게 지금까지 외쳤던 돈에 대한 가르침을 다시 한 번 간곡하게 호소한다.

> 이제 한마디만 더 덧붙이겠습니다. 60, 70년간 여러분에게 봉사한 후 침침한 눈, 떨리는 손, 비틀거리는 말로, 먼지 속으로 사라지기 전에 저는 여러분에게 한마디만 충고하겠습니다. …… 부자가 되기를 바라거나 부자가 되기 위해 노력하는 사람들은 그 순간 유혹, 즉 깊은 유혹의 늪에 떨어집니다. …… 인간을 파괴와 멸망으로 빠지게 하는 어리석고 고통스러운 욕망의 늪에 빠지게 됩니다. …… 여러분이 가는 길은 말할 수 없이 미끄럽습니다! 한 발자국 뗄 때마다 얼마나 위험합니까! …… 오! 부디 여러분이 죽은 뒤에 아무것도 남기지 마십시오! 더 나은 세상으로 가기 전에 여러분이 가진 모든 것을 …… 빌려 드리십시오. 모든 것을 주님께 빌려 드리십시오. …… 서두르십시오. 서두르십시오. 나의 형제들이여, 서두르십시오.[31]

31) 웨슬리 설교 149번, "재물 축적의 위험성에 대하여(On the Danger of Increasing Riches)," II. 6~8, 『존 웨슬리의 설교』, 404~405.

할 수 있는 대로 얻고, 할 수 있는 대로 절약·저축하고, 할 수 있는 대로 나누어 주라! 웨슬리 학자 김홍기는 웨슬리 설교를 구원론과 사회 성화와 경제 윤리로 구분하였는데, 이 구분에 따르면 "재물 축적의 위험성"이란 설교는 경제 윤리에 관한 설교에 속한다.[32] 웨슬리가 그리스도인의 완성을 경제 윤리 차원에서 적극 도모하였다는 것이다.

웨슬리 설교는 많은 경우 설교 주제를 해설해 가는 과정 중에 구·신약 성경 구절들을 증빙 본문으로 제시하는 방식을 띤다. 산상수훈에 대한 네 번째 설교, "세상의 빛과 소금(웨슬리 설교 24번)"도 그런 사례에 든다. 웨슬리에게 교회는 '사회와 동떨어져 있는 종교(solitary religion)'가 아니라 '사회적인 종교(social religion)'다.[33] "세상의 빛과 소금"이라는 설교는 이런 배경에서 선포되었다. 이 설교에서 웨슬리가 본문으로 삼은 성경은 마태복음 5장 13~16절 "너희는 세상의 소금이니 소금이 만일 그 맛을 잃으면 무엇으로 짜게 하리요 …… 너희는 세상의 빛이라 …… 이같이 너희 빛이 사람 앞에 비치게 하여 그들로 너희 착한 행실을 보고 하늘에 계신 너희 아버지께 영광을 돌리게 하라."다.

이 설교에서 웨슬리가 마태복음 5장 13~16절 외에 거론한 성구들은

---

32) 웨슬리 설교 1번 "믿음으로 얻는 구원(Salvation by Faith)," 2번 "미완성의 그리스도인(The Almost Christian)," 9번 "노예의 영과 입양의 영(The Spirit of Bondage and of Adoption)," 72번 "값없이 주시는 은총(Free Grace)," 113번 "새로운 창조(The New Creation)" 등이 구원론에 관한 설교라면, 24번 "산상설교 IV(Upon our Lord's Sermon on the Mount IV, "세상의 빛과 소금")," 71번 "사랑에 대하여(On Love)," 79번 "의에 대한 보상(The Reward of Righteousness)," 106번 "사랑에 대하여(On Charity)," "노예 제도에 관하여(1744년 논문)" 등은 사회 성화에 대한 설교고, 28, 29번 "산상설교 VIII, IX("하늘나라의 저축 I, II)," 50번 "돈의 사용(The Use of Money)," 51번 "선한 청지기(The Good Steward)," 85번 "부(富)의 위험성(The Danger of Riches)" 등은 경제 윤리에 관한 설교에 속한다.『존 웨슬리의 설교』, 11~477.

33) 웨슬리 형제 등이 편집한『찬송가』(*Hymns and Sacred Poems*, 1739)의 서문, Works, XIV, 321.

모두 64회로 그 가운데 5회(욥 19:20; 시 22:30; 51:16~17; 잠 26:11; 전 11:6)가 구약이다.[34] 한 편의 설교에 이렇게 많은 성구들이 거론된다는 것은 설교가 길기도 하지만(우리말 번역에서 A4 용지로 17쪽!), 웨슬리의 설교 방식이 거의 성경 말씀을 이어가는 방식이기 때문이다. 웨슬리는 자기가 하고 싶은 말을 성경 구절을 직간접적으로 인용하면서 전개해 나갔다.

이 설교는 기독교가 사회적 종교여야 한다는 것을 빛과 소금의 역할에 비추어서 설파한 말씀이다. 그렇다면 이 설교에서 웨슬리가 거론한 구약의 구절들은 어떤 역할을 하고 있는가? 웨슬리는 교회가 그리스도의 복음의 빛을 나타내는 일을 대대에 전해야 한다고 말할 때 시편 구절을 따왔다(시 22:30).[35] 기독교가 사회적 종교여야 한다는 것을 반대하는 자들은 시편 51편 16~17절을 거론하면서 하나님이 구하시는 제사는 번제가 아니라 "상한 심령"과 "통회하는 마음"이라고 우겼다.[36] 그들은 또 욥기 19장 20절을 거론하면서 "세속적인 지혜의 담론으로 주님을 따르는 자들을 그 올바른 길에서 벗어나게" 하는 일도 무수히 일어난다고 주장하였다.[37] 주님의 말씀을 따를 것 같다가도 곧 돌이키고 마는 자를 가리켜 "개가 그 토한 것을 도로 먹는 것 같이(잠 26:11)" 한다고 꼬집었으며,[38] 기독교는 개인

34) 웨슬리의 설교 24번("세상의 빛과 소금," Upon our Lord's Sermon on the Mount IV)에 마태복음 5장 13~16절 외에 설교에 거론된 성구들은 다음과 같은 순서대로 거론된다. 히 1:3; 욥 19:20; 고후 11:14; 마 6:6, 18; 고전 5:9, 11; 살후 3:15; 요 15:2, 5, 6; 약 5:11; 히 6:4, 6; 요일 2:1, 2; 히 3:13; 마 5:48; 요 3:19; 마 5:11; 롬 12:21; 행 14:17; 벧후 1:19; 시 22:30; 51:16~17; 롬 12:1; 13:10; 딤전 1:5; 고전 13:2, 3; 14:1; 12:31; 막 9:41; 고전 14:1[×2]; 갈 6:10; 고전 12:31; 마 19:6; 막 10:9; 요 4:24; 고전 7:32, 35; 막 12:30; 눅 10:27; 요일 3:3; 고전 10:31; 골 3:17; 엡 4:24; 마 7:6; 엡 4:16; 고전 12:21; 마 12:45; 10:24; 잠 26:11; 벧후 2:22; 전 11:6; 마 18:22; 요 15:5; 벧전 2:22; 계 14:5; 행 4:13; 엡 6:10; 벧전 4:10; 고전 15:58.

35) 웨슬리 설교 24번, "주님의 산상설교 IV, 세상의 빛과 소금," II. 6, 『존 웨슬리의 설교』, 218.

36) 웨슬리 설교 24번, "세상의 빛과 소금," III. 1, 『존 웨슬리의 설교』, 219.

37) 웨슬리 설교 24번, "세상의 빛과 소금," 4, 『존 웨슬리의 설교』, 211.

38) 웨슬리 설교 24번, "세상의 빛과 소금," III. 8, 『존 웨슬리의 설교』, 224.

적으로도, 사회적으로도 그 몫을 다해야 한다고 다짐할 때 "너는 아침에 씨를 뿌리고 저녁에도 손을 놓지 말라 이것이 잘 될는지, 저것이 잘 될는지, 혹 둘이 다 잘 될는지 알지 못함이니라(전 11:6)."는 구절을 인용하였다.[39] 이 같은 웨슬리의 구약 독법은, 서예은에 따르면, 다음과 같이 정리된다.

> 웨슬리가 인용한 구약 구절들은 신약의 의미를 구약의 차원에서 재해석하고, 신약의 말씀을 더욱 구체화시키는 역할로 쓰이고 있었다. …… 그를 위해 웨슬리는 구약의 구절들을 사용함으로 구약의 율법 속에 계시되어 있는 '은총의 하나님'의 모습을 드러내고자 하였다.[40]

구약의 율법도 은총의 하나님을 드러내는 하나님의 계시라는 것이다. 웨슬리의 말로 하면, 구약의 율법은 '은총의 수단'이었다.

웨슬리의 성서 해석

이렇게 살펴본 웨슬리의 구약 읽기는 웨슬리의 성서 해석학을 어떻게 드러내는가? 웨슬리의 설교에 대한 교회사가들, 설교학자들의 평가는 참으로 많다. 그렇지만 성서 해석학적 평가는, 그 가운데서도 구약학자들의 평가는, 드물다.[41] 왜 그럴까? 거기에는 두 가지 이유가 있다. 하나는 웨슬리의 설교에 반영된 성서 해석이나 성경 주석이, 오늘날 성서 해석학계의 주류를 이루는 해석 방법론(역사 비평적 해석)과는 많이 동떨어져 있기 때문

39) 웨슬리 설교 24번, "세상의 빛과 소금," III. 8,『존 웨슬리의 설교』, 224.

40) 서예은, "웨슬리안 성서해석학의 이론적 기초," 97.

41) 비교, 조경철, "존 웨슬리의 성서이해와 감리교적 성서해석의 정신, 35~42, 42~47.

이고, 다른 하나는 성서학이 기독교 신학과는 상관없는 성서 과학이나 성서 역사학 등으로 머물러 있었기 때문이다.(그 반대도 마찬가지다. 오늘날 기독교 신학의 여러 분야들도 성서적 증언과는 거리를 둔 지적·논리적 탐구를 '앎을 위한 신앙'이라는 차원으로 실천하고 있다.)

이런 이야기를 읽었다. 웨슬리안 성서 해석학을 구상하던 로버트 월(Robert W. Wall)이 감리교 전통의 명문 대학에서 성서학을 가르치던 교수에게 물어 보았다. "웨슬리 신학의 전통에서 성서 해석학을 일구려고 하는데 도움을 주시겠습니까?"[42] 그때 로버트 월이 들은 대답은 회의적인 소리였다. 이론적으로는 가능하겠지만 실제로도 가능할지는 모르겠다는 것이었다. 그도 그런 주제에 맞춰 글을 써달라는 청탁을 받은 적이 있었는데, 해보았지만 도저히 되지 않아서 포기하고 말았다고 털어 놓았다. 왜 그랬을까? 대부분의 성서학자들에게 웨슬리의 성서 해석은 비평 이전(pre-critical)의 해석이거나 문자적인(literal) 해석으로 비쳐지기 때문이다.

아쉬움은 또 있다. 내가 1997년 옥스퍼드 감리교신학회(The 10th Oxford Institute of Methodist Theological Studies, Somerville College, Aug. 12~22, 1997)에 참석했을 때 경험했던 일이다. 그때 내건 주제는 "삼위일체와 공동체와 권력: 웨슬리안 신학에서의 궤도 그리기(Trinity, Community, and Power: Mapping Trajectories in Wesleyan Theology)"였고, 성서학 분과를 포함하여 모두 10개의 학술 분과가 있었다.[43] 그 모임에서 내가 느꼈던 아쉬움은 웨슬리

42) Robert W. Wall, "Toward a Wesleyan Hermeneutic of Scripture," in *Reading the Bible in Wesleyan Ways*, 39. 로버트 월은 시애틀 태평양 대학교(Seattle Pacific University)에서 기독교 성서를 가르치던 교수였고, 로버트 월과 이야기를 나누었던 교수는 듀크 대학교(Duke Divinity School) 신학부의 리처드 헤이즈(Richard Hays)였다.

43) 제10차 옥스퍼드 감리교신학회의 주제 강연은 더글라스 믹스(Douglas Meeks)였고, 전 세계에서 감리교 학자 198명이 모였으며, 성서학, 상황 신학, 교회사, 전도학, 지구촌 선교와 정치 경제, 웨슬리 전통의 역사(19~20세기), 실천 신학, 영성과 제자도, 조직 신학, 웨슬리학 등 모두 10개의 학술 분과가 있었다. 당시 성서학 분과의 좌장은 브루스 버치(Bruce Birch)였으며,

안 신학의 좌표를 찾는 신학자들의 토론에서, 성서학 분과를 제외하고는, 성경 말씀이 거의 거론되지 않았다는 점이다. 아쉬움은 성서학 분과에서도 있었다. 성서 해석학과 관련된 논의는 치열했지만, 정작 학술 대회의 주제와 연관된 페이퍼는 찾기 어려웠다. 성서학이 성서 신학과 너무 오랫동안 동떨어져 있었기에, 성서학이 기독교 신학과 너무나 오랫동안 별거(!) 중이었기에 나타난 현상이었다.

그때 성서학 분과의 좌장은 웨슬리 신학교의 구약학 교수였던 내 오랜 벗 브루스 버치(Bruce Birch)였는데, 그의 배려로 나는 토론 시간에 그 모임에 참석한 성서학자들에게 서로 역할을 분담하여 '웨슬리안의 관점에서 본 성서 이해(Understanding the Bible from a Wesleyan Perspective)'라는 프로젝트를 해보자고 제안했다. 그러나 그때 내게 돌아온 반응은 도대체 웨슬리 신학의 관점이 무엇인지, 그것을 어떻게 이해해야 하는지, 또 웨슬리 신학을 안다고 해도 웨슬리안 성서 해석학이 가능한지, 가능하다고 해도 실제로 성서 이해 같은 프로젝트를 함께 이루기는 어려울 것이라는 쓴소리였다. 그러나 과연 웨슬리 신학의 배경에서 정립하는 성서 이해란 불가능한 것일까?

앞에서 살펴본 웨슬리의 구약 읽기는 웨슬리안 성서 해석학을 위한 몇 가지 이론적 기초를 제공한다. 주목할 것은 웨슬리가 성경을, 구약을 포함한 성경을(!) 신학적으로, 특히 구원론적으로(soteriologically) 읽었다는 사실이다.[44] 쉽게 말해, 성서를 역사적으로나 문학적으로 읽지 않고 신학적

그 모임에는 한국에서 온 나를 비롯해서 발터 클라이버(W. Klaiber), 로버트 월(Robert Wall) 등의 성서학자들이 있었다. 클라이버는 내가 이 글에서 인용한『감리교회 신학』(조경철 역)의 저자고, 로버트 월도 그때의 경험을 자신의 글에 피력하였다. Robert W. Wall, "Facilitating Scripture's Future Role Among Wesleyans," in *Reading the Bible in Wesleyan Ways*, 107~120. 제10차 옥스퍼드 대회에 관해서는 https://oxford-institute.org의 Archives에서 The 10th Oxford Institute를 참조하라.

44) 로버트 월은 웨슬리의 성서 해석이 성례전적이었으며, 구약과 신약을 다 같은 하나님의 계시

으로 읽었다는 것이다. 성경이 하나님을 만나게 하고 하나님의 소리(*vox Dei*)를 듣게 하는 '은총의 수단'이라면, 성서 해석은 반드시 세상을 구원하시는 하나님의 사역에 동참하는 통로가 되어야 한다는 것이다.

웨슬리가 성경을 하나님의 구원에 참여하는 수단으로 읽고 해석했다면, 웨슬리의 성서 해석은, 로버트 월의 표현을 빌면, 성례전적(sacramental)이다.[45] 웨슬리에게 성경은 정경(canon) 이상이다. 성경 본문에 대한 정경적 해석이 성경 본문을 역사적으로 평가하거나 문학적으로 음미하지 않고, 정경의 소리를 통해서 신앙 공동체의 어제와 오늘과 내일을 점검하는 데 주안점을 두는 것과는 차이가 난다. 성경을 정경으로 대하는 자들이 정경의 기능을 신앙 공동체와의 관계에서 주로 파악했다면, 웨슬리의 성서 해석은 정경을 통해서 하나님의 소리를, 하나님의 육성을, 하나님의 말씀을, 아니 하나님을 듣고자 하는 데 초점을 두었다. 그런 점에서 웨슬리의 성서 해석은 성례전적이다. 하나님의 말씀을 통해서 하나님을 만나는 예전을 성서 읽기의 차원으로 수렴해 놓았기 때문이다.

앞에서 지적했던 대로 웨슬리는 성서 읽기를 통해서 하늘 가는 길에 들어서고자 했다. 통독(通讀)이나 정독(精讀) 같은 독서가 아니다. 성경 읽

로 읽었고, 그 내용은 구원론을 깨치기 위한 수단이었으며, 그 방식은 유대 미드라쉬적이었다고 말한다. Wall, "Toward a Wesleyan Hermeneutic of Scripture," 46~54. 리처드 톰슨은 웨슬리는 성경 말씀에서 어떤 정보를 얻으려고 하기보다는 그 말씀을 들은 회중(독자)의 반응을 이끌어 내려고 하였으며, 성서 독자로 하여금 성서 본문의 세계에 참여하도록 인도하였다고 보았다. Richard P. Thompson, "Inspired Imagination: John Wesley's Concept of Biblical Inspiration and Literary-Critical Studies," in *Reading the Bible in Wesleyan Ways*, 57~79, 특히 65~66; 서예은은 웨슬리안 성서 해석의 태도를 성서를 경건한 삶을 위한 지침서로 보면서도 이른바 성서 비평에 열린 마음으로 교회를 위한 해석을 추구하였다고 보았다. 그런 틀에서 웨슬리안 성서 해석학의 패러다임을 '하나님의 은총에 참여하는 해석학,' '구원에 이르는 해석학,' '성육신적 성서 해석학'으로 정리하였다. 서예은, "웨슬리안 성서해석학의 이론적 기초," 98~137, 138~141.

45) Wall, "Toward a Wesleyan Hermeneutic of Scripture," 46~48.

기란 '하늘 가는 길'을 찾아 나서는 여행이다. '하늘 가는 길'이란 메타포(metaphor)에 주목하자. 어디로 가야, 어떻게 가야 하늘 가는 길에 들어설 수 있을까? 이 메타포는 웨슬리의 성서 읽기가, 오늘날의 용어로 말하면, 영성적(spiritual)이라는 사실을 일깨워 준다. 톰슨은 웨슬리에게 있어서는 성경 말씀의 기록과 성경 말씀의 읽기가 모두 다 똑같이 하나님의 영감에 의해서 이루어지는 사건이라고 정의하였다.[46] 하나님의 영이 하나님의 말씀을 기록하게 하는 사건을 주도했던 것처럼 하나님의 말씀을 읽는 것도 하나님의 영이 읽게 하시는 사건이라는 것이다. 이것을 랜디 매닥스는 이렇게 설명하였다.

> 하나님의 참 계시는 성경을 통해서 우리에게 온다. 우리가 그것을 즉시 깨달을 수 있는 것은 본래 그 말씀을 기록한 자들의 영감을 붙잡았던 성령이 그 말씀을 읽는 우리의 영적인 기관도 열어서 말씀에 기록된 진리를 인식하고 증언하도록 이끌기 때문이다.[47]

웨슬리는 성경이 영감 받은 자에 의해서 기록되었다는 점을 분명히 하였다. 그러나 이 말을 성경의 영감설이나 무오성 등으로 오해해서는 안 된다. 이 말은 웨슬리에게는 성서 해석이 영성적이었다는 뜻으로 받아들여야 한다. 말씀을 기록할 때 작용했던 영감(spiritual senses)이 말씀을 읽을 때에도 똑같이 작용한다고 보았기 때문이다. 성경을 읽는 독자에게도 영감(spiritual senses)이 작용한다는 말은 성경 본문만으로는 그 독자가 충분히 하나님의 메시지를 이해하지 못한다는 뜻이 된다.[48] 영감에 붙들린 자

---

46) Thompson, "Inspired Imagination," 62~65.

47) Maddox, *Responsible Grace*, 31.

48) Thompson, "Inspired Imagination," 64.

만이 하나님의 말씀을 분별하여 기록할 수 있었고, 영감에 붙들린 자만이 하나님의 말씀을 제대로 새길 수 있다는 것이다. 하나님의 영이 사람의 이성으로 하여금 성경에 계시된 하나님의 뜻을 감지하도록 작용한다는 것이다. 즉 웨슬리에게 성서 해석은 성령의 인도를 받은 독자가 말씀의 세계에 적극적으로 참여하는 '참여의 해석학(Hermeneutics of Engagement)'이다.

웨슬리는 성서 해석에서 언어학적 주석(linguistic exegesis)이나 본문 비평에 가까운 단어 풀이에 충실하고자 했다.[49] 보기에 따라서는 이런 방식이 성구들을 주제에 맞춰, 증빙구절(*dicta probantia*) 식으로, 문자적으로 나열해 간 작업으로 비춰질 수도 있다. 그러나 그렇게만 보아서는 안 된다. 웨슬리 설교에 반영된 웨슬리의 성서 해석은 '본문 주해가 아닌 성경적 강해(not text-expository, but Biblical-expository)'에 가깝다고 보아야 한다.[50] 물론 웨슬리의 설교에서 특정한 성경 구절을 해석하거나 인용하면서 그것을 문자 그대로 현실에 적용하려는 것처럼 보이는 사례들이 쉽사리 눈에 띄는 것은 사실이다. 하지만 그렇다고 해서 웨슬리가 특정한 가르침을 전하고자 성서 본문을 그 문맥이나 맥락과는 상관없이 임의로 따와서 인용하는 '성경주의자(Biblicist)'였다고 평해서는 안 된다.[51] 오히려 그 반대다. 웨슬리는 성경 본문이 특정 시대와 상황(문화)을 배경으로 삼아서 기록되었다는 사실에 세심한 주의를 기울였다. 무엇보다도 성경 본문의 문법이나 구문에 대한 바른 이해 없이 무작정 성경의 내밀한 의미를 깨달았다는 투로 외치는 이른바 영해(靈解, esoteric spiritualization)를 웨슬리는 무척 경계하였다.[52]

49) 조경철, "존 웨슬리의 성서이해," 32.

50) Oswalt, "Wesley's Use of the Old Testament," 41.

51) Oswalt, "Wesley's Use of the Old Testament," 40.

52) *The Letters of the Rev. John Wesley, A.M.*, (London: Epworth Press, 1931), vol. III, 129, Oswalt, "Wesley's Use of the Old Testament," 40에서 재인용.

> 나는 그 어떤 성경 구절도 본문의 뜻을 그 본래의 의미나 2차적 의미를 주의 깊게 살피지 않은 채 내 자신이나 그 밖의 용도에 함부로 적용하지 않았다. 본문의 원래의 뜻과 2차적 의미 사이에 드리운 서로 다른 시대나 정황을 살핀 이후에야 그것을 일상적인 그리스도인의 것으로 적용할 수 있었다.[53)]

웨슬리의 설교에 반영된 성서 해석은, 오늘날의 용어로 말하면, 간본문적(intertextual)이다. 웨슬리의 구약 읽기에는 구약을 신약의 모형으로 보거나, 구약을 약속으로 신약을 그 성취로 보는 시각이 존재한다. 그래서 구약을 신약의 언어로 읽고, 구약의 언어를 신약의 메시지로 되새긴다. 그렇다고 해서 이것을 성경 말씀의 짜깁기로 폄하해서는 안 된다. 웨슬리의 간본문적 해석은 구약의 구절이나 신약의 구절을 '성경전서'라는 성경 전체의 맥락에서 대등하게 놓고 파악하려고 했던 노력이다. 한 주제를 해설할 때 '성경 전체(Bible as a whole)'를 그 주제를 설명해 주는 맥락으로 삼았다는 것이다.[54)]

그럼에도 웨슬리는 구약이 하나님께서 특정한 시공간에 주셨던 말씀이었던 점을 간과하지 않았다. 구약의 말씀이 주어지던 상황을 먼저 알아야 그 말씀을 오늘의 상황에 적용할 수 있다고 보았다. 성경 본문의 기본 의미에 도달하기 위해서는 그 본문의 문맥은 말할 것도 없고 전체 성경 본문의 맥락 속에서 파악해야 한다고 보았다. 성경 말씀은 하나님이 오늘 우리 귀에 들려주시는 메시지지만, 성경 말씀 자체가 그 본래 시대나 상황과 동떨어진 채 주어진 말씀은 아니었다는 것이다.[55)]

---

53) *The Letters of the Rev. John Wesley,* vol. II, 206; "A Plain Account of Christian Perfection," *The Works of John Wesley* (Grand Rapids, Michigan: Zondervan Publishing House, reprint of 1872 edition), vol. XI, 429, Oswalt, "Wesley's Use of the Old Testament," 40에서 재인용.

54) John N. Oswalt, "Wesley's Use of the Old Testament in his Doctrinal Teachings," *Wesleyan Theological Journal* 12 (1977), 41.

웨슬리의 성서 해석은 성경 본문의 '쉬운 뜻(plain sense)'에 주목했던 해석이다. 이것은 문자주의적 해석이나 알레고리적 해석과는 다르다. 그러면서도 웨슬리는 그보다 앞서 등장했던 종교 개혁자들과는 달리 성경 본문의 의미가 하나로 고정되어 있다고는 생각하지 않았다. 어느 하나의 정통적인 의미보다는 독자의 시대와 상황에 맞는 의미를 추구하였다. 성경 말씀의 의미는 성경 본문과 독자 사이에서 성령의 인도에 따라 상황에 맞게 주어진다고 보았다. 본문의 의미를 하나로 닫아 놓지 않고 열어 두었다. 이런 관점에서 보면 웨슬리의 성서 해석은 미드라쉬적(Midrashic)이다.[56)]

미드라쉬(Midrash)는 유대인들의 성경 주석 방법을 가리키는 용어다. 하나님의 말씀의 뜻을 설교자의 상황에서 물으면서, 늘 새롭게, 다시 한 번, 거듭해서 듣고자 했던 유대인의 성서 해석 기법이다. 그만큼 웨슬리의 성서 해석학에서 하나님과 인간은 서로 조화를 이룬다. 말씀하시는 하나님과 그 말씀을 읽는 독자 사이에, 웨슬리의 용어로 말하면, 은총과 책임의 관계가 있다. 성서적 진리는 하나님의 말씀과 그리스도인의 경험 사이에서 역동적으로 주고받는 공감 위에 드러난다. 성서 해석에 기여하는 이성의 역할이 바로 여기에 있다. 오스월트는 이렇게 말한다.

> 요약하자면, 웨슬리는 교리를 이끌어 내는 자료로 성경을 사용하지 않았다. 웨슬리에게 성경은 그의 생각 전체에 충만한 숨(breath)이자 그의 생각에 흐르고 있는 혈액(lifeblood)이었다. 그가 성경을 인용하는 일상적인 방식은 성

55) *Works*, vol. VII, 470; vol. VIII, 87; vol. X, 142; vol. XI, 429, Oswalt, "Wesley's Use of the Old Testament," 41에서 재인용.

56) Wall, "Toward a Wesleyan Hermeneutic of Scripture," 52~54. 유대 미드라쉬에 대해서는 여러 설명이 있다. 한마디로 유대 랍비들의 미드라쉬는 "과거에 주어졌던 성서의 말씀을 과거의 것으로 돌리지 않고 그것을 오늘의 상황에 적용할 수 있는 교훈과 가르침으로 읽는 성서 해석"이라고 말할 수 있다. 왕대일,『구약주석 새로 보기』(서울: 감신대성서학연구소, 2005), 62~74, 특히 63.

> 경 본문을 주석하기보다는 성경의 가르침을 상황에 적용하는 방식이었다. 그렇지만 그의 추론이나 논리는 주석 이전(pre-exegetical)이 아니라 주석 이후(post-exegetical)라고 보아야 한다. 웨슬리가 주석 작업을 세밀하게, 주의 깊게 하였다는 증거는 수없이 많다. 그런 노력이 그의 작업의 표면에 드러나지 않는다고 해서 그 작업의 심층에까지 들어갈 필요는 없다.[57]

웨슬리의 성서 해석이 성서 본문의 뜻을 찾기보다는 오늘의 삶에 대한 처방을 성서 본문으로 처방하는 성격을 지녔던 것은 그의 설교가 미드라쉬적이었기 때문이다. 미드라쉬를 통해서 신앙의 기초를 세우고, 미드라쉬를 통해서 신앙적 삶을 펼쳐 가고자 했다. 그런 맥락에서 웨슬리는 자기 시대의 세상사를 해석하고자 성경 이야기를 예화로 삼았다. 성경 본문을 설교자의 시대적 상황에 적용한 것이다. 웨슬리가 설교 중 성경 말씀을 단순히 증빙 문서식으로 인용했다고 보아서는 안 되는 이유가 여기에 있다.

57) Oswalt, "Wesley's Use of the Old Testament," 42.

제2부

웨슬리 신학으로 읽는 구약

01

오경, 구원의 완성을 향한 여정

정음(正音)과 복음(福音)

구약의 첫 단원은 오경이다. 오경(五經, Pentateuch, 창세기, 출애굽기, 레위기, 민수기, 신명기)이란 명칭은 그 의미가 복수형(다섯 책)이다. 히브리어 성경에서 오경은 단수형 토라(תורה)다. 하나의 가르침이다. 하나로 이어지는 말씀이다. 토라의 얼개는 이야기지만 토라에서 두드러지는 것은 하나님이 모세를 통해서 이스라엘에게 주신 말씀, 가르침, 계시다.

우리말 성경은 히브리어 토라를 율법으로 옮겼다. 하나님이 모세를 통해서 이스라엘에게 주셨던 말씀을 칠십인역(LXX, 헬라어 구약 성경) 이래 모든 번역 성경이 다 율법(헬라어 노모스, νομος)으로 옮겼다. "여호와의 율법 (출 13:9; 대상 16:40; 스 7:10; 시 1:2; 암 2:4)," "하나님의 율법(스 7:14; 느 10:28; 호 4:6)"이요, "모세를 통하여 세우신(레 26:46)," "모세가 네게 명령한(수 1: 7)," "모세가 기록한(수 8:32)," "모세가 명령한(왕하 21:8)" 율법이다.

율법은 법률과 그 의미에서 다르다. 한자로 법(法)이나 율(律)이나 모두 법을 지칭하는 낱말이지만, 그 글자의 조합에서, 그 쓰임새에서, 두 용어

사이에는 차이가 있다. 우리말 사전은 그 차이를 이렇게 설명한다. 율법은 "하나님이 사람에게 지키도록 내린 규범"이지만, 법률은 "국가가 제정하여 국민이 준수하는 규율"이다. 율법과 복음은 이렇게 서로 다르다.

어려움은 율법을 복음의 반대말로 간주할 때, 율법을 복음과 대치되는 것으로 간주할 때 일어난다. 율법을 행위의 규범으로만 본다면 율법은 우리의 죄와 허물을 들춰내기만 할 뿐, 그리스도인의 삶의 지평에서는 서 있을 자리가 없다. 믿음으로 의로워지는 구원의 도리를 따르는 그리스도인에게 행위의 전범(典範)으로 비쳐지는 율법이란 그 가치가 떨어진다. "사람이 의롭게 되는 것은 율법의 행위로 말미암음이 아니요 오직 예수 그리스도를 믿음으로 말미암는 줄 알므로 …… 율법의 행위로써는 의롭다 함을 얻을 육체가 없느니라(갈 2:16)."라고 하지 않는가.

율법은 히브리어 토라에 대한 헬라어 대응어 노모스에 대한 우리말 번역이다. 신약에서 율법이란 단어가 제일 처음 사용되는 구절은 "내가 율법이나 선지자를 폐하러 온 줄로 생각하지 말라 폐하러 온 것이 아니요 완전하게 하려 함이라(마 5:17)."다. 여기에서 "율법이나 선지자"는 구약 성경을 가리킨다. 처음 예수 공동체가 읽었던 성경은 율법이었다. 율법의 전문가였던 바울은 그리스도를 처음 만나고 나서 "율법이 죽어야 그리스도가 산다(갈라디아서)."라고 외쳤다.[1] 하지만 세월이 흐르고 그의 사역이 말년에 이르러서는 "사랑은 율법의 완성이니라(롬 13:10)."고 가르쳤다. 율법이 복음의 반대말이 아니라는 소리다. 신약이 복음(福音)이라면 구약은 정음(正音)이다. 복된 소리에 바른 소리가 담겨 있으며, 바른 소리가 없으면 복된 소리도 들리지 않는다.

---

1) 율법과 복음에 대한 사도 바울의 견해는 율법과 그리스도의 관계를 "공존에서 갈등으로, 갈등에서 화목으로"란 제목으로 푼 조태연·차정식·유승원, 『뒤집어 읽는 신약 성서』(서울: 대한기독교서회, 2001), 249~263을 보라.

토라는 길(道)이다. 구원에, 구원의 완성에 이르는 길이다. 구약을 웨슬리 신앙으로 읽을 때 반가운 것은 웨슬리가 종교 개혁자들의 전통에 서 있으면서도 율법을 은총으로 수렴하였다는 사실이다. 웨슬리도 개신교 신앙의 원리인 오직 믿음(*Sola fide*)을 따랐다. 구원은 율법의 행위로 얻은 것이 아니라고 가르쳤다. 그러나 웨슬리에게 있어서 율법은 율법주의와 다르다. 웨슬리에게 율법은 하나님의 사람이 된 자가 거룩한 백성이 되는 은총의 수단이다. 율법을 하나님이 값없이 주신 은총이라는 관점에서 살펴보았다.

웨슬리가 율법을 어떻게 대했는지는 웨슬리의 『표준설교』 차례에 고스란히 드러난다. 웨슬리의 표준설교의 처음 네 개는 기독교 신앙의 정초(定礎)를 다진다. "믿음으로 얻는 구원(Salvation by Faith, 웨슬리 설교 1번)," "미완성의 그리스도인(The Almost Christian, 웨슬리 설교 2번),"[2] "잠자는 자여 일어나라(Awake, Thou That Sleepest, 웨슬리 설교 3번)," "성경적 기독교(Scriptural Christianity, 웨슬리 설교 4번)"가 거기에 해당한다. 그 뒤에 이어지는 "믿음으로 얻는 칭의(Justification by Faith, 웨슬리 설교 5번)," "믿음으로 얻는 의(Righteousness of Faith, 웨슬리 설교 6번)," "하나님의 나라로 가는 길(The Way to the Kingdom, 웨슬리 설교 7번)"은 십자가의 은총으로 얻는 구원을 확실하게 다짐한다. 구원에 관한 설교는 『표준설교』 중간쯤에 해당하는 "우리의 의가 되신 주님(The Lord Our Righteousness, 웨슬리 설교 20번)"까지 지속된다. 그다음부터는 웨슬리의 설교의 초점이 "그리스도인이 된 자

2) 흔히 웨슬리의 설교 "Almost Christian"을 "명목상의 그리스도인," "형식적 그리스도인," "거의 그리스도인" 등으로 번역하지만, 이런 우리말들은 대체로 "almost"에 담긴 뜻을 제대로 다 반영하지 못한다. 영어의 부사 "almost"가 100%에 미치지 못한, 아직은 99%란 뜻이기에, 다른 말로는 "nearly"가 있다. 그러기에 "거의 그리스도인"이 정확한 번역일 수는 있으나, 그 표현은 우리말 어법으로는 어색하다. 그래서 나는 "Almost Christian"이란 웨슬리의 용어를 "미완성의 그리스도인"으로 옮긴다. 그리스도인이긴 하지만, 아직 완성되지 않았다는 뜻이다.

를 향한 율법"으로 쓸린다. 은총으로 구원을 얻은 자들을 위한 율법이란 설교가 표준설교 모음집에서 가장 긴 설교 시리즈인 "우리 주님의 산상설교에 관하여(Upon our Lord's Sermon on the Mount, 웨슬리 설교 21번에서 33번)"다. 이 설교 시리즈는 마태복음 5~7장에 대한 주석 형식의 설교인데 여기에서 우리는 웨슬리의 구약 독법(舊約讀法)을 파악할 수 있다.

그것이 다가 아니다. 산상수훈에 대한 설교 외에도 웨슬리는 "율법의 기원, 본질, 속성 그리고 용도(The Original, Nature, Properties, and Use of the Law, 웨슬리 설교 34번)," "믿음으로 세워진 율법(The Law Established through Faith, 웨슬리 설교 35, 36번)"을 통해서 율법의 도리를 값없이 주신 하나님의 은총 안에서 전했다. 예컨대 율법이란 죄를 깨닫게 해주고, 사람들에게 그리스도가 필요하다는 것을 일깨워 주며, 그리스도인을 거룩한 백성으로 살게 하는 지침서라는 것이다.[3] 아니, '위대한 율법 저자가 직접 내려와서' 율법의 본질을 주석해 주셨다는 것이다.[4] 이처럼 신약의 말씀으로 구약의 가르침을 되새겨 간 설교는 "그리스도인의 완전(Christian Perfection, 웨슬리 설교 40번)," "성경적 구원의 길(The Scripture Way of Salvation, 웨슬리 설교 43번)," "원죄(Original Sin, 웨슬리 설교 44번)"로 뻗어 나갔다. 프레드 샌더스

3) 웨슬리는 이렇게 말하였다. "나는 예전에 그것(율법)이 나를 그리스도께 데려가길 바랐던 만큼이나 지금은 나를 그리스도께 붙어 있게 해주길 바란다. 그렇지 않았더라면 이 '사악한 불신의 마음'은 즉시 '살아 계신 하나님에게서 떠났을' 것이다. 사실 한 편은 계속 나를 다른 편으로 보내고 있다. 즉 율법은 그리스도께, 그리스도는 율법에게 나를 보낸다. 한편으로는, 율법의 높이와 깊이는 나를 그리스도 안에 있는 하나님의 사랑으로 날아가게 강요하고, 다른 한편으로는, 그리스도 안에 있는 하나님의 사랑이 나에게 유럽을 '금이나 보석보다 귀중한 것'이 되게 만들었다. 내가 율법의 모든 부분을 다 알게 되는 것이 은혜로운 약속이다. 그리고 때가 되면 나의 주님께서 그 약속을 이루실 것이다." 웨슬리 설교 34번, "율법의 기원, 본질, 속성 그리고 용도(The Original, Nature, Properties, and Use of the Law)," 샌더스,『웨슬리가 말하는 그리스도인의 삶』, 235~236.

4) 웨슬리 설교 25번, "주님의 산상설교에 대하여 V(Upon Our Lord's Sermon on the Mount, Discourse V)," 샌더스,『웨슬리가 말하는 그리스도인의 삶』, 244.

(Fred Sanders)는 이런 흐름을 가리켜 "은총이 먼저, 율법은 그다음"이라는 말로 정리하였다.[5] 이것을 다시 오래전 청교도 신학자들이 거론했던 말로 표현하면, 웨슬리가 설교한 주님의 산상수훈은 "율법의 은총(Grace of Law)"이 된다.[6] 토라는 하나님의 인카네이션(incarnation)이다. 예수 그리스도는 토라의 인카네이션이다. 그리스도 예수는 성육신 한 율법이다.[7] 웨슬리는 토라를 복음을 읽는 정음(正音)으로 보았다. 정음에서 복음(福音)을 새겨들었던 것이다.

하나님과 관계 맺기, 창세기

오경의 단락은 둘이다. 첫 단원 창세기는 둘째 단원인 출애굽기-신명기를 위한 서막이다. 오경에서 창세기 이야기는 출애굽기-신명기의 계명, 법도, 규례, 명령 등을 듣기 위한 오리엔테이션이다. 창세기 이야기의 정당성을 간과하자는 소리가 아니다. 창세기는 이스라엘 신앙의 입문서다. 기독교 신앙이 예수 그리스도 이야기를 신앙의 현관으로 삼는다면, 구약의 영성은 창조주 하나님 이야기를 이스라엘 신앙의 기초로 삼는다. 하나님의 사람이라면 세상의 뿌리가, 세상살이의 뿌리가, 세상에 존재하는 온갖 실체들의 뿌리가, 무엇인지를 알아야 하기 때문이다.

창세기는 세상과 하나님의 관계를 신학적으로 해석해 놓았다.[8] 하나

---

5) 샌더스, 『웨슬리가 말하는 그리스도인의 삶』, 231~292.

6) Ernest F. Kevan, *The Grace of Law: A Study in Puritan Theology* (Grand Rapids: Baker, 1965), 63. 이 책은 『율법, 그 황홀한 은혜』로 번역·출간되었다(임원택 역, 수풀, 2006).

7) 왕대일, "토라와 그리스도," 『구원·예수 그리고 성서』, 이상훈 박사 팔순 기념 논문집 (서울: 한들출판사, 2010), 99~126, James A. Sanders, *From Sacred Story to Sacred Text* (Philadel phia: Fortress, 1987), 41~60.

8) Rolf Knierim, *The Task of Old Testament Theology* (Grand Rapids: Eerdmans, 1995), 175~185.

님은 창조주로 세상과 관계를 맺고 세상은 피조물로 하나님과 관계를 맺는다. 세상은 창조주 하나님을 드러내는 거울이다. 사람들이 살아가는 무대가, 그 무대에서 전개되는 사람살이의 역사가, 창조주 하나님이 지으신 세상에 달려 있다. 역사는 바로 이 창조주 하나님이 지으신 세상을 무대로 전개된다. 공간과 시간으로 정교하게 배치되어 진행되는 자연의 질서, 곧 세상의 구조는, 이스라엘에게 창조주 하나님의 공의를 인식하는 현장이다(참조, 시 19:1~6).[9)]

창조 신앙에서 "모든 피조물은 저마다 하나님에 관해 기록된 한 권의 책이다."[10)] 창조신앙은, 타락한 그래서 에덴동산 동쪽으로 쫓겨난 아담·하와 이야기보다는 하나님의 "형상을 따라" 하나님의 "모양대로(창 1:26)" 지어진 사람 이야기에 더 초점을 둔다. 에덴동산의 은혜에서 떠난 자들이 하나님의 사랑 안에서 하나님과의 관계를 회복하는 여정은, 기독교 신학의 용어로 말하면 구원론이다. 창조 신앙은 하나님의 품을 떠난 인생이 아닌, 하나님의 품 안에 거하는 인생을 주목해서 살핀다. 웨슬리도 하나님이 창조하신 세계를 묵상할 때 창세기 1장에서 메아리치는 "하나님이 보시기에 좋았더라."에 방점을 찍었다. 그래서 '이 지구상에 거하는 모든 생명들은 …… 하늘에 있는 거룩한 천사들처럼 …… 완전하게 하나님의 뜻을 행할' 존재들이라고 보았다.[11)] 웨슬리가 "창조를 새롭게 하는 우주적 드라마는 인류 안에서 하나님의 형상(*imago Dei*)을 갱신함으로 시작된다."고 보았던 것도 이 때문이다.[12)] 웨슬리는 하나님의 구원을 하나님의 창조에서 수렴

9) Knierim, *The Task of Old Testament Theology,* 187.

10) 매튜 폭스, 김순현 옮김, 『마이스터 엑카르트는 이렇게 말했다, 대지를 품어 안은 엑카르트의 영성』(왜관: 분도출판사, 2006), 126; 왕대일, 『창조신앙의 복음, 창조신앙의 영성』(서울: 대한기독교서회, 2016), 23.

11) 웨슬리 설교 26번, "주님의 산상설교 VI," III. 10.

12) Runyon, 『새로운 창조』, 13.

하였다. 웨슬리의 구원론은 사람은 이 세상에서 하나님의 형상을 살도록, 회복하도록 부름 받았다는 깨달음에서 시작된다.

오경의 최종 형태는 창세기를 출애굽기-신명기의 서막이나 서론으로 보게 한다.[13] 오경에서 출애굽기-신명기는 모세 시대를 전하는 단락이다. 출애굽기-신명기가 총괄하는 시대는 모세가 태어나서(출 1:1~2:10) 죽기까지(신 34:1~8)인 120년이다. 모세가 120년을 살았기 때문이다(신 34:7). 출애굽기-신명기가 다루는 기간은 기껏해야 120년이다. 그 120년의 이야기를 오경은 출애굽기에서 신명기에 이르는 137장 속에 풀어 놓았다. 반면 창세기가 다루는 세월은 장대하다. 태초부터 시작해서 아담 → 셋 → 에녹 → 노아 → 셈 → 데라 → 아브라함 → 이삭 → 야곱에 이르는 장대한 세월이 창세기 50장 속에 다 담겨 있다. 무슨 소리인가? 오경에서 그 글말의 초점은 신명기-출애굽기에 쏠려 있다는 것이다. 오경의 두 단원이 '모세 이전 시대(창세기)'와 '모세 시대(출애굽기-신명기)'로 구분된다는 것이다.[14]

오경의 형식은 계보·일대기다. 아담에서 야곱의 아들들에 이르는 세월을 창세기는 계보(genealogy)로 전하고, 출애굽기-신명기는 애굽에서 해방되어 가나안으로 향하는 이스라엘 이야기를 모세 일대기(Biography of Moses)로 전한다. 창세기는 사람들 이야기만 계보·족보로 소개하지 않는다. 세상과 관계를 맺는 하나님의 방식도 하늘과 땅을 지으신 창조주라는 계보 형식을 취한다. 창세기는 계보 형식에 맞춰 하늘과 땅이 창조된 이야기(창 1:1~2:3)와 창조된 세상에서 살아간 사람들의 이야기(창 2:4~ 50:26)로 구분된다.[15] 이때 창세기의 첫 단락(창 1:1~2:3)이 '칠(七)'이라는 숫자 속에

---

13) Knierim, *The Task of Old Testament Theology*, 354.

14) Knierim, *The Task of Old Testament Theology*, 353~355.

15) 왕대일, 『새로 읽는 구약성경』(서울: CMI, 2018), 30,

세상은 하나님의 작품이라는 '칠(漆)'을 순차적으로 해 놓았다면,[16] 창세기의 두 번째 단락(창 2:4~50:26)은 "이것이 하늘과 땅의 내력이니(창 2:4)"라는 어구로 사람살이 이야기를 풀어나간다.

창세기 이야기를 계보로 들여다볼 때 창세기가 소개하는 이스라엘의 조상은 출애굽기-신명기가 소개하는 모세의 뿌리를 깨닫게 해주는 디딤돌이 된다. 창세기에서 이스라엘의 조상은 혈연상의 조상이다. 출애굽기-신명기에서 이스라엘의 조상은 신앙의 조상 모세다. 창세기는 한 가족(family)을 다루고 출애굽기-신명기는 한 백성(people)을 다룬다. 창세기가 조상(fathers)에 대해 이야기한다면, 출애굽기-신명기는 설립자(founder)에 대해서 이야기한다.

창세기가 소개하는 이스라엘의 조상은 아브라함과 이삭과 야곱이다. 엄밀하게 말하면 야곱이다. 이삭의 어린 시절은 아브라함 이야기에(창 11:27~25:18), 이삭의 노년 시절은 야곱 이야기에 섞여 나온다(창 25:19~50:26). 창세기 글말의 절반가량은 야곱에 대한 이야기다. 야곱이 어떻게 태어났고, 어떤 삶의 굴곡을 거쳤으며, 어떻게 해서 열두 지파 이스라엘의 조상이 되었는지를 이야기한다. 그 야곱을 소개하고자 창세기는 야곱의 식구가 열둘이고, 야곱의 아버지는 이삭이며, 이삭의 아버지는 아브라함이고, 아브라함의 조상은 셈이며, 셈의 아버지는 노아고, 노아의 조상은 아담이라고 이야기한다. 다만 그 글말이 아담 → 노아 → 셈 → 아브라함 → 이삭 → 야곱 → 야곱의 열두 아들 식으로 이어지는 내림차 방식일 뿐이다. 창세기의 골격은 족보다(창 2:4; 5:1; 6:9; 10:1; 11:10, 27; 25:12, 19; 36:1; 37:2). 족보는 긴 이야기를 짧은 몇 마디 속에 함축시켜 놓은 문장이다. 족보는 사람살이가 혈통에 의해서 이어지고 있다는 것을 알려 준다. 족보는 거기에 실린 인생이 어떻게 살았는지를 축약해서 전한다.

16) 왕대일, 『창조신앙의 복음, 창조신앙의 영성』(서울: 대한기독교서회, 2016), 24~28.

창세기의 족보는, 문자적으로는 야곱 가문의 혈통을 소개하지만, 의미상으로는 하나님의 사람이 누구인지를 소개한다. 창세기에 소개되는 신앙 위인들은 다 하나님의 사람이다. 에녹, 노아, 아브라함, 이삭, 야곱 등이 모두 그런 위인에 든다. 그들은 하나님을 믿는 믿음으로 하나님의 사람이 된 것이 아니라 하나님을 믿는 부모 밑에서 태어남으로 하나님의 사람이 되었다. 믿음으로가 아닌 태어남으로 하나님의 사람이 되었다는 것이다.

여기에서 이스라엘의 조상 이야기와 웨슬리의 구원론이 만난다. 사람은, 태어남으로는, 하나님의 사람이 될 수 없다. 하나님을 믿는 부모 밑에서 태어나 자랐다고 해서, 저절로 하나님의 사람이 되는 것은 아니다. 아니, 절대로 될 수가 없다. 신앙의 조상을 잇는 계보에 따라 태어났다고 해도, 태어난 후 어떻게 살아갔느냐에 따라서 하나님의 사람이 되는 유무가 갈린다. 아브라함의 아들로 태어났지만 이삭과 이스마엘은 사람됨의 범주에서 서로 다른 길을 갔다. 그 같은 이치는 이삭의 아들로 태어났던 에서와 야곱에서도 마찬가지다. 태어남보다는 살아감이 중요하다. 이삭과 리브가의 자식이던 야곱이, 브엘세바에서 태어나서 야망을 좇아 살던 야곱이, 하란으로 도망쳐 "20년을(창 31:38, 41)" 천하게 살던 야곱이, 얍복 나루의 씨름터에서 다시 태어나는 체험을 하고 나서야 비로소 벧엘로 올라가서 하나님의 이름을 부르는(창 35:1~8) 종교인이 될 수 있었다.

이 점에서 야곱의 조상 아브라함이 믿음의 조상으로 간주되는 이유가 밝혀진다. 아브라함의 순종은 무엇이 믿음인지를, 어떤 사람이 신앙인인지를 보여 주는 본(本)이 된다(참조, 히 11:8~12, 17~19). 중요한 것은 아브라함이 하나님의 약속을 믿고 살았다는 점이다. 아브라함의 삶에 빛과 그림자가 섞여 있지만, 아브라함은 아무것도 가진 것이 없었을 때 그에게 오셔서 약속하시는 하나님을 믿었다.

여호와의 말씀이 그에게 임하여 이르시되 그 사람이 네 상속자가 아니라 네 몸에서 날 자가 네 상속자가 되리라 하시고 그를 이끌고 밖으로 나가 이르시되 하늘을 우러러 뭇별을 셀 수 있나 보라 또 그에게 이르시되 네 자손이 이와 같으리라 아브람이 여호와를 믿으니 여호와께서 이를 그의 의로 여기시고(창 15:4~6).

"아브람이 여호와를 믿으니 여호와께서 이를 그의 의로 여기시고!" 아브라함이 하나님을 믿자 하나님이 그런 믿음을 의(체다카, צדקה, righteousness)로 여기셨다. 아브라함이 믿음으로 의에 이르는 구원의 문에 들어섰던 것이다. 하나님이 아브라함을 의롭다고 여기시던 그날에 하나님은 아브라함과 더불어 언약을 세우셨다(창 15:18).

아브라함의 의인(義認)에 대한 이야기는 에덴동산의 아담과 하와 이야기와 크게 대조된다. 에덴동산에서 아담과 하와는 하나님의 말씀을 듣지 않았다(창 3:3). 듣지 않았을 뿐만 아니라 하나님에게 대들었다(창 3:4~5). 하나님이 부르시는 소리에 숨어 버렸고(창 3:8) 하나님의 노여움을 사서 하나님과 사람이 나누던 언약의 장소(창 2:18~25)를 언약이 깨지는 심판의 법정으로 추락시켰다(창 3:14~19). 에덴동산 밖으로 쫓겨나고 말았다. 쫓겨났다는 것은, 웨슬리가 그의 "새로운 탄생(The New Birth, 웨슬리 설교 45번)"에서 했던 말로 하면, 하나님의 형상을 잃어버린 것이다.

(금단의 열매를 먹었던) 그의 이 행동으로 말미암아 하나님의 사랑이 그의 영혼 속에서 소진되어 버렸다는 것이 금방 나타났습니다. …… "하나님의 생명으로부터 소외되어 버린 것입니다." 대신 아담은 노예근성의 두려운 세력 아래 놓이게 되었습니다. 그리하여 그는 주의 현존하심으로부터 도망하여 "동산의 나무 사이에 자신을 주 하나님으로부터 숨겼습니다." 이제 그는 하나님

의 사랑과 지식을 잃어 버려 하나님의 형상을 보존할 수 없게 되어 버렸습니다.[17)]

아브라함과 아담의 차이가 여기에 있다. 아브라함은 하나님을 믿었고 아담과 하와는 하나님을 믿지 않았다. 아브라함은 하나님과 언약을 맺었고, 아담과 하와는 언약의 자리에서 추방되었다. 아브라함은 하나님과 소통하며 화목하는 길을 걸었고, 아담과 하와는 하나님으로부터 분리되고 소외되는 길을 걸었다. 하나님을 믿음으로 사람은 구원의 문에 들어선다. 믿음으로 하나님과의 소통을 이루는 은혜의 마당에 입장한다. 하나님의 약속이 아브라함 안에, 아브라함의 고백이 하나님 안에 있었다는 것은 아브라함이 하나님의 형상으로 살았다는 뜻이다. 이 이치를 웨슬리는 그의 설교 "원죄(Original Sin, 웨슬리 설교 44번)"에서 이렇게 지적하였다.

신앙의 위대한 목적은 하나님의 형상을 따라 우리 마음을 갱신하는 것임을 당신은 알 것입니다.[18)]

은총과 책임, 해방에서 성화까지[19)]

17) 웨슬리 설교 45번, "새로운 탄생(The New Birth)," I. 2.

18) 웨슬리 설교 44번, "원죄(Original Sin)," III. 5.

19) 여기에 실린 글은 오경의 구조에 대해서 지금까지 내가 펼쳐 왔던 오경 이해를 수정·보완한 작업이다. 내가 오경의 구조를 해방에서 성화로 가는 여정으로 읽기 시작한 것은 학위 과정 중이던 1984년에 Rolf Knierim의 "The Composition of the Pentateuch"을 배우면서부터다. SBL 미팅에서 발표되었던 크니림의 글은 나중에 *The Task of Old Testament Theology* (Grand Rapids: Eermans, 1995), 351~379에 다시 수록되었다. 크니림은 오경을 "모세의 토라(mosaic Pentateuch)"로 읽으면서, 그 모세의 토라의 구조, 장르, 의도 등을 일깨워 주었다. 그 배움을 나는 감리교 신학의 지평에서 해방에서 성화로 가는 여정으로 읽자고 주창하면서 내 사고(思考)의 폭과 깊이를 오랫동안 발전시켜 왔다. 다음 글들을 보라. "시내산 전승단락(출 19:1~민 10:10)의 맥락에서 본 레위기 11~15," 『기독교사상』 394호 (1991), 121~133;

오경에서 출애굽기-신명기는 모세의 탄생 보도(출 1~2)에서 죽음 보도(신 34)에 이르는 모세의 일대기(biography of Moses)로 짜여 있다.[20] 그렇다고 해서 출애굽기-신명기가 모세의 탄생 → 성장 → 공생애 → 죽음이라는 단계대로 편성되어 있는 것은 아니다. 출애굽기-신명기의 관심사는 모세의 공생애다. 모세는 "히브리 사람(출 2:6)"에 지나지 않았던 이스라엘을 "거룩한 백성(출 19:6)" 이스라엘이 되게 하는 사역에 부름 받았다. 모세의 공생애는 이 사역을 위한 기간이다. 이 모세의 인도로 이스라엘은 애굽을 떠나 시내 산을 거쳐 모압에 다다르는, 웨슬리의 용어로 하면, 구원의 완성을 향한 여정에 나선다.

출애굽기에서 신명기에 이르는 모세의 공생애는 특정 지점(topos) 두 개를 중심으로 펼쳐진다.[21] 시내 산과 모압. 애굽을 떠난 이스라엘이 시내 산에 당도하고, 시내 산을 떠난 이스라엘이 모압에 당도하는 구도다. 시내 산은 애굽에서 모압까지 걸었던 이스라엘이 그 여정 중 가장 오랫동안 장막을 치고 머물며 하나님의 사람으로 조성되었던 현장이고, 모압은 "여리고 맞은편 요단 가 평지(민 22:1; 36:13; 신 1:5)"로 이스라엘이 가나안에 발을 들여놓기 전 최종 채비를 하던 곳이다.

이스라엘 자손이 애굽 땅을 떠난 지 삼 개월이 되던 날 그들이 시내 광야에 이

『신앙공동체를 위한 구약성서이해』(서울: 성서연구사, 1993), 91~110; "해방에서 성화까지: 출애굽기의 구조에서 읽는 존 웨슬리," 기독교대한감리회 제11회 정회원 하기대학원 및 제19회 정회원연수교육 편집부 편, 『존 웨슬리와 현대목회』(서울: 감리교신학대학교출판부, 1993), 106~122; 『구약성서 이해 열 마당』(서울: 도서출판 새길, 2003), 51~74; 『구약신학』(서울: 감신대성서학연구소, 2002, 2003, 2010; 대한기독교서회, 2014), 126~ 142; 『새로 읽는 구약 성경』(서울: cmi, 2018), 42~69. 오경의 구조에 관한 그동안의 묵상을 이제는 '은총과 책임'이라는 웨슬리 신학으로 되새기면서 출애굽기-신명기의 구도를 '구원의 완성을 향한 여정'으로 제시한다.

20) Knierim, *The Task of Old Testament Theology*, 372~379.

21) Knierim, *The Task of Old Testament Theology*, 355~356.

> 르니라 그들이 르비딤을 떠나 시내 광야에 이르러 그 광야에 장막을 치되 이스라엘이 거기 산 앞에 장막을 치니라(출 19:1~2).

> 둘째 해 둘째 달 스무날에 구름이 증거의 성막에서 떠오르매 이스라엘 자손이 시내 광야에서 출발하여 자기 길을 가더니 바란 광야에 구름이 머무니라(민 10:11~12).

> 이스라엘 자손이 또 길을 떠나 모압 평지에 진을 쳤으니 요단 건너편 곧 여리고 맞은편이더라(민 22:1).

출애굽은 해방이다. 기독교 신앙의 용어로는 구원이다. 해방과 구원은 단 번에 이루어지지 않는다. 출애굽의 해방과 구원은 길 떠나기다. 애굽으로부터 떠나는 것이 출애굽이 아니라 구원의 완성을 향하여 나서는 것이 출애굽이다. 이 출애굽 여정이 시내 산과 모압이라는 두 지점을 전후해서 길 떠나기와 장막 치기를 쉬지 않고 이어 나간다. 그 틀 안에서 애굽을 나온 이스라엘이 시내 산을 거쳐 모압에 당도하기까지 걸었던 40년 유랑이 연대기적으로 제시된다.

애굽을 떠나 시내 산을 거쳐 모압으로 가는 여행은 형식상 이주(migration)다.[22] 관광이나 순례 같은 돌아다니기(itinerary)가 아니다.[23] 그 가운데서도 시내 산을 떠나 모압까지 가는 여정은 출애굽 한 자들이 광야에서 소멸되기까지 "방황하는 자(민 14:33)"가 되어야 했던 기간이다. 이 여행은 관광, 순례, 방황 같은 순회 여정이 아니다. 떠났다가, 돌아다니다가, 떠

---

22) Knierim, *The Task of Old Testament Theology*, 356.

23) 비교, G. W. Coats, "The Wilderness Itinerary," *CBQ* 34 (1972), 135~152; G. Davies, "The Wilderness Itineraries and the Composition of the Pentateuch," *VT* 33 (1983), 1~13.

났던 곳으로 돌아오는 여행이 아니다. 이 여정은 애굽 땅을 나온 이스라엘이 모압 평지에 이르기까지 줄곧 헤쳐 나가야 했던 이주 여행이다.

애굽을 벗어난 이스라엘은 처음에는 시내 산에 당도하기까지, 그다음에는 시내 산을 떠나 모압에 도착하기까지, 장막을 거두어 떠나고, 장막을 치고 머무는 동작을 수없이 반복해야 했다. 두 부류의 동사가 이 여정의 얼개다. 하나는 "떠나다(출 12:37; 13:20a; 16:1; 17:1a)," "들어가다(출 15:22, 27)," "출발하다(민 10:12)"고, 다른 하나는 "장막을 치다(출 13:20b; 17:1b; 19:2)," "진을 치다(민 22:1)" 같은 동사다. 이 두 동사의 쓰임새를 요약해서 정리하면 출애굽기-신명기는 애굽에서 시내 산까지(출 1:1~민 10:10)와 시내 산에서 모압까지(민 10:11~신 34:12)라는 구조로 재구성된다.[24] 이 틀 안에서 출애굽기-신명기 본문은 이스라엘이 목적지에 닿기까지 걸으면서 겪었던 일과 이스라엘이 목적지에 닿은 뒤 들었던 말씀을 순차적으로 반복하는 구도를 띤다. 즉 애굽을 떠나 시내 산으로 가는 이동(출 1~18) → 시내 산에서 들은 말씀(출 19:1~민 10:10) → 시내 산을 떠나 모압으로 가는 이동(민 10:11~36:13) → 모압 평지에서 들은 말씀(신 1~34) 순이다.

출애굽기-신명기의 네 단락(출 1:1~18:27; 출 19:1~민 10:10; 민 10:11~36:13; 신 1:1~34:12)은 그 구성에서 세밀한 균형을 이룬다. 두 번의 이동(출 1~18; 민 10:11~36:13)은, 그러니까 애굽을 떠나는 길이나 시내 산을 떠나는 길은 다 각각의 목적지인 시내 산(출 19:1~민 10:10)과 모압 평지(신 1~34)를 향한다. 본문의 구도가 여행(출 1~18) → 말씀(출 19:1~민 10:10) → 여행(민 10:11~36:13) → 말씀(신 1~34) 순이라는 것이다. 이때 각 목적지에서 듣는 말씀(출 19:1~민 10:10과 신 1~34)은 모두 그 이전에 겪었던 여행(출 1~18과 민 10:11~36:13)을 회고하거나 그 의미를 반성한다.

---

24) Knierim, *The Task of Old Testament Theology*, 356~359. 여기에 근거한 오경의 구조 이해에 대해서는 위 각주 19번에 실린 나의 글에도 반영되어 있다.

예컨대 애굽에서 시내 산에 오기까지 이스라엘이 경험했던 여정(출 1~18)은 하나님이 이스라엘을 "독수리 날개로 업어서(출 19:4)" 인도하셨던 길이었다고 반추한다. 이것은, 웨슬리의 용어로 말하면, 히브리 사람들을 구원하시는, 아니 야곱의 자손들을 치유하시는 하나님의 "선행적 은혜" 다.[25] 이 은혜는 히브리 사람으로 살아가던 "수많은 잡족(출 12:38)" 모두에게 끼친다. 해방과 구원의 행렬에 참여한 자는 모두 '보편적으로 제시된 은혜'를 누릴 수 있다.[26]

시내 산을 떠나 모압으로 가는 여정(민 10:11~36:13)은 이와 성격이 다르다. 하나님의 은혜보다는 하나님의 진노가 앞선다. 모압 평원에서 모세가 전한 말씀(신 1~34)은 "열 하룻길(신 1:2)"이면 충분했던 거리를 40년이나 걸려서 왔다는 쓰라린 반성으로 말문을 연다(신 1:3). 시내 산에서 모압까지 왔던 길(민 10:11~36:13)은, 말하자면 '의롭게 하는 은혜'에 책임적으로 부응하지 못했던 이스라엘에 대한 체벌 기간이다. 여기에는 "칭의 → 중생 → 성화로 진행되는" "하나님의 형상 회복하기"가[27] 미완성으로 머물고 말았던 현실에 대한 안타까움이 묻어난다. 웨슬리 신학의 용어로 하면, 은혜 받은 자에게는 책임이 따른다는 것이다.[28] 이런 맥락에서 모세의 일대기의 첫 번째 단락(출 1:1~민 10:10)은 야훼 하나님이 하신 일에 초점을 두지만, 그 두 번째 단락(민 10:11~신 34:12)은 하나님의 백성으로 조성되었던 이스라엘이 저질렀던, 웨슬리의 용어에 빗대어 말하면, '미완성의 이스라엘(Almost Israelite)'이 감당해야 할 책임이 부각된다.[29]

25) Runyon, 『새로운 창조』, 38~39.

26) Runyon, 『새로운 창조』, 45~58.

27) Runyon, 『새로운 창조』, 59.

28) Cobb, *Grace and Responsibility*, 21~26.

29) 웨슬리 설교 2번의 제목은 "미완성의 그리스도인(The Almost Christian)"이다. 이것을 차용하여 나는 민수기 10장 11절부터 36장 13절에 묘사된 이스라엘의 이미지를 "미완성의 이스라엘(The Almost Israelite)"로 부르려고 한다.

애굽을 떠나 시내 산을 거쳐 모압에 당도하는 이스라엘의 이주에서 핵심은 여행 보도가 아니다. 모세의 토라의 핵심은 시내 산과 모압에 장막을 치고 머물며 들었던 말씀이다. 구원과 해방은 극적이지만, 그 극적인 구원과 해방이 최종적인 것은 아니다. 그것은 정착을 위한 예비며, 하나님의 말씀을 듣기 위한 과도기다. 이동 중에 경험하는 이적과 기사는 놀라운 것이지만, 그런 표적이 출애굽 했던 자들을 하나님의 백성으로 만들지는 못했다. 이스라엘은 하나님의 말씀을 듣는 자리에서 하나님의 백성으로 다시 태어나야 했다. 엑소더스는 애굽으로부터의 구원으로 그치지 않는다. 구원받은 자들이 하나님과의 관계에서, 사사로운 삶에서, 사회생활에서 거룩함을 구현할 때 출애굽의 구원은 비로소 완성된다.[30)]

모세의 토라는 '행동하시는 하나님(God Who Acts)'보다는 '말씀하시는 하나님(God Who Speaks)'에게 훨씬 더 큰 비중을 둔다. 예컨대 출애굽(출 1~18)은 시내 산 말씀(출 19:1~민 10:10)의 전제 조건이고, 시내 산 말씀(출 19:1~민 10:10)은 해방 사건(출 1~18)의 완성이다. 기적을 체험함으로 하나님의 사람이 되는 것이 아니라 하나님의 말씀을 듣고 그 말씀의 세계에 참여함으로 이스라엘은 하나님의 사람이 된다.

모압 평지에서 선포되었던 모세의 설교(신명기)는 시내 산에서 하나님이 주셨던 말씀(시내 산 법전)을 재해석한다. 신명기란 제목의 뜻이 "다시 듣는 토라," 두 번째로 듣는 토라인 것을 기억해야 한다. 시내 산 이야기(출 19:1~민 10:10)와 모압 이야기(신 1~34)에서 모압 이야기(신 1~34, 모세의 설교)는 시내 산 이야기(출 19:1~민 10:10, 시내 산 말씀·시내 산 법전)를 풀이한 '두 번째 법'이다. 즉 모세의 토라에서는 시내 산에서 하나님이 모세를 통하여 이스라엘에게 주신 말씀(출 19:1~민 10:10)이 중심이 된다.[31)] 시내 산

30) 왕대일, 『엑소도스, 하나님의 성소를 이루기까지』 (서울: kmc, 2015).

31) 흔히 '시내 산 전승단락(Sinai Pericope)'이나 시내 산 법전(Sinai Code)이라고 부르는 출애

말씀을 새겨들을 때 애굽에서 나와 시내 산에 당도했던 히브리 사람들이 하나님의 "거룩한 백성(출 19:6)"이 되는 여정을 만나게 된다.

출애굽기의 서두에서 이스라엘은 "야곱의 허리에서 나온(출 1:5)" 무리였다. 출애굽기의 전반부(1~18장)는 이 집단을 가리켜 "히브리 사람(출 1:15, 16, 19; 2:6)"이라고 불렀고 그들 안에 "수많은 잡족(출 12:38)"이 섞여 있었다. 시내 산 이야기(출 19:1~민 10:10)는 이런 모습이던 출애굽 공동체가 하나님의 말씀을 새겨듣는 과정에서 언약 공동체(출 19~24) → 성막 공동체(출 25~31, 35~40) → 예배 공동체(레 1~10) → 정결 공동체(레 11~16) → 성결 공동체(레 17~26)로 커 가는 과정을 소개한다.[32] 이 과정을 이끄는 분은 하나님이시다. 단계마다 하나님의 말씀이 주어지면서 이스라엘은 그 말씀의 지평에 참여하는 공동체로 다져진다.

출애굽 해방 공동체는 하나님의 말씀 안에서 신앙 공동체로 그 면모가 다져진다. "너희가 내 말을 잘 듣고 내 언약을 지키면(출 19:5)"이라는 말씀을 따라서 모세가 "언약의 책(출 24:7, 새번역)"을 들고 "언약의 피(출 24:8)"를 뿌리며 시내 산에서 언약을 세운다(출 19~24). "내가 그들 중에 거할 성소를 그들이 나를 위하여 짓되(출 25:8)"라는 말씀에 따라서 성막·회막을 짓는다(출 25~31, 35~40). "너희 중에 누구든지 여호와께 예물을 드리려거든(레 1:2)"이라는 말씀을 따라서 예배하는 이스라엘이 된다(레 1~10). "육지의 모든 짐승 중 너희가 먹을 만한 생물은 이러하니(레 11:2)"라는 말씀에 따라서 정(淨)한 것과 부정(不淨)한 것을 구별하여 지키는 하나님의 사

굽기 19장 1절부터 민수기 10장 10절은 그 글말의 유형, 형식, 의도 등에서 출애굽기 1~18장과는 판이하게 다르다. 전통적으로 하나님의 구속사의 줄거리는 출애굽기 1~18장으로 국한되었다. 하지만 현재 우리가 읽는 오경은 애굽에서 시내 산으로 가는 이야기(출 1~18)와 시내 산에서 있었던 사건(출 19:1~민 10:10)을 별개로 나누어 놓지 않았다. 오경의 최종 형태, 즉 우리가 읽고 있는 텍스트는, 출애굽기 1~18장과 그 뒤에 이어지는 출애굽기 19장 1절부터 민수기 10장 10절까지 함께, 같이, 공시적(共時的)으로 읽을 것을 요구하고 있다.

32) Knierim, *The Task of Old Testament Theology,* 359~369.

람이 된다(레 11~15). "너희는 거룩하라 이는 나 여호와 너희 하나님이 거룩함이니라(레 19:2)."는 말씀에 따라서 거룩한 백성이 되는 삶을 살고자 한다(레 17~26).

시내 산 말씀은 일종의 처방이다. 하나님의 사람이 되는 길을 일러 주는 가르침이다. 이 처방을 듣기 위해 모세는 하나님 앞에 서야 했다. 이 처방을 전하기 위해서 모세는 이스라엘 백성 앞에 서야 했다. 시내 산 이야기는 출애굽 공동체가 모세가 전해 준 하나님의 말씀을 듣고 새기는 과정에서 거룩한 백성 공동체로 조성되는 과정을 소개한다. 이 처방은 점진적이다. 이 과정은 단계적이다. 하나님의 백성이 되기 위해서 마땅히 걸어가야 할 길을 순차적으로 제시한다. 시내 산 이야기는 이스라엘이 시내 산에서 그렇게 다져진 뒤에야 마침내 하나님의 군대(민 1:1~10:10)가 되어 광야를 헤쳐 가는 행진에 당당하게 나서게 된다고 설명한다(민 10:11~36). 혈연으로 맺어졌던 부족이, 출애굽이라는 놀라운 구원을 체험했던 집단이, 시내 산에서 하나님의 말씀을 따라서 하나님의 구원의 은혜 안에서 살아가는 신앙 공동체로 조성된 것이다. 해방에서 성화까지! 구원받은 자들이 은총에 부응하는 책임적인 존재가 되기까지! 이스라엘이 누리는 구원의 완성은 이런 여정을 단계적으로 밟는다.

우리 속에 오시는 하나님

웨슬리는 세상 속에 계시는 하나님을 강조한다. 18세기 영국을 비롯한 유럽 사회에서 하나님은 세상을 창조하신 뒤 멀찍이 세상과 동떨어져 계시는 신이었다. 우주를 만드셨지만 우주를 창조하신 뒤로는 우주 밖에 떨어져 계신다고 보았었다. 웨슬리는, 18세기 사람이었지만, 이와 달랐다. 웨슬리는 세상은 하나님의 현존을 드러내는 무대라고 보았다.[33] 하나님은 세상에 계시고, 세상의 모든 피조물들이 다 하나님의 다스리심을 드러내고 있다고 외쳤다. 하나님의 임재를 세상 안에서 보았던 것이다. 중요한 것은 창조주 하나님이 세상과 관계를 맺으시는 방식이다.[34] 해방에서 성화에 이르도록 이스라엘을 인도하시는 구원의 하나님은 창조주 하나님이 세상과 관계를 맺으시는 방식이다. 모세의 토라에서 야훼 하나님은 우리 속에 오시는 하나님이다.

모세의 토라는 출애굽의 이스라엘이 신앙 공동체의 이스라엘로 변화되는 과정을 보여 준다. 이스라엘이 스스로 이루어 가는 변화가 아니라 이스라엘이 그렇게 되도록 하나님이 인도하시는 변화다. 이것을 웨슬리의 언어로 설명하면, 이스라엘에게 '수동적으로 전가되는(imputation)' 변화가 아니라 이스라엘이 '능동적으로 참여하여(impartation)' 이루는 변화다.[35] 거룩한 백성이 되기를 기다리는 것이 아니라 거룩한 백성이 되고자 한 걸음씩, 꾸준히, 거룩한 백성으로 걸어가는 것이다. 이런 배경에서 모세의 토라는 산 위에 계시던 하나님이 산 아래로 내려오시는 하나님으로의 이동을 소개한다. 하나님은 하늘에서 땅으로 내려오시고, 땅에 매여 살던 사람은 그 은혜로 하나님의 품으로 들어서는 것이다.

모세의 토라가 전하는 애굽에서 시내 산까지 가는 여정(출 1~18)은 거룩한 곳에 계시던 하나님이 수치와 억압의 현장으로 오셨다고 소개한다. 하늘에 계시던 하나님이 "아브라함과 이삭과 야곱에게 세운 그의 언약을 기억하사(출 2:24)" 이스라엘이 고난 받던 자리로 "내려가서(출 3:8)," 이스라엘을 인도하시고자 이스라엘 "앞에서(출 13:21)" 걸으셨다. 이 하나님께

33) "하나님은 모든 것 안에 계십니다. …… 모든 피조물의 구석구석에서 우리는 창조주 하나님을 볼 수 있습니다. …… 그 어떤 것도 하나님으로부터 분리되어 있지 않음을 바라봅니다." 웨슬리 설교 23번(주님의 산상수훈 III)에서. 이 설교의 본문은 마태복음 5장 8~12절이다.

34) Cobb, *Grace and Responsibility*, 50~55.

35) 김홍기, 『존 웨슬리의 구원론』, 23; Runyon, 『새로운 창조』, 128.

서 전개하신 구원사(출 1~18)는 "하나님이 다스리시는 사회(theopolitical 또는 theoeconomic)"를 염원하는 출애굽 공동체의 고백에서 그 절정에 달한다.[36] "여호와께서 영원무궁 하도록 다스리시도다(출 15:18)"라고 출애굽한 뒤 외치지 않았는가!

모세의 토라의 핵심인 시내 산 말씀(출 19:1~민 10:10)은 이 외침에 대한 신학적(또는 제사장 신학의) 응답이다. 또는 하나님이 왕으로 출애굽 공동체를 다스리시게 되는 일을 가능케 하는 시행 세칙이다. 그 응답·세칙의 첫 번째 항목이 출애굽 공동체가 언약 공동체로 업그레이드 되는 일이다(출 24).

하나님과 이스라엘의 정치 사회적 관계는 언약이라는 종교적 소통으로 이루어진다. 하나님과 출애굽 공동체가 다짐하는 언약 맺기가 출애굽기 24장에서는 세 구획(단계)으로 나뉘어 진행된다.[37] 산 아래에서는 이스라엘이 하나님의 말씀을 다 지키겠다고 서약하고(출 24:1~8), 산 중턱에 오른 "모세와 아론과 나답과 아비후와 이스라엘 장로 칠십 인(출 24:9)"은 멀찍이서 하나님을 "뵙고 먹고 마시며(출 24:11)" 하나님을 경배하고(출 24:9~11), 산 위에서는 모세가 "구름 속으로 들어가서(출 24:18)" 밤낮 사십 일을 머무르며 하나님의 말씀을 듣는다(출 24:12~18). 언약 맺기가 이루어지는 시내 산의 정경 자체가 뜰 → 성소 → 지성소로 이루어진 성막의 구조를 반영하고 있다.[38] 하나님과 이스라엘의 언약 맺기가 성막 작업의 토대가 될 뿐만 아니라 성막의 청사진이 바로 그 언약 맺기의 현장에 드러나 있다. 모세가 시내 산 꼭대기에서 들었던 하나님의 말씀이 성소를 지으라는 명령으로 시작하는 것도 이런 맥락에서 추스를 수 있다.

36) 왕대일, 『신앙 공동체를 위한 구약 성서 이해』, 96.

37) 왕대일, 『엑소도스, 하나님의 성소를 이루기까지』, 173~180.

38) 왕대일, 『엑소도스, 하나님의 성소를 이루기까지』, 173.

내가 그들 중에 거할 성소를 그들이 나를 위하여 짓되 무릇 내가 네게 보이는 모양대로 장막을 짓고 기구들도 그 모양을 따라 지을지니라(출 25:8~9).

무엇을 지으라고 하시는가? 성소다! 어디에 지으라고 하시는가? 이스라엘의 장막들 가운데에 지으라고 하신다(참조, 민 2:17). 이스라엘 중에 '거하실' 성소다. 성소는 성막·회막이다. 같은 성소지만 하나님의 임재가 있는 성소를 가리킬 때에는 성막이라고 부르고, 하나님의 말씀을 듣고 하나님을 예배하는 만남이 이루어지는 성소를 가리킬 때에는 회막이라고 부른다.[39] 하나님이 이스라엘 중에 '거(居) 하시려고(샤칸, שכן)' 한다. 하나님의 '거하심'은 영어로 표현하면 'tabernacling presence of God'이다.[40] 성막이 되신 하나님이다. 하나님이 우리 속에 거하실 때 우리는 은혜와 진리 안에 머물게 된다. 여기에서 이스라엘과 만나겠다고 말씀하시는 하나님의 속내를 살펴야 한다.

거기서 내가 너와 만나고 속죄소 위 곧 증거궤 위에 있는 두 그룹 사이에서 내가 이스라엘 자손을 위하여 네게 명령할 모든 일을 네게 이르리라(출 25:22).

"거기서 내가 너와 만나고!" "거기서" 하나님이 모세와 만나고! 이 "거기서"는 성막 안 증거궤가 있는 지성소다. 증거궤는 하나님의 보좌, 하나님의 임재를 상징하는 자리다. 성막이 하나님이 보여 주신 모양대로 지어지면, 하나님은 증거궤를 둔 성막의 지성소를 하나님의 보좌로 삼으신다. 그 증거궤의 덮개가 속죄판·속죄소이자 은혜의 자리(施恩座)다. 거기에서 하나님이 모세에게 말씀을 주신다. 하나님의 사람은 하나님을 위한 공간

39) 왕대일, 『엑소도스, 하나님의 성소를 이루기까지』, 182.

40) 왕대일, 『구약신학』, 142, 150.

과 시간을 구별해 놓아야 한다. 지성소로 구별된 자리, 거기에서, 하나님은 하나님의 사람과 대면하신다. 그런데 "거기서"가 이곳으로 그치지 않는다. 또 다른 "거기서"가 있다.

> 이는 너희가 대대로 여호와 앞 회막 문에서 늘 드릴 번제라 내가 거기서 너희와 만나고 네게 말하리라 내가 거기서 이스라엘 자손을 만나리니 내 영광으로 말미암아 회막이 거룩하게 될지라(출 29:42~43).

"내가 거기서 너희와 만나고!"에서 "거기서"는 어디인가? 성소 밖 제단이다. 회막의 뜰에 있는 제단이다. 하나님께 예물·제물을 드리는 제단에서, 그 제단에서 구현되는 예배에서, 하나님은 "너희" 이스라엘과 만나시려고 한다. 모세하고만 만나시는 것이 아니다. 제사장하고만 만나시는 것도 아니다. 하나님께 예배하는 이스라엘 사람 모두를 하나님이 거기에서 만나신다. 구원의 하나님으로 오신 창조주 하나님이 "이스라엘 자손 중에 거하여 그들의 하나님이(출 29:45)" 되시겠다는 것이다.

하나님의 임재가 하늘에서 시내 산 위 → 시내 산 아래 → 성막 → 지성소 → 제단 순으로 사람들에게 가까워지고 있다. 거리적으로만 가까워지는 것이 아니다. 한 사람(모세)하고 가깝던 하나님이 모든 사람(이스라엘 자손)과 가까워지신다. 이 하나님의 오심으로, 이스라엘은, 웨슬리 신학으로 표현하면, '영혼의 귀(신앙)'가[41] 열리고, '죽은 자를 생명으로 부르시는(중생)' 하나님의 새 창조의 은혜를 누리며,[42] '영적 실재에 대한 새로운 세계

41) "신앙은 영혼의 귀다."라는 표현은 알렉산드리아의 클레멘트와 오리게네스가 한 말이다. 알렉산드리아의 클레멘트, Stromata(단편집), V. 1; 칼 라너, "오리겐에게 있어서 영적 감각," *Theological Investigation,* vol. 16(New York: Seabury, 1979), 81~103; Runyon, 『새로운 창조』, 105에서 중인.

42) Runyon, 『새로운 창조』, 108.

의 감성을 열어 주는'[43] 영적 감각(새로운 탄생)에 눈뜨게 된다. 이것을 아브라함 헤셸(Abraham Y. Heschel, 1907~1972)의 표현을 차용해서 말하면, '하나님은 혼자가 아니다(God is not Alone)'가 되고,[44] 웨슬리 식으로 말하면, '하나님이 오시지 않고는 하나님을 알 수 없다.'가 된다.

출애굽의 은혜와 바다에서의 구원을 경험했던 이스라엘은 가슴 벅찼던 출애굽의 여정을 하나님이 다스리시는 사회를 바란다는 찬양(출 15:1~21)으로 정리하였다. 그런데 그 찬양에 대한 하나님의 응답은 다스림이 아니다. 다스림이 아니라 만남이다. 거기에서 만나시겠다는 것이다. 성막에서, 지성소에서, 제단에서 만나시겠다는 것이다. 왕이신 하나님이라기보다는 주님이신 하나님이다. 이 만남은, 일상의 언어로는, 하나님과 이스라엘의 동행(同行), 동거(同居), 상생(相生)이고, 신학의 언어로는 하나님과 이스라엘이 나누는 코이노니아다. 성막 세우기 규정(출 19~31, 35~40), 예배 규정(레 1~10), 정결 규정(레 11~15), 성결 규정(레 17~26)은 하나님이 성막으로 오셔서 이스라엘과 만나시는 사회(cultic-theocratic society)를 이루기 위한 처방이다.[45]

모세의 토라가 외치는 해방에서 성화까지는 여기에서 다시 한 번 웨슬리 신학과 만난다. 웨슬리에게 칭의가 성화를 위한 출발이듯이, 회막에서 이스라엘과 만나시는 하나님 이야기는 신학적으로 다음 두 가지를 이끌어

43) Runyon, 『새로운 창조』, 108~109. 특히 각주 22. 웨슬리에 따르면 피조물인 사람에게 있는 영적 감각은 "전능하신 성령께서 세상에서 하나님 없이 살아온 그의 가슴을 칠 때까지 부적절한 것"이다(웨슬리 설교 148번, "하나님 없는 삶에 대하여," On Living without God, 9). "감겨 있는 눈은 눈이 아니다. …… 막혀 있는 귀는 귀가 아니다(웨슬리 설교 45번, "새로운 탄생," The New Birth, 11)."라고 보았다. 하나님께서 성령으로 우리에게 계시하시기(고전 2:10) 전까지는 자연적인 인간은 하나님의 성령의 일을 분별할 수 없다(고전 2:14).

44) 아브라함 요수아 헤셸 선집 제4권의 제목은 이것이다. "사람은 혼자가 아니다(Man is not Alone)."

45) 왕대일, 『구약신학』, 136.

가기 위한 출발점이다. 회막 신앙은 우선 하나님이 산에 계시기에 하나님의 현현을 신비적으로 체험하는(*Mysterium tremendum*), '누미노제(*numinose*)' 식의 신앙을 거부한다.[46] 종교 체험을 부정하는 것이 아니다. 신앙의 자리가 마음의 종교라는 것을 부정하는 것이 아니다. 내적인 체험이 있어야 신앙은 완성을 향해 나간다는 진리를 부정하는 것도 아니다. 사랑의 실천을 향한 열광적인 헌신이 잘못되었다는 것도 아니다. 웨슬리가 지적했듯이 신비주의의 문제는 사람의 노력으로, 사람의 체험으로 신앙인의 자리에 들어서려는 오만에 있다.[47] 사람은 그 누구나 죄의 문제를 해결하기 전에는 하나님께로 가는 길에 들어설 수 없다. 회막 앞 제단에 드리는 예물이 번제로 시작된다는 것은 우연이 아니다.

회막 신앙은 또 성전 안에 머물러 계시는 하나님을 찾는 종교를 비판한다.[48] 내가 하나님을 찾아서 섬기는 종교로는 진정한 신앙이 될 수 없다. 내가 나서서 하나님을 모신다고 해서 거룩하신 하나님을 내 속에 모실 수 있는 것이 아니다. 신앙의 질서의 주도권은 내게 있는 것이 아니라 하나님에게 있다.[49] 하나님이 사람을 찾아서 오실 때 제일 먼저 깨닫게 되는 것은 사람의 죄와 허물이다. 부정(不淨)한 인생이다. 하나님이 아담을 찾아가셨을 때 아담은 동산 나무 사이에 숨어 버렸다(창 3:8). 하나님이 사람을 찾아오시는 것은 사람을 구원하시기 위해서다. 하나님의 오심 자체가 구원 사건이다. 하나님의 오심을 믿는 것이 구원 신앙이다. 내가 하나님을 먼저 찾아 나선 것이 아니다. 하나님이 먼저 이스라엘을 찾아서 낮은 곳까지 오셔서 만나 주시기에 이스라엘은 의롭게 하시고(Justification), 거듭나게 하

46) 왕대일, "해방에서 성화까지: 출애굽기의 구조에서 읽는 존 웨슬리," 120;『신앙 공동체를 위한 구약 성서 이해』, 110.

47) Cobb, *Grace and Responsibility*, 45~50,

48) 왕대일, "해방에서 성화까지: 출애굽기의 구조에서 읽는 존 웨슬리," 120.

49) Cobb, *Grace and Responsibility,* 50.

시고(The New Birth), 거룩하게 하시는(Sanctification) 하나님의 은혜를 누리게 된다.[50] 그래서 웨슬리가 그의 설교 "하나님 없는 삶에 대하여(On Living Without God, 웨슬리 설교 148번)"에서 이렇게 외쳤다.

> 세상에서 하나님 없이 살아와 그의 가슴을 치는 그 순간에, 전능하신 하나님께서는 완악한 마음을 깨뜨리시고, 모든 것을 새롭게 창조하십니다. 의의 태양이 나타나 그의 영혼에 비칩니다. 그에게 예수 그리스도의 얼굴에 나타난 하나님의 영광의 빛을 비춰 주십니다. 그는 이제 새로운 세상에 있는 것입니다. 그를 둘러싼 모든 것들이 새롭게 되었습니다.[51]

50) Cobb, *Grace and Responsibility*, 84~88, 97~99, 100~106; Runyon, 『새로운 창조』, 58~80, 99~103, 129~143.

51) 웨슬리 설교 148번, "하나님 없는 삶에 대하여(On Living Without God)," 9.

02

역사서의 반성·역사서의 소망, 약속의 땅으로 가는 길*

뜻이 하늘에서 이루어진 것같이

구약의 역사서는 역사 이야기 또는 이야기로 쓴 역사다. 타낙(Tanakh, 유대인의 성경)은 창세기-신명기를 오경으로, 그 이후를 예언서(전기 예언서, 우리말 성경에서는 역사서)로 구분하지만, 이야기의 흐름에서 보면, 창세기에서 열왕기에 이르는 글은 하나님의 백성 이스라엘의 흥망성쇠를 다루는 긴 내러티브(narrative)다. '구경(九經, Enneateuch)'으로도 불리는 창세기, 출애굽기, 레위기, 민수기, 신명기, 여호수아, 사사기, 사무엘, 열왕기는 천지창조에서 시작하여 유다 왕국의 패망에 이르는 이스라엘의 역사를 이야기 형식으로 전한다.[1] 역사 이야기라고 하지만, '역사적' 이스라엘보다는 '성서적' 이스라엘을 다룬다.[2] 하나님의 신앙의 관점에서 이스라엘의

---

* 이 글은 『신학과 세계』 통권 제95호 (2019 봄)에 기고한 내 글 "구약의 말씀을 웨슬리 신학으로 읽을 수 있을까, 구약 역사서의 경우"를 수정하여 게재한 것이다.

1) 요람 하조니, 김구원 옮김, 『구약성서로 철학하기』 (서울: 홍성사, 2016), 52~61도 이렇게 보았다.

2) 왕대일, 『구약신학』, 171~176.

과거·현재·미래를 되짚어 보고 있다.

창세기에서 열왕기에 이르는 장대한 내러티브는, 유대교의 용어를 빌면, 할라카(법)와 학가다(이야기)로 구분된다. '할라카'는 걷기라는 뜻의 히브리어로 규정이나 법도를 가리키고, '학가다'는 이야기하기라는 뜻의 히브리어로 이야기 형식의 가르침이다. 창세기에서 열왕기에 이르는 장대한 내러티브는 율법(할라카)과 이야기(학가다)로 구분된다. 율법(할라카)은 이스라엘의 정체성을 규정하고, 이야기(학가다)는 이스라엘의 살아가기를 해설한다. 할라카(율법)의 주체는 하나님이다. 모세를 통해서 지시하신 하나님이다. 학가다(이야기)의 주체는 이스라엘이다. 하나님의 말씀을 가슴에 품고 세상을 살아가는 이스라엘이다. 창세기에서 신명기는 할라카에, 여호수아에서 열왕기는 학가다에 해당한다.[3)]

할라카는 법이다. 율법이다. 길이다. 학가다는 율법의 실행에 대한 이야기다. 어느 길로 갔는지를 관찰하는 이야기다. 할라카는 학가다를 평가하는 기준이다. 학가다는 할라카를 이루는 마당이다. 율법이 살아가기(걷기)를 평가하는 원칙이라면, 이야기는 원칙대로 살았는지(걸었는지)를 판단하는 보고서다. 여호수아에서 시작되는 역사 이야기에서 이스라엘이 어떤 길로 나아갔는지를 묻고 확인하려는 이유가 여기에 있다. 그들이 걸은 길에서 할라카의 실천 유무를 판단하게 된다.

역사서는 '길'이라는 잣대로 이스라엘의 살아가기를 판가름한다. 이스라엘 앞에는 "평탄한 길(수 1:8)," "악한 길(삿 2:19; 왕상 13:33)," "마땅히 행할 선한 길(왕상 8:36; 대하 6:27)," "이스라엘 왕들의 길(왕하 8:18; 16:3; 21:21; 대하 21:6, 13; 28:2)," "다윗의 길(왕하 22:2)" 등이 있었다. 하나님의 백성 이스라엘은 어느 길로 갔는가? 유진 피터슨(Eugene H. Peterson, 1932~2018)이 외쳤던 "그 길을 걸으라."는 주문은 역사서에서도 헤아릴 수 있다.[4)]

3) 비교, 요람 하조니, 『구약 성서로 철학하기』, 64.

역사서가 사람살이의 판단 기준으로 소개한 길(할라카, 율법)은, 웨슬리의 말로 하면, "나의 힘이 닿는 데까지, 내적으로나 외적으로나 하나님의 모든 율법을 지키려는 계속적인 노력으로 …… 내가 하나님께 용납되어야 한다."[5]는, 이른바 웨슬리의 '거룩한 길로 향한 회심'[6]에 버금간다. 웨슬리는 은총의 복음으로 새로워진 그리스도인에게는 삶의 지침서가 필요하다고 보았다. 그런 삶의 지침서가 웨슬리의 『표준설교』에서는 "주님의 산상수훈에 관한 설교(웨슬리 설교21~33번)"로 소개되었다. 『표준설교』로 정선된 웨슬리의 설교를 44개로 볼 경우 그 가운데 13개가 율법에 대한 설교로 채워져 있다. 웨슬리의 산상수훈 설교는 예수 그리스도의 신앙으로 해석한 할라카(율법)다. 그 할라카의 기조가 약속의 땅으로 가는 길의 이정표가 된다.

> 오직 강하고 극히 담대하여 나의 종 모세가 네게 명령한 그 율법을 다 지켜 행하고 우로나 좌로나 치우치지 말라 그리하면 어디로 가든지 형통하리니 이 율법책을 네 입에서 떠나지 말게 하며 주야로 그것을 묵상하여 그 안에 기록된 대로 다 지켜 행하라 그리하면 네 길이 평탄하게 될 것이며 네가 형통하리라 (수 1:7~8).

약속의 땅에 들어선 이스라엘이 형통한 길로 가려면 어떻게 해야 하는가? 여호수아가 다짐하는 형통한 길은 웨슬리의 말로 하면 성화에 이르는

---

4) 유진 피터슨, 양혜원 옮김, 『그 길을 걸으라』 (서울: IVP, 2007).

5) 『웨슬리 저널』 (1783. 5. 24.), §5, *Works* 18:244~245, Runyon, 『새로운 창조』, 132에서 중인.

6) 이 말은 아주 오래전 프랑스 가톨릭 학자 맥시민 삐에뜨(Maximin Piette)가 그의 책(*John Wesley in the Evolution of Protestantism,* London and New York: Sheed and Ward, 1937, 306)에서 한 말이다. 그는 웨슬리가 1725년에 다짐하였던 "거룩한 길로 향한" 각오를 "올더스게잇 회심보다 웨슬리의 생애나 그의 사상 형성에서 더 중요한 몫을 한 가장 결정적인 회심"이라고 보았다. Runyon, 『새로운 창조』, 132에서 중인.

길이다. 오경의 토라(출애굽기-신명기)에서 신앙 공동체로 조성된 이스라엘은 약속의 땅에 들어서서는 구원에서 성화(그리스도인의 완전)에 이르는 길을 걸어야 한다. "오직 믿음으로만 의롭게 되는 칭의의 중요성에도 불구하고 성화가 구원의 목적으로 항상 남아 있는 것이라고 말하는 것이 올바르다."는[7] 웨슬리의 생각은 역사서를 해석하는 프리즘이 된다. 말하자면, 약속의 땅에 들어선 이스라엘은 "새 사람(골 3:10)"으로 살아야 한다는 것이다. 가나안 땅의 신앙 공동체 이스라엘은 "자기를 창조하신 분의 형상을 따라 끊임없이 새로워지는(골 3:10, 새번역)" "새 사람을 입어야" 한다는 것이다.

출애굽기-신명기에서 가나안은 약속의 땅이다. 여호수아-열왕기에서 가나안은 이스라엘의 삶의 현장이다. 출애굽기-신명기가 약속의 땅으로 가는 길을 약속했다면, 여호수아-열왕기는 약속의 땅을 누려야 했던(그러나 누리지 못했던) 이스라엘의 삶을 보도한다. 신앙 공동체로 조성되었던 이스라엘에게 가나안 땅은, 구약 신학적으로 말하면, 약속의 대상이자 유혹의 현장이다. 땅은 은혜이자 동시에 시험이다. 하나님의 은혜를 받은 이스라엘이 그 은혜에 걸맞게 살 것인가, 아니면 그 은혜를 저버리며 살 것인가를 선택해야 했던 것이다.

여호수아-열왕기의 주된 가락은 가나안에 정착한 이스라엘이 가나안에서 추방되는 역사다. 여호수아-열왕기는 정착에서 패망에 이르는, 해방에서 추방에 이르는 이야기(학가다)의 속내를 할라카(율법)의 빛에서 따져보고 있다. 약속의 땅에 들어선 이스라엘은 "마음을 다하고 뜻을 다하고 힘을 다하여 네 하나님 여호와를 사랑하라(신 6:5)."는, "원수를 갚지 말며 동포를 원망하지 말며 네 이웃 사랑하기를 네 자신과 같이 사랑하라(레 19:18)."는 하나님의 명령을 구현해야 했다. 살아가기의 목표를 "나라가 임

7) Runyon, 『새로운 창조』, 134.

하시오며 뜻이 하늘에서 이루어진 것 같이 땅에서도 이루어지는(마 6:10)" 것에 두어야 했다. 가나안이라는 약속의 땅에 하나님의 나라를 세워야 했다. "나는 너희의 하나님이 되려고 너희를 애굽 땅에서 인도하여 낸 여호와라 내가 거룩하니 너희도 거룩할지어다(레 11:45)."라고 말씀하시지 않았는가! 그러나 이스라엘은 그렇게 하지 못했다. 가나안 땅에 정착해서 나라를 세웠던 이스라엘이 그 가나안 땅에서 패망하고 쫓겨나는 가슴 아픈 이야기가 여호수아-열왕기의 내용이라는 소리다.

우리말 성경에서 이스라엘의 역사 이야기는 열왕기로 그치지 않는다. 그 뒤를 잇는 역대기상하, 에스라, 느헤미야, 에스더도 역사서의 범주에 든다. 여호수아-열왕기가 이스라엘이 약속의 땅으로부터 추방되는 것으로 이야기를 마감한다면, 역대기-에스더는 이스라엘이 포로살이를 마치고 약속의 땅으로 돌아가기(歸鄕)를 이야기의 줄거리로 삼는다. 역사 이야기의 전반부가 추방에 방점을 둔다면, 그 후반부의 방점은 귀향에 있다. 여호수아-열왕기가 왜 이스라엘이 무너지고 말았는지를 반추하는 시점에서 기록되었다면, 역대기-에스더는 바벨론 포로살이(주전 587~538)에서 벗어난 유다 백성들이 어떻게 하면 하나님의 백성으로 생존할 수 있는지를 조망하는 자리에서 쓰였다. 전자는 약속의 땅에 들어섰던 길을 되돌아보고, 후자는 약속의 땅으로 돌아가는 길을 조망한다. 전자는 가나안으로 들어가는 길이고, 후자는 예루살렘으로 돌아가는 길이다. 누가, 어떻게 이 길에서 형통함을 누릴 수 있을까? 여호수아는 이스라엘에게 세상(world)에 들어서기 전에 말씀(word)에 먼저 들어서야 한다고 가르쳤다. 역대기는 사로잡혀 갔다가 돌아가는 유다 사람들에게 예루살렘으로 가는 길에 나서기 전에 먼저 그 마음에 "시온의 대로(시 84:5; 비교, 대하 36:22~23)"를 품어야 한다고 가르쳤다.

> 바사 왕 고레스가 이같이 말하노니 하늘의 신 여호와께서 세상 만국을 내게 주셨고 나에게 명령하여 유다 예루살렘에 성전을 건축하라 하셨나니 너희 중에 그의 백성된 자는 다 올라갈지어다 너희 하나님 여호와께서 함께 하시기를 원하노라 하였더라(대하 36:23).

역사서가 토로하는 긴장감이 여기에 있다. 신앙 공동체로 탄생한 이스라엘이 가나안 땅에서 하나님의 뜻이 실현되는 사회를 구축했어야 했는데 그렇게 하지를 못했기 때문이다. 성경의 역사 이야기에서 가나안 땅은 여전히 약속의 대상으로 남는다. 분명히 하나님은 이스라엘에게 약속의 땅을 삶의 현장으로 주셨다(여호수아-열왕기). 그렇지만 그 땅은 아직도 여전히 돌아가서 차지해야 할 고장으로 남아 있다(역대기-에스더). 기독교 신학의 종말론의 얼개인 '이미(already)'와 '아직(not yet)'의 불협화음은 여기에서도 찾을 수 있다. 하나님의 형상을 회복(구원)하였으나 아직 전적인 성화(그리스도인의 완전)를 이루지 못한 자가 지녀야 할 긴장은[8] 구약의 역사서가 토로하는 '이미'와 '아직'의 변주 속에서도 찾을 수 있다.

왕에게 걸었던 기대

구약의 역사서에서 주목받는 대상은 왕이다. 왕의 유무(有無)에서 약속의 땅에 들어선 이스라엘의 삶은 몇 단계로 구분된다. 왕이 없어도 멋지게(?) 살던 시대(여호수아) → 왕이 없었기에 혼란하던 시대(사사기) → 왕을 세웠지만 하나님의 기대에 미치지 못했던 시대(사무엘, 열왕기) → 이방인 왕의 통치를 받던 시대(역대기, 에스라, 느헤미야).

출애굽 한 이스라엘은 하나님을 왕으로 섬기는 이스라엘이 되겠다고

8) Runyon, 『새로운 창조』, 137.

다짐하였다. 애굽을 빠져나와 극적으로 바다를 건넌 이스라엘은 감격에 겨워 "여호와께서 영원무궁 하도록 다스리시도다(야훼 임로크 레올람 봐에드 יהוה ימלך לעלם ועד, 출 15:18)"라고 고백하였다. '야훼가 다스리신다(야훼 임로크 יהוה ימלך)'는 말은 '야훼가 왕이 되신다(야훼 임로크),' '야훼가 왕이시다(야훼 함멜렉 יהוה המלך)'라는 소리다. 이 선포에는 신정 사회(神政社會, theocracy)를 향한 소망이 담겨 있다. 그랬던 이스라엘이 가나안 땅에 그 보금자리를 마련하면서부터는 신정 사회에서 왕국 사회(monarchy)로 갈아타는 길에 들어선다. 사람을 왕의 자리에 올려놓고 하나님을 대신하여 사회를 다스리게 하는 실험에 나선 것이다(삼상 8). 하나님이 다스리시던 사회가 왕이 다스리는 사회로 대체되고 말았다.

가나안에 정착한 이스라엘이 처음부터 왕을 세웠던 것은 아니다. 왕이 없어도 매사를 훌륭하게 처리했다. 여호수아 시대가 그러했다. 정착 과정에 따른 전쟁을 너끈히 수행했으며(수 1~12), 쉽지 않았던 땅 분배를 멋지게 해결해 내었고(수 13:8~21:45), 지파 사이에 야기되었던 오해와 갈등도 말끔히 처리하면서(수 22), 언약 신앙을 갱신하는 감동적인 장면으로 그 대미를 마무리 지었다(수 23~24). 그랬던 이스라엘이 여호수아가 죽고 난 뒤 새로운 국면을 맞는다. 왕을 요청하는 시대에 들어선 것이다.

사사기 이야기는 크게 두 갈래다. 왕이 없어도 사사들이 나서서 각 부족을 돕고 일으키던 이야기(삿 1~16)와 왕이 없었다는 핑계로 이스라엘 사회가 혼돈에 빠지고 말았다는 이야기(삿 17~21)다. 사사(나기드 נגיד)는 하나님의 영에 붙들려 쓰임 받던 자들이다. 왕은 왕조의 혈통을 이어가는 통치자다. 이 점에서 사사기에 실린 기드온 이야기(삿 6~8)는 이스라엘의 가나안 시대를 꿰뚫어 보는 프리즘이 된다.[9)]

사사 기드온은 미디안에게 압제 당하던 이스라엘을 통쾌하게 구출해

9) Martin Buber, *Kingship of God* (New York: Harper & Row, 1967), 59~65.

냈다. 기드온의 힘이나 전략이 뛰어나서라기보다는 기드온과 함께하셨던 하나님이 기드온에게 엄청난 승리를 안겨 주셨다. 그 승리에 고양된 이스라엘 사람들이 기드온을 찾아와서 이렇게 부탁했다.

> 그 때에 이스라엘 사람들이 기드온에게 이르되 당신이 우리를 미디안의 손에서 구원하셨으니 당신과 당신의 아들과 당신의 손자가 우리를 다스리소서 하는지라 기드온이 그들에게 이르되 내가 너희를 다스리지 아니하겠고 나의 아들도 너희를 다스리지 아니할 것이요 여호와께서 너희를 다스리시리라 하니라(삿 8:22~23).

기드온은 왕이 되어 달라는 이스라엘의 요청을 뿌리쳤다. 왕조를 세워 주겠다는 제안을 단번에 거절하였다. 대신 그는 "여호와께서 너희를 다스리시리라."라고 단호하게 말했다. 기드온의 고백은 사무엘 시대 때 이루어진 왕정 제도의 출발(삼상 8:10~22)을 이해하는 시금석이 된다. 왕을 세워 달라는 요청에 대해 사무엘이 엄히 통지했던 '왕의 제도(삼상 8:11)'는, 역설적으로 신명기의 정치 사상을 드러낸다(삼상 8:10~18). 왕이 하나님의 사람다운 표상이 되기를 바랐던 것이다.

> 그가 왕위에 오르거든 이 율법서의 등사본을 레위 사람 제사장 앞에서 책에 기록하여 평생에 자기 옆에 두고 읽어 그의 하나님 여호와 경외하기를 배우며 이 율법의 모든 말과 이 규례를 지켜 행할 것이라 그리하면…… 이스라엘 중에서 그와 그의 자손이 왕위에 있는 날이 장구하리라(신 17:18~20).

왕을 향한 기대가 여기에 있다. 하나님은 왕을 통해서 세상을 창조하실 때 사람에게 걸었던 청지기로서의 사명이 이루어지기를 고대하였다.

하나님이 지으신 세계를 바르게 돌보기 위해서는 왕이 무엇보다도 "율법서의 등사본을" 쓰고, 읽고, 배우고, 행해야 한다고 보았던 것이다. 그럴 때 하나님의 형상의 정치적 표상으로서의 왕은, '그 하나님의 거룩함에 참여하는 자(partakers of his holiness)'가 될 수 있다고 보았던 것이다.[10] 왕을 향한 이런 기대를 이스라엘의 시인은 하나님이 "내가 나의 왕을 내 거룩한 산 시온에 세웠다(시 2:6)."라고 말씀했다고 기억하였다. 왕을 가리켜서 하나님이 "너는 내 아들이라 오늘 내가 너를 낳았도다(시 2:7)."라고 말씀했음을 되뇌었다.

그러나 이스라엘 역사의 현실은 달랐다. 멜렉(melek, מלך, 왕)의 자리에 오른 자들이 하나님의 뜻을 펼치지 못한 채 몰렉(molek, מלך, 사람을 잡아먹는 악한 신)이 되고 말았다. 멜렉에서 몰렉으로! 기드온의 아들 아비멜렉이 왕의 자리에 스스로 올라서 악행을 저지르다가 처참하게 사망하고 만 것이 그 경우다(삿 9). 쉽지 않은 상황에서 극적으로 왕으로 세움을 받았던 사울도 "여호와의 목소리를 청종하지 아니하고 탈취하기에만(삼상 15:19)" 급급하다가 비참한 최후를 맞이하고 만 것도 그런 사례다(삼상 9~31).

아비멜렉과 사울의 실패는 사람이란, 그가 비록 왕이라고 하더라도, 거듭나야 한다는 것을, 웨슬리의 용어로 하면, 하나님의 형상을 회복해야 한다는 것을 일깨워 준다. 왕은 정치 사회적인 관점에서는 한 사회·나라를 통치하는 인물이지만, 웨슬리 신학에서 보면, 하나님이 사람을 창조하실 때 입혀 주셨던 '정치적 형상'을 대변한다. 웨슬리는 하나님의 형상을 본성적 형상, 정치적 형상, 도덕적 형상, 세 측면으로 이해하였다.[11] 웨슬리에게 구원은 창조의 본성을 회복하는 것이고, 타락은 하나님의 형상을, 그 가운데서도 도덕적 형상을 잃어버린 상태를 가리킨다. 본성적 형상이나

10) 김홍기, 『존 웨슬리의 구원론』, 71.

11) Runyon, 『새로운 창조』, 15~23; 김홍기, 『존 웨슬리의 구원론』, 61~76.

정치적 형상은 타락 이후에도 인간성 안에 이성이나 재능, 기능 등의 형태로 남아 있지만, 도덕적 형상은 그렇지 않다고 보았다. 피조물인 사람은 창조주 하나님과의 '영적 호흡'을 계속해야만 하나님의 사람다운 의로움과 거룩함을 지속할 수 있다고 보았다.[12] 그래서 웨슬리는 그의 설교 "새로운 탄생(The New Birth, 웨슬리 설교 45번)"에서 왜 사람이 거듭나지 않으면 안 되는지를 물었다.

> 우리는 왜 거듭나지 않으면 안 되는 것입니까? 무엇이 이 교리의 기초입니까? 하나님이, 삼위일체 하나님이 우리의 형상대로 사람을 만들자고 하셨습니다. 그 형상이란 단순히 본성적 형상(natural image)이 아닙니다. 곧 하나님 자신의 불멸성과 이해력과 의지의 자유와 감정을 지닌 영적인 존재만을 뜻함이 아닙니다. 또한 정치적 형상(political image)만을 의미하는 것도 아닙니다. 곧 지상 세계의 통치자로서 하늘의 새들과 땅의 가축들과 바다의 물고기들을 다스리는 존재를 의미함도 아닙니다. 하나님의 형상이라 함은 주로 도덕적 형상(moral image)을 의미합니다. 곧 사도가 말한 대로 의로움과 거룩함입니다.[13]

웨슬리에 따르면 사람은 그 도덕적 형상이 파괴되면 정치적 형상도 파국을 맞는다. 죄악에 매여 타락함으로 도덕적 형상을 잃게 되면 급기야 정복자, 파괴자, 약탈자가 되고 만다.[14] 아비멜렉이나 사울을 비롯해서 구약

12) Runyon, 『새로운 창조』, 22; 김홍기, 『존 웨슬리의 구원론』, 69~73.

13) 웨슬리 설교 45번, "새로운 탄생(The New Birth)," I. 1. 『존 웨슬리의 설교』, 126. 웨슬리의 설교 45번인 "The New Birth"는 '새로운 탄생,' '거듭남,' '신생' 등으로 번역된다. 김홍기는 이렇게 말한다. "웨슬리가 이해하는 하나님의 형상은 본성적 형상, 정치적 형상, 도덕적 형상이다. 타락함으로 상실된 형상은 도덕적 형상이다. 그 도덕적 형상은 의로움과 거룩함이다. 구원은 그 잃어버린 의로움과 참 거룩함을 회복하는 것이다(엡 4:24)." 김홍기, 『존 웨슬리의 구원론』, 61.

의 역사서가 고발하는 이스라엘 역사의 뭇 왕들이 바로 이런 파괴자, 정복자로 돌변하고 말았다. 구약의 역사서가 하나님의 형상을 잃어버린 왕에 대한 고발에 초점을 두고 있는 것은 이 때문이다.

구약의 열왕기는 왕에게 걸었던 기대가 실망으로 그치고 말았던 현실을 되돌아본다. 이스라엘의 왕들은 다윗 이후 하나님의 기대에 크게 못 미쳤다. 솔로몬 사후 전개되었던 분단 왕국(왕상 12~왕하 17)이나 사마리아의 멸망 후 존속되었던 유다 왕국(왕하 18~25)의 왕들은 대부분 "다윗의 길(왕하 22:2)"을 걷지 않았다. 아니, 거꾸로 "이스라엘 왕들의 길(왕하 8:18)"로 가고 말았다. 하나님의 뜻을 실천하는 청지기가 되는 길과는 크게 어긋난 세속 군주의 길을 걷고 말았다. 왕에게 걸었던 기대가 수포로 그쳤다. 하나님의 사람의 표상이어야 할 왕이 타락함으로 도덕적 형상을 잃자 그 정치적 형상도 심하게 훼손되고 말았다.

다윗 이야기(삼하 1~24; 왕상 1:1~2:12)는 이런 아픔에 대한 처방이다. 다윗은 이스라엘의 왕정을 하나님의 기준에 맞춰 바르게 세워 가고자 힘을 다했다. 인간적으로 완전해서가 아니다. 그도 폭력을 쓸 줄 알았다(삼하 8~10). 그도 큰 죄를 지었다(삼하 11). 그러나 그는 언약궤를 자기 왕국의 중심에 모시고자 했으며(삼하 6), 죄악을 꾸짖으시는 하나님의 책망에 "내가 여호와께 죄를 범하였다(삼하 12:13)."고 무릎을 꿇을 줄 알았다(참조, 시 51). 웨슬리 신학의 어법으로 말하면, 다윗의 삶은 "사람은 하나님 없이 하나님을 모실 수 없다."는 증거가 된다.[15] 그런 다윗에게 하나님이 은혜로 함께하셨기에(시온 언약, 삼하 7) 다윗은 제대로 왕이 될 수 있었다. 왕이기(being)보다는 왕 되기(becoming)가 다윗이 걸었던 이정표였다.

역대기는 이런 다윗의 이미지를 좀 더 적극적으로 해석한다.[16] 역대기

---

14) 김홍기, 『존 웨슬리의 구원론』, 75.

15) Runyon, 『새로운 창조』, 29.

는 아담에서 다윗에 이르는 계보(대상 1~9)로 시작하여 다윗을 위한 길을 닦는 사울(대상 10)을 간략하게 전한 뒤 다윗의 통치를 길게 언급한다(대상 11~29). 그러고 나서 솔로몬 시대(대하 1~9)를 전한 다음부터는 유다의 마지막 왕 시드기야에 이르기까지(대하 10~36)를 담담하게 소개한다. 역대기는 이스라엘의 열왕(列王)들이 잃고 말았던 하나님의 형상의 정치적 이미지를 극적으로 되살려 낸다. 다윗과 솔로몬을 역대기는 죄에서 떠난 하나님의 사람의 표상으로 그린다. 패역하였던 므낫세도 회개하고 돌아왔을 때 하나님은 므낫세의 정치적 형상을 회복시켜 주었다고 설명한다(대하 33:10~13). "당신의 병을 아십시오! 그러면 당신의 치료를 알 것이오!"라고[17] 웨슬리가 내렸던 처방을 역대기에서도 들을 수 있다.

역대기는 다윗의 통치를 성전 건축을 위한 준비 과정으로 묘사하고, 솔로몬의 통치를 성전 건축의 실행으로 묘사한다. 예루살렘의 회복이 성전 재건에서 시작된다고 여겼기에 제1성전 시대(주전 960~587)의 주축이었던 다윗과 솔로몬을 유다 역사의 황금기로 재구성하였다. 거기에서 제2성전 시대(주전 515~주후 70)의 청사진을 그리고자 했다. 때문에 역대기는 열왕기나 레위기(왕상 6:1~8:11; 레 1~10)에서는 찾아볼 수 없는 성전 종교의 소프트웨어(software)를 제공한다. 레위의 가계(대상 6), 레위 사람들에게 주어진 임무(대상 9:17~34; 23:1~32), 찬송을 맡은 사람(대상 25:1~30), 성

16) 역대기는 열왕기와는 다른 관점에서 이스라엘의 역사를 진단한다. 바벨론 포로기에 착수된 왕국의 패망에 대한 반성이 열왕기로 이어졌다면, 페르시아 시대가 개막하면서 찾아온 포로 후기 시대는 이스라엘의 역사에 대한 기억을 전혀 새롭게 하는 계기가 되었다. 이스라엘의 역사를 이야기 형식으로 써 갔다는 점에서는 열왕기나 역대기가 다 마찬가지지만, 역대기는 단순히 열왕기가 해석하였던 성서적 역사를 페르시아 시대라는 환경에 맞춰 재해석한 결과물로 그치지 않는다. 열왕기와 역대기의 관계는 신약 성경이 예수 이야기를 '사중적으로(fourfold)' 서술해 놓은 것과 동일한 이치로 따져 보아야 한다. 브루그만·리나펠트, 『구약개론』, 587.

17) 웨슬리 설교 44번, "원죄(Original Sin)," III, 5. 이 설교의 성경 본문은 창세기 6장 5절이다.

전 문지기(대상 26:1~19), 성전 곳간을 맡은 자(대상 26:20~28) 등을 소개한다. 성전 종교에서 중요한 것은 하드웨어(hardware)가 아니라, 찬송이 있는 예배(레위기의 예배에는 찬송이 없다!), 레위 사람들의 헌신이 있는 예배여야 한다고 보았다. 누가 하나님의 은혜를 기리는 자인가? 웨슬리의 말대로 하나님의 은혜 안에 있는 자는 "어디에서나 예수 그리스도 안에 있는 신생과 화해를 이루도록 보냄을 받은 사람들이다."[18] 하나님은 하나님의 사람들을 통해서 세상 사람들의 마음을 바꾸신다. "우리가 해야 할 몫은, 우리가 할 수 있는 만큼 부지런히 우리 자신처럼 그들을 변화시키고, 그리고 그다음은 하나님께 그 일을 맡기는 것이다."[19] 웨슬리가 말하는 '은총의 낙관주의(Optimism of Grace)'가 역대기가 적극 재해석하였던 하나님의 사람 다윗과 솔로몬에서도 드러난다. 역대기는 다윗과 솔로몬 시대가 이스라엘 역사의 황금기였음을 소개한다. 다윗과 솔로몬이라는 하나님의 사람이 있음으로 이스라엘은 지중해 연안에서 유프라테스 강에 이르는 고대 서아시아의 넓은 지역을 다스리는 하나님의 도구가 되었고 하나님의 뜻이 실현된 사회를 구축할 수 있었다고 본 것이다.

만군의 하나님이 주님이시기에

이스라엘은 왕국 시대를 맞아 가나안 땅에서 두 가지 도전에 휩싸인다. 하나는 가나안이라는 '땅'이 던진 도전에 맞닥뜨린 것이고, 다른 하나는 주전 8세기 이래 이스라엘 왕국이 휘말린 역사(세계사)가 던진 도전이다.

가나안 땅에 들어선 이스라엘은 야훼 하나님 말고도 여러 지역·부족

18) Runyon, 『새로운 창조』, 46.

19) 웨슬리 설교 24번, "산상설교 IV(Upon Our Lord's Sermon on the Mount IV)," III. 7, 이 설교의 성경 본문은 마태복음 5장 13~16절이다.

신들을 만났다. 그모스(민 21:29), 다곤(삼상 5:2), 벨(렘 50:2), 마르둑(므로닥, 렘 50:2), 아스다롯(왕상 11:5), 몰렉(레 18:21; 몰록, 왕상 11:7), 밀곰(왕상 11:5, 33) 등. 그 가운데서도 이스라엘의 처지를 가장 곤혹스럽게 만든 주범은 바알이었다. 바알(בעל)은 가나안의 지역 신이다. 바알은 그의 짝 아세라와 함께 이스라엘 사회를 내부적으로 변질시킨 주범이다. 바알과 아세라는 땅을 기름지게 하고 소출을 풍요롭게 하는 신의 모습으로 이스라엘과 마주하였다. 가나안 땅에서 이스라엘은 그런 풍요신의 유혹에 넘어가고 말았다. 사사 기드온에게도 여룹바알이라는 이름이 따로 있었다(삿 7:1). 엘리야도 "여호와의 선지자는 나만 홀로 남았으나 바알의 선지자는 사백오십 명이로다(왕상 18:22)."라고 탄식하였다.

바알 종교의 도전은 야훼 신앙마저도 변질시켰다. 성지 고고학자들이 이구동성으로 지적하는 이스라엘의 통속 신앙은 야훼 하나님과 더불어 아세라를 거침없이 섬겼던 이스라엘의 현실을 여과 없이 보여 준다(참조, 왕하 21:3~7a).[20] 이런 풍토 속에서 구약의 역사서는 이스라엘에게 야훼 하나님을 만군의 하나님으로, 왕 되시는 주님으로 고백해야 한다고 가르친다. 바알이 아무리 경작과 재배를 기름지게 한다고 해도, 정치 경제적으로, 종교 사회적으로, 이스라엘 사회를 인도하는 주님은 바알이 아니라 야훼 하나님이다.[21] 야훼 하나님은 하늘에 계신 신(엘)이기보다는 땅의 풍요와 세상의 샬롬을 주관하시는 주님(the Lord)이다. 그 주님을 가리켜 "만군의 여호와(야훼 쩨바오트, יהוה צבאות, 삼상 1:3)," "만군의 하나님 여호와(야훼 엘로헤

20) 주전 8세기 중엽 헤브론 근처 키르벳 엘콤(Khirbet el-Qom)의 무덤에서 출토된 새김글(inscription)이나 시나이 북쪽 교역로 쿤틸렛 아주르드(Kuntillet-'Ajurd)의 항아리에서 발견된 비문은 이스라엘이 "야훼와 그의 아세라"를 섬겼던 현실을 보여 주었다. 여기에 대해서는 왕대일, 『구약신학』, 396~399를 보라.

21) 아주 오래전 마르틴 부버가 하나님의 왕권사상(kingship)을 해설할 때 이렇게 구분하였다. Buber, *Kingship of God*, 96~97.

체바오트, יהוה אלהי צבאות, 삼하 5:10)," "만군의 주님(왕상 18:15; 렘 9:15; 호 12:5; 암 9:5)"이라고 불렀다.

> 하나님은 자기가 거할 곳을 선택하신 분이다. 하나님은 세상 어디에도 매이지 않는다. 하늘의 하늘이라도 하나님을 모시기에는 부족하다(왕상 8:27). 하나님은 자신이 창조했던 세상을 지키시는 분이고, 하늘의 위와 아래에 있는 그의 군대들을 이끄시는 분이며, 그 군대들을 이끌고 역사의 구원자로 놀라운 일을 행하시는 분이다. 하나님은 자기 길(출 33:13)을 가시면서 하나님을 따르는 자들이 그 길 안에서 하나님을 따르도록 이끈다. 이분이 바로 살아 계신 하나님이고, 그 백성의 왕이며, 온 우주를 통치하시는 왕이다(렘 10:7, 10). 자연 속에 자신의 모습을 나타내실 때에도 하나님은 바알 신처럼 역사와 상관없는 존재로 나타나시지 않고 항상 역사의 주님으로, 왕으로 등장하신다.[22)]

구약 역사서에서 하나님은 역사의 주님으로 부각된다. 자연 속에 그 모습을 계시하지만, 역사와 무관한 땅의 신이 아닌, 땅을 무대로 전개되는 역사의 키(key)를 쥐고 계신 주님으로 등장한다. 구약 역사서가 고민하였던 세계사(역사)의 문제가 여기에서 풀린다.

구약 역사서의 무대는 이스라엘 주변의 열강들이 벌였던 힘겨루기 현장이다. 힘을 앞세운 열강의 침입 앞에서 이스라엘은 속수무책으로 당했다. 역사의 주관자가 누구인지를 심각하게 고민하였다. 왜 앗수르, 바벨론, 페르시아가 차례로 등장해서 세계사를 지배했으며, 앗수르 → 바벨론 → 페르시아로 이어지는 흥망성쇠가 무슨 까닭인지를 성찰하였다. 거기에서 얻은 깨달음이 바로 만군의 하나님 야훼다. 역사의 주님이신 하나님이 이스라엘을 깨우치고자 열강을 하나님의 막대기로 사용하였다고 보았

22) Buber, *Kingship of God*, 106.

다. 이스라엘이 진정 '주'로 섬겨야 할 대상은 앗수르, 바벨론, 페르시아의 왕이 아니라 야훼 하나님이시라고 보았다. 오래전 구약학자 루드비히 쾰러(Ludwig Köhler)가 "주 만군의 여호와 이스라엘의 전능자(하아돈 야훼 체바오트 아비르 이스라엘, האדון יהוה צבאות אביר ישראל, 사 1:24)" 같은 고백이야말로 구약 신학의 중추신경(backbone)이라고 외쳤던 것은 이 때문이다.[23)]

역사서의 하나님은 왕(멜렉)이신 하나님, 만군의 주 야훼다. 역사의 무대에서 하나님의 백성을 부르고, 키우고, 꾸짖고, 다듬는 주님이시다. 왕(멜렉)이신 하나님은 이스라엘을 갈대아 우르에서, 애굽 땅에서 "인도하여 낸" 주님이셨다(예를 들어 삼상 8:8; 10:18; 느 9:7).[24)] 예레미야의 말로는 애굽 땅에서 이스라엘을 "이끌고 올라오신 분(야훼 함마알레, יהוה המעלה)," 또는 광야에서 이스라엘을 "인도하신 분(함몰릭, המוליך, 오타누 밤미드바르, אתנו במדבר, 렘 2:6)"이다. 이것을 히브리어로 표현하면, "멜렉(מלך, 왕)"은 "몰릭(מלך, 다스리다, 렘 2:6에서는 인도하다)"의 주체가 된다. 골리앗과 맞섰던 다윗이 온누리에 선포했던 하나님이 바로 이 하나님이었다.

> 다윗이 블레셋 사람에게 이르되 너는 칼과 창과 단창으로 내게 나아 오거니와 나는 만군의 여호와의 이름 곧 네가 모욕하는 이스라엘 군대의 하나님의 이름으로 네게 나아가노라(삼상 17:45).

만군의 야훼는 "이스라엘 군대의 하나님"이다. 출애굽의 첫 무대에서는 야훼로 소개되었던 하나님이(출 6:6; 비교, 출 3:14), 출애굽의 도상에서는 우리와 함께 가시며 우리를 인도하신 왕으로 소개되다가(출 33:16; 신 20:4; 31:6), 가나안 땅에 이스라엘 왕국이 세워진 뒤로는 만군의 하나님으로 소

---

23) Ludwig Köhler, *Old Testament Theology* (Philadelphia: Westminster, 1958), 30, 35.

24) Buber, *Kingship of God,* 104.

개된다. 이런 하나님이 유다 왕국의 패망을 코앞에 둔 시점에 닥쳐서는 "영원한 왕"이신 하나님으로 구체화된다. "오직 여호와는 참 하나님이시요 살아 계신 하나님이시요 영원한 왕이시라 그 진노하심에 땅이 진동하며 그 분노하심을 이방이 능히 당하지 못하느니라(렘 10:10)." 창조주 하나님이 역사의 주님(the Lord of history)이 되셨다는 뜻이다.

역사서의 하나님이 만군의 하나님이라면 역사서에서 이스라엘은 "하나님의 군대(삼상 17:36)"가 된다. 하나님의 구원 사역에서 이스라엘은 하나님의 군대로, 하나님의 구원을 증언하는 증인으로, 용사이신 하나님과 함께한다. 구약의 역사서에서 읽는 하나님과 이스라엘의 관계가 여기에서 풀린다.

구약의 역사서는 하나님과 이스라엘의 관계가, 웨슬리 신학의 용어로 표현하면, 하나님과 사람이 함께하는 '협동(*sunergia*)'의 예가 되기를 바란다.[25] 하나님은 이스라엘이 "신적 본질의 참여자 되는 것을 기뻐하셨다."는 것이다. 이스라엘이 하나님의 파트너란 소리다. 테오도르 러니언(Theodore Runyon)은 이것을 사람과 하나님이 '서로 나누는 내재적 어울림(*perichoresis*)'으로 보자고 했고, 랜디 매닥스(Randy L. Maddox)는 그것을 '응답가능한 은혜(Responsible Grace)'로 보자고 하였다.[26] 하나님의 은혜 없이는 우리가 구원받을 수 없지만, 우리의 참여 없이는 하나님의 구원도 이루어지지 않는다는 것이다.[27] 이것을 두고 콜린스(Kenneth J. Collins)는 하나님의 구원은 하나님 홀로 하시는 사역(monergism)이면서도 사람의 협력(sy

25) Runyon, 『새로운 창조』, 114~115.

26) Runyon, 『새로운 창조』, 77; Maddox, *Responsible Grace*, 19. 러니언이 사용한 헬라어 '페리코레시스(perichoresis)'를 우리말 번역자는 '공동-천성'으로 옮겨 놓았다. 이후정은 이 말을 하나님과 인간 사이의 상호교류(상호교통)로 표현하였다. 이후정, "존 웨슬리와 신인협력론의 현대적 의미," 『신학과 세계』 94 (2018 겨울), 233. 그것을 나는 '서로 나누는 내재적 어울림'으로 풀이한다(참조, 빌 2:12~13).

27) Maddox, *Responsible Grace*, 19, 이후정, "존 웨슬리와 신인협력론의 현대적 의미," 216.

nergism)이 동반되는 사역이라고 했다.[28)]

구약의 역사서는 뜻이 하늘에서 이루어진 것처럼 가나안 땅에 세운 이스라엘 나라에서도 이루어지기를 기대하였다. 다윗에게 걸었던 하나님의 꿈이 여기에 있다. 하나님이 다윗과 아무 조건 없이 세운 언약(삼하 7)은, 웨슬리의 말로 하면, "하나님의 선행 은총"이다. 왕이신 하나님이 "오늘 내가 너를 낳았도다(시 2:7)."라고 추켜세웠던 이스라엘의 군왕들에 대한 소망도 이와 연결된다. 이스라엘의 왕국 시대란 하나님이 베푸신 은총에 대한 인간의 책임이 어우러져야 되는 현장이었다. 이스라엘이 감당해야 할 책임은, 매닥스를 이은 이후정의 말로 하면, 하나님이 주시는 힘으로 수행하는데, 그 힘은 '위로부터 지배하는(overriding)' 힘이 아니라 '할 수 있게 하시는(enabling)' 힘이다.[29)]

하나님은 이스라엘에게 '할 수 있게' 하셨지만, 이스라엘은 그렇게 하지 않았다. 구약의 역사서에서 들리는 경고가 여기에 있다. 하나님의 은총에 대한 인간의 책임을 다 하지 못했을 때 이스라엘은 쓰디쓴 몫을 감당해야 한다. 가나안이라는 약속의 땅이 사마리아의 몰락(왕하 17)과 예루살렘의 패망(왕하 25)을 경험하는 현장으로 돌변해 버린 것이다. 하나님의 은총에 사람이 책임 있게 응답하지 않는다면, 은총의 수단은 돌연 심판의 도구가 될 수 있다. 사람은 행함(업적)으로 구원을 얻지 못한다. 하나님의 구원은 오로지 믿음으로만 얻는다. 그렇지만 하나님의 사람이 '내주하시고 능력을 주시는' 하나님의 영을 통하여 하나님의 사람답게 살지 못한다면 하나님의 구원은 미완성의 구원으로 그치고 만다.[30)] 그랬기에 열왕기 기자는 이스라엘 역사의 포로기를 하나님의 뜻을 대행했어야 할 왕들이 저지

28) Kenneth J. Collins, 이세형 역, 『존 웨슬리의 신학: 거룩한 사랑과 은총』 (서울: kmc, 2012), 26.

29) 이후정, "존 웨슬리와 신인협력론의 현대적 의미," 216.

30) Runyon, 『새로운 창조』, 80.

른 죄악에 대한 하나님의 벌이라고 해석하였다.

역대기는 열왕기의 정서를 포로기 후기 시대의 상황에서 다시 한 번 되돌아보았다. 역대기의 시대는 페르시아가 온 세상을 다스리던 나라로 부상하던 때다. 바벨론을 무찌르고 고대 서아시아의 중원을 차지한 페르시아는 식민지 정책에서 이전 왕국들과는 달랐다. 식민지 백성들에게 각기 고향으로 돌아가 정착할 수 있는 길을 터준 것이다. 역대기의 처음이 아담(대상 1:1)으로 시작하여 그 끝이 주전 539년에 공포되었던 페르시아의 왕 고레스의 칙령(대하 36:22~23)인 것은 우연이 아니다.

역사를 보는 관점에서 열왕기와 역대기는 서로 다르다. 열왕기는 바벨론에 포로로 잡혀갔던 유다 왕 여호야긴이 감옥살이에서 석방되었다는 보도로 끝났다(왕하 25:27~30). 다윗 왕조가 회복되기를 바랐다는 뜻이다. 역대기는 페르시아 왕 고레스가 내린 칙령으로 끝을 맺는다(대하 36:22~23). 유다 사람들의 '미래를 위한 길을 여는 자'로 페르시아 왕 고레스에게 기대했다는 뜻이다(비교, 사 45:1).[31] 역대기가 열왕기와 다른 것은 유다 공동체를 지탱하는 은총의 수단을 바라보는 시각이다. 열왕기 기자는 여전히 사람(다윗 왕조의 후손)에게 기대를 걸었지만, 역대기 기자는 성전(성전 예배)에 기대를 건다. 예루살렘 성전 종교를 갱신해야 나라를 제대로 되찾을 수 있다는 바람이 역대기 기자에게 있었다. 예루살렘 성전을 유다 공동체를 향한 '은혜의 수단'으로 삼았다는 소리다.

생존의 그림자·배타주의

에스라, 느헤미야, 에스더는 페르시아 시대의 유다 사람들에 대한 이야기다. 에스라는 페르시아 왕 아닥사스다 제7년(주전 458년?) 다섯째 달

31) 브루그만·리나펠트, 『구약개론』, 588.

(스 7:7~9)에, 느헤미야는 아닥사스다 왕 제20년(주전 444년?) 니산월(느 2:1)에, 각각 예루살렘으로 돌아왔다. 에스라는 종교인의 자격으로, 느헤미야는 총독의 신분으로, 유다 사람들의 포로 후기 시대, 즉 페르시아 제국에서 제2성전시대를 맞이했던 유다 땅을 통솔하였다. 히브리어 성경이나 우리말 성경에서는 에스라서와 느헤미야서가 서로 구별된 책이지만, 에스라와 느헤미야에 대한 이야기는 서로 이어서 한 줄거리로 충분히 읽을 수 있다.

앞에서 살핀 역대기에서도 글말의 환경은 페르시아 시대다(대하 36:22~23). 에스라는 그 고레스 왕의 칙령으로 말문을 연다(스 1:1~4). 역대기, 에스라, 느헤미야는 정서상 페르시아에 대해서 우호적이다. 에스라는 페르시아 왕 고레스가 유다 사람을 위한 칙령을 내린 것은 야훼 하나님이 그 마음을 감동시켰기 때문이라고 보았다(스 1:1; 비교, 사 45:1). 에스더 이야기는 이런 친(親)페르시아 정서에 쐐기를 박는다.[32] 페르시아 사람들은 언제라도 유다 사람들을 몰살시킬 위험한 자들이라는 것을 페르시아의 왕 아하수에로의 대신 하만을 등장시켜 고발한다.

에스라와 느헤미야는 바벨론에 포로로 사로잡혀 갔다가 예루살렘으로 귀환한 사람들이 겪었던 살아가기의 애환을 소개한다. 역대기가 성전 세우기를 통해서 유다 사람들의 미래를 품고자 했다면, 에스라와 느헤미야는 사로잡혀 갔다가 돌아온 사람들의 정체성 세우기를 통해서 유다 사람들의 장래를 조성하고자 했다.

에스라와 느헤미야가 예루살렘에서 활약하던 때는 예루살렘에 이미 재건된 성전이 있었다. 에스라는 그 성전이 봉헌된 이후에 예루살렘에 도착했지만(스 7:1), 에스라서는 그 절반가량을 할애해서 성전 건축이 얼마나 어려웠는지, 그 험난했던 과정을 해설해 놓았다(스 3~6). 그럼에도 에스라

32) Sweeney, *TANAK*, 441~444; 왕대일, 『새로 읽는 구약성경』, 132.

의 관심사는 성전 종교의 재건에 있지 않았다. 에스라서에서 에스라를 부르는 호칭은 "율례 학자요 학자 겸 제사장(스 7:11)"이었지만, 에스라는 제사장의 사역보다는 "여호와의 율법을 연구하여 준행하며 율례와 규례를 이스라엘에게 가르치기로(스 7:10)" 결심하였다. "유다 땅 총독(느 5:14)"으로 예루살렘에 왔던 느헤미야도 성전에 대해서는 직접적으로 아무 언급도 하지 않는다. 그는 예루살렘에 성벽을 다시 쌓아서 도성의 치안을 보장하는 일을 자기 사명으로 삼았다(느 2:11~18). 도성 건축을 통한 예루살렘 세우기에 헌신하고자 했던 것이다(느 3~6).

에스라서·느헤미야서는 그 주된 관심을 페르시아 시절 유다 땅에 둥지를 틀었던 유다 사람들의 생존에 둔다. 그 생존의 그루터기가 사로잡혀 바벨론으로 갔다가 돌아온 사람들이었고(스 2:1~70; 8:1~14; 느 7:4~73), 그 생존의 수단이 "예루살렘에 거주하던 자들(느 11:1~12:26)"을 "율법의 말씀(느 8:13)"을 지키는 신앙 공동체로 조성하는 일이었다. 그래서 에스라는 그들에게 "하나님의 율법(스 7:12)"을 가르치고자 했고(느 8:1~12), 느헤미야는 그들에게 "주의 율법(느 9:34)"을 지키는 "언약을 세워(느 9:38)" 가게 했다. 예루살렘에 '사로잡혀 갔다가 돌아온 자들(골라)'이 중심이 된 하나님 신앙 공동체를 세우고자 했다. 이런 노력을 가리켜서 '형성기의 유대교(Formative Judaism)'라고 부른다.[33)]

에스라와 느헤미야는 예루살렘에 거주하던 자들을 크게 둘로 구분하였다. 하나는 사로잡혀 갔다가 돌아온 자들이고, 다른 하나는 그 땅의 사람들이다. 에스라와 느헤미야가 관심을 쏟았던 대상은 사로잡혀 갔다가 돌아온 자들이다. 유다 왕국의 후손들이 바벨론으로 사로잡혀 가 있던 동안 예루살렘에 거주하고 있었던 "그 땅의 사람들"에게는 아무런 관심을 두

33) 여기에 대해서는 Joseph Blenkinsopp, *Judaism: The First Phase. The Place of Ezra and Nehemiah in the Origins of Judaism* (Grand Rapids: Eerdmans, 2009)을 보라.

지 않았다. 에스라와 느헤미야는 페르시아 시대 당시 예루살렘의 유다 사람들이 생존하기 위해서는 종교적으로 하나가 되어야 하고, 혈통적으로 순수해야 한다고 생각하였다. 사회 통합의 요소로 토라 지키기와 더불어 혈통 이어가기를 꼽은 것이다.

> 이 일 후에 방백들이 내게 나아와 이르되 이스라엘 백성과 제사장들과 레위 사람들이 이 땅 백성들에게서 떠나지 아니하고 가나안 사람들과 헷 사람들과 브리스 사람들과 여부스 사람들과 암몬 사람들과 모압 사람들과 애굽 사람들과 아모리 사람들의 가증한 일을 행하여 그들의 딸을 맞이하여 아내와 며느리로 삼아 거룩한 자손이 그 지방 사람들과 서로 섞이게 하는데 방백들과 고관들이 이 죄에 더욱 으뜸이 되었다 하는지라 내가 이 일을 듣고 속옷과 겉옷을 찢고 머리털과 수염을 뜯으며 기가 막혀 앉으니 이에 이스라엘의 하나님의 말씀으로 말미암아 떠는 자가 사로잡혔던 이 사람들의 죄 때문에 다 내게로 모여오더라(스 9:1~4).

에스라는 유다 사람들이 이방인 여자를 아내로 맞아서 가정을 꾸리고 자식을 낳았다는 소식에 크게 우려하였다(스 9:1~15). 사로잡혔다가 돌아온 자들의 후손이 이방 여자의 소생이었다는 사실에 큰 충격을 받았다. 그래서 "울타리(스 9:9)"를 치고자 했다. 이방인 아내와 그 자녀를 유다 사람 공동체에서 내쫓기로 하였다(스 10). 유다 사람이 유다 사람으로 생존하기 위해서는 그 자손을 낳은 어머니가 유다 사람이어야만 한다고 보았다. 생존의 척도를 유다 사람끼리의 결혼으로 못 박았다. 유다 사람들 가운데 "섞인 무리(느 13:3)"를 분리해 내야 유다 사람의 자손들 가운데 유다 방언을 못하는 자들이 생기지 않는다고 보았다(느 13:23~27). 그래야 안식일을 지키는 풍속이 제대로 시행된다고 보았다(느 13:15~22). 또 "제사장의 직분과 레위 사람에 대한 언약(느 13:29)"이 온전히 지켜진다고 보았다.

에스라와 느헤미야가 단행한 사회 개혁은 유다 사람들 가운데 "섞인 무리를 이스라엘 가운데에서 모두 분리(느 13:3)"하는 작업으로 요약된다. 순수한 혈통을 지키기 위해서는 부정(不淨)하게 섞인 핏줄들을 가려서 골라내야 한다고 보았다. 그것이 페르시아 시대 당시 유다 사람들의 생존을 지켜 가는 수단이라고 여겼다. 구약학자들 가운데는 이런 배타적·배타주의적 개혁의 단초를 사회 경제적인 이유에서 읽기도 한다.

> 그 이유가 경제적인 것일 확률이 매우 높다. 실제로 공동체를 '골라'와 '그 땅의 백성들'로 구별하는 것은 그들이 추방되어 포로 생활로 들어섰을 때 자신들이 버렸던 땅을 소유하고, 그 땅을 그 휴지기 동안에 가꾸어 온 남아 있던 자들과의 투쟁을 반영하는 것일 수 있다. 하지만 그는 결코 그런 것들에 대해서는 언급하지 않고 있으며, 단지 신명기적 율법의 신학적 언어와, 레위기에 나오는 오염 언어와, '거룩한 씨'와 '이방 여인'이라는 존재론적 양극성에 대해서만 말하고 있을 뿐이다. 우리는 어떤 정치가에게서도 쉽게 볼 수 있는 것처럼 에스라가 경제적 동기가 함축된 행위를 정당화하기 위해 신학적 언어를 사용했던 것인지, 아니면 그가 진정으로 '거룩한 씨'를 간음으로부터 보호하고 있다고 믿었던 것인지를 질문하고 싶은 충동을 느끼게 된다.[34]

유다 사람의 생존에 대한 염려는 에스라, 느헤미야만의 관심사는 아니었다. 구약의 역사서 모두가 "유대인이 민족적 정체성을 유지한 채 역사에서 살아남을 것인지 아니면 주변 민족의 문화를 수용해 역사에서 사라질 것인지"를 크게 염려하였다.[35] 역사적으로 국가가 망하면 그 나라의 백성

34) Tikva Simone Frymer-Kensky, *Reading the Women of the Bible* (New York: Schocken Books, 2002), 289~291, 브루그만·리나펠트, 『구약개론』, 574에서 재인용.

들도 사라진다. 왕국이 패망하면 그 나라의 국민들도 역사의 뒤안길로 없어져 버리고 만다. 이런 역사적 추세에서 예외가 되는 민족이, 구약의 용어로는 유다 사람들, 신약의 용어로는, 유대인들이다. 유다 사람들·유대인들은 나라가 망했어도, 정치적 구심점이 사라져 버렸어도, 사라지지 않고 유대인·유다 사람으로 용케 살아남았다. 그 이유가 무엇이었을까? 경제적인 이유에서였을까? 종교적인 이유에서였을까?

중요한 것은 에스라서·느헤미야서가 내린 처방이 유다 사람의 생존의 기초를 성전 종교가 아닌 유대 사상에서 찾았다는 사실이다. 페르시아 시대는 성전 종교의 시각에서는 제2성전기다. 주전 515년에 봉헌된 성전이 예루살렘에 버티고 있었다. 그런데도 에스라와 느헤미야는 유다 사람들의 생존이 성전 예배보다는 토라 지키기에 달려 있다고 보았다. 그 토라 지키기를 제대로 수행하기 위해서는 유다 사람들 가운데 "섞인 무리(느 13:3)"를 분리해서 척결함으로, 인종적으로 정결한 공동체가 되어야 한다고 보았다. 토라 배우기에서 하나님의 사람이라는 정체성을 찾았다면, 이방인 아내와 그 자식들을 유다 사람 공동체에서 내쫓는 조처에서 토라 지키기를 실천했다는 것이다. 유다 사람의 생존을 배타주의라는 울타리를 쳐서 지키고자 했던 것이다.

기독교 신앙은 에스라·느헤미야가 일으켰던 사회 개혁을 비평적으로 수렴해야 한다. 긍정적으로 수렴해야 하는 것은 포로 후기 유다 백성 사회를 토라를 중심으로 재건하였던 노력이고, 비평적으로 극복해야 하는 것은 에스라·느헤미야가 조성한 배타적 유대 사상이다. 하나님은 유다 사람만의 하나님이 아니라 온 세상 모든 사람들의 하나님이시다. 일찍이 웨슬리는 사람을 성별로 구별하지 않았다. 피부색으로 차별하지 않았다. 예컨대 웨슬리는 〈미국에서 사용할 39개 종교 강령〉을 편집할 때 '그리스도인

35) 요람 하조니, 『구약 성서로 철학하기』, 81.

남자(Christian Men)'라는 용어를 '그리스도인(Christian)'으로 바꿔 사용하였다.[36] 노예 제도에 반대하여 싸우면서 인간은 누구나 창조주 하나님의 손으로 지어진 똑같은 존재인 것을 강조하였다.[37] 웨슬리 신앙에서 구원론은 '보편적인 구원'이고,[38] 존 캅(John B. Cobb)의 말로 하면, 웨슬리가 남긴 감리교 신앙의 유산 중에는 '차이를 향한 개방성(Openness to Difference)'이 있다.[39] 이것을 다시 웨슬리의 설교 "믿음으로 얻는 칭의(Justification by Faith, 웨슬리 설교 5번)"로 표현하면, 성자 하나님은 자신을 제물로 드려 '나(웨슬리)와 온 인류를' 구속하셨다.

> 이처럼 "한 사람으로 말미암아 죄가 세상에 들어오고 죄로 말미암아 사망이 들어왔나니 이와 같이 모든 사람이 죄를 지었으므로 사망이 모든 사람에 이르게(롬 5:12)" 되었습니다. …… 우리가 아니 모든 인류가 이러한 상태에 있을 때에 "하나님이 세상을 이처럼 사랑하사 독생자를 주셨으니 이는 그를 믿는 자마다 멸망하지 않고 영생을 얻게(요 3:16)" 하셨습니다. 때가 찼을 때에 하나님은 인간이 되셔서 인류의 또 하나의 머리가 되셨고 모든 사람들의 두 번째 일반적인 어버이가 되고 대표자가 되셨습니다. 이렇게 해서 그는 우리의 슬픔을 지시고, "여호와께서는 우리 모두의 죄악을 그에게 담당시키신" 것이었습니다. 그러므로 그는 우리의 허물을 위해 상처를 입으시고, 우리의 연약함을 위해 매맞음을 당하셨습니다(사 53:4~6). 그는 그의 영혼을 죄를 위한 희생 제물로 삼으셨습니다(사 53:10). 그는 범죄자들을 위하여 그의 피를 부으셨습니다. 그가 매맞으심으로 우리가 나음을 입게 되었고, 그 몸이 나무에 매어

36) Runyon, 『새로운 창조』, 280.

37) Runyon, 『새로운 창조』, 237~259.

38) 클라이버·마르쿠바르트, 『감리교회 신학』, 114~275; Runyon, 『새로운 창조』, 45~57; Cobb, *Grace and Responsibility*, 26~33.

39) Cobb, *Grace and Responsibility*, 135~144.

> 달리심으로 우리의 죄악을 짊어지셨습니다(사 53:5; 벧전 2:24). 그는 오직 단 한 번 자신을 제물로 바치심으로써, 나와 전 인류를 구속하신 것입니다. 그는 그로써 전 세계의 죄를 위하여 넉넉하고, 완전하며, 충분한 희생과 만족을 수행해 주신 것입니다.[40]

느헤미야가 쌓았던 것은 성벽만이 아니었다. 에스라와 느헤미야는 토라 지키기라는 울타리를 쌓으면서 사람들을 울타리 안과 그 밖에 있는 부류로 구별하였다. 에스라와 느헤미야로부터 유대교라고 부르는 신앙 공동체가 출발하였지만 에스라와 느헤미야는 동시에 "이방인들에게는 토라의 은혜를 누릴 기회를 차단해 버렸다."[41] 예수 그리스도가 오셔서 십자가로 그 벽을 허무시고 성 안의 사람들과 성 밖의 사람들이 하나로 소통하는 길을 터주실 때까지(엡 2:14~18) 약속의 땅의 신앙 공동체는 분리주의·배타주의라는 울타리를 걷어 내지 못하고 있었다.

---

40) 웨슬리 설교 5번, "믿음으로 얻는 칭의(Justification by Faith)," I. 6~7. 이 설교의 성경 본문은 로마서 4장 5절이다. 이 설교를 해설한 김홍기에 따르면 웨슬리는 로마서 4장 5절을 본문으로 한 설교를 1738년부터 1742년까지 최소 여덟 번 이상 했다. 구전으로 전해지던 이 설교는 1746년에 가서 기록·출판되었다. 『존 웨슬리의 설교』, 39~40.

41) 왕대일, 『새로 읽는 구약성경』, 129.

03

성문서,
우리의 삶을 하나님과 연결하기 위해서는

성문서의 키워드, 사람살이에 대한 처방

성문서는 사람살이의 파노라마를 보여 준다. 사람이 하나님이 지으신 세상에서 어떻게 살아가는지를 시, 드라마, 경구(警句), 이야기 형식으로 들려준다. 성문서의 주인공은 사람이다. 하나님의 사람이다. 이것은 두 가지 사실을 암시한다. 하나는 성문서의 말씀이 이스라엘에게 하신 하나님의 말씀이기보다는 이스라엘이 하나님께 드린 말씀이라는 사실이고, 다른 하나는 성문서의 글말이나 말글이 신앙의 문제가 아닌 삶의 문제를 다루고 있다는 사실이다.

성문서에는, 예외적인 몇 곳을 빼놓고는, 가령 욥기의 마지막 장면에 나오는 하나님이 폭풍우 가운데서 욥에게 질문을 퍼붓는 장면(욥 38:1; 40:1)을 빼놓고는, "여호와께서 말씀하시되"라는 어구가 없다. 시편을 비롯한 성문서는 사람이 하나님께 드리는 기도, 탄원, 고백, 노래 등으로 구성되어 있다는 소리다. 사람들의 소리가 -그것이 아무리 경건한 신앙인의 기록이라고 해도- 어떻게 하나님의 말씀으로 읽혀질 수 있을까? 이 질문에 대한 대답은 "너희는 이렇게 기도하라(마 6:9)."라는 주님의 말씀에서 찾아야 한다. 성문서에 수록되어 있는 기도, 탄원, 고백, 노래 등에는 그렇게 기도하도록, 그렇게 고백하도록, 그렇게 노래하도록 이끄신 하나님의 마음이 담겨 있다는 것이다.[1] "우리는 마땅히 기도할 바를 알지 못하나 오직 성령이 말할 수 없는 탄식으로 우리를 위하여 친히 간구하시느니라(롬 8:26)."라고 말씀하지 않았는가! "주는 그리스도시요 살아 계신 하나님의 아들이시니이다(마 16:16)."라고 베드로가 고백하였을 때 "이를 네게 알게 한 이는 혈육이 아니요 하늘에 계신 내 아버지시니라(마 16:17)."라고 하지 않았는가!

성문서의 주인공은 다양하다. 이스라엘의 시인이거나 현인(賢人) 또는 한 집안·부족의 어른이다. 그 말글만 놓고 보면, 욥기에는 욥을 비롯하여 소발, 빌닷, 엘리바스, 엘리후가 등장하고, 시편의 독법에 해당하는 제목에 따르면, 다윗, 고라 자손, 아삽, 솔로몬 등이 소개된다. 지혜 문헌으로 읽히는 잠언, 전도서, 아가에서 신앙 공동체는 전통적으로 솔로몬의 목소리를 들었다. 이렇게 다양하지만, 성문서가 다루는 사람들은 다 하나님 경외의 신앙으로 세상을 살아가는 자들이다.

성문서의 주인공들은, 이스라엘 신앙의 맥락에서 보면, 출애굽의 구원과 해방 이후의 삶을 살아간다. 그들이 하나님이 주신 삶의 무대에서 어떻게 구원의 완성을 이룰지를 고대하는 바람이 성문서의 분위기다. 성문서는 그만큼 하나님의 사람에게 걸고 있는 하나님의 기대를 드러낸다. 하나님의 사람들이 하나님이 기대하시는 사람살이를 멋지게 해낼 것이라는 소망이 성문서의 글말에 전제되어 있다.

우리말 성경에서 성문서는 욥기, 시편, 잠언, 전도서, 아가, 다섯 권이

1) 왕대일, 『구약신학』, 209.

다.[2] 성문서가 관심을 기울이는 사람살이의 유형을 다섯 개로 정리해 놓았다. 사람살이의 유형이 다섯이라는 것은 삶의 양태가 저마다 다르다는 사실을 암시한다. 살아가는 방식이나 처지가 다 제각각이라는 것이다. 다르다고 해서 틀린 것은 아니다. 다양하다고 해서, 아니, 서로 다르다고 해서, 어느 것이 맞고 어느 것이 틀리다는 뜻이 아니다. 삶은 사람에 따라서 다르다.

그럼에도 성문서 읽기에서 주목할 것은 사람에 대한 정의다. 사람살이가 다양하지만, 그 다양한 사람살이를 자아내는 사람에 대한 인식은 기본적으로 동일하다. 사람은 하나님의 작품이라는 인식을 서로 공유하고 있다. 글말의 형식이나 내용에서는 서로 다르지만, 사람이 누구인가라는 인식에 대해서는 서로 공감을 이룬다. 다음에 나오는 시인의 고백이 이런 공감을 짤막하게, 그러나 분명하게 드러내고 있다.

> 주의 손가락으로 만드신 주의 하늘과 주께서 베풀어 두신 달과 별들을 내가 보오니 사람이 무엇이기에 주께서 그를 생각하시며 인자가 무엇이기에 주께서 그를 돌보시나이까 그를 하나님보다 조금 못하게 하시고 영화와 존귀로 관을 씌우셨나이다 주의 손으로 만드신 것을 다스리게 하시고 만물을 그의 발 아래 두셨으니 곧 모든 소와 양과 들짐승이며 공중의 새와 바다의 물고기와 바닷길에 다니는 것이니이다 여호와 우리 주여 주의 이름이 온 땅에 어찌 그리 아름다운지요(시 8:3~9).

2) 히브리어 성경에서 성문서는 이보다 훨씬 더 많다. 우리말 성경이 역사서나 예언서로 분류하는 책들의 일부가 히브리어 성경에서는 모두 성문서로 간주된다. 룻기, 역대기상하, 에스라, 느헤미야, 에스더, 예레미야 애가, 다니엘이 그런 책에 속한다. 히브리어 성경과는 달리 번역 성경의 원조인 칠십인 역(LXX, 헬라어 역 구약 성서)은 각 성경책의 자리나 순서 등을 거기에 실린 이야기의 시대적 배경에 따라서 정했다. 이것은 히브리어 성경이 성경책의 각 말씀을 살피는 기준을 하나님이 주신 말씀인가, 하나님께 드리는 말씀인가로 삼았던 것과는 차이가 난다.

시편 8편은 시편이 가르치는 인간 이해다. 사람이 누구인가에 대한 신앙적·신학적 성찰이 시편 8편 안에 각인되어 있다. 해석학적으로 말할 때 시편 8편은 인간 창조에 관한 창세기의 증언-사람은 하나님의 형상대로 창조되었다(1:26~28; 비교, 2:7)-을 답습하고 있다. 아니, 창세기보다 더 직접적으로 창조 세계의 파노라마를 인간 중심적으로 피력하고 있다. 창세기에서 하나님은 사람을 남자와 여자로 창조하신 후에 그들에게 복을 주시면서 "땅에 충만하라, 땅을 정복하라, 바다의 물고기와 하늘의 새와 땅에 움직이는 모든 생물을 다스리라(창 1:28)."고 하셨다.

창세기가 말했던 것은 하나님이 사람을 하나님의 형상을 따라 하나님의 모양대로(창 1:26) 만들고자 하셨다는 점이다. 하나님의 형상과 하나님의 모양에 대한 설명은 길다.[3] 분명한 것은 사람의 성품과 사람의 모습이 하나님을 닮았다는 것이다. 이것을 시편 기자는 "주님께서는 그를 하나님보다 조금 못하게 하시고, 그에게 존귀하고 영화로운 왕관을 씌워 주셨습니다(시 8:5, 새번역)."라고 풀어 놓았다. 그러면서 "주님께서 손수 지으신 만물을 다스리게 하시고, 모든 것을 그의 발 아래에 두셨습니다(시 8:6, 새번역)."라고 다짐한다. 창세기가 증언하였던 인간 창조에 대한 이스라엘 신앙을 좀 더 인간 중심적으로 발전시켜 놓은 것이다. 하나님은 인간이라는 피조물을 하나님과 만물 사이에 두어서 인간에게 하나님의 대행자가 되는 역할을 맡기셨다는 것이다.

성문서에서 사람은 하나님의 기대를 듬뿍 받고 있다. 하나님의 대행자로, 하나님을 대신하는 사람으로 세상 만물을 돌보는 위치에 있다는 것이다. 성문서를 관통하는 키워드(key word)가 이것이다. 성문서의 중심은 사람이다. 성문서의 내용은 사람살이다. 성문서의 무대는 사람살이가 펼쳐

3) 여기에 대해서는 왕대일, 『창조신앙의 복음, 창조신앙의 영성』(서울: 대한기독교서회, 2016), 34~55.

지는 세상이다. 여기에 질문이 대두된다. 무엇이 사람살이를 아름답게 하는가? 반대로 무엇이 사람살이를 힘들게 하는가? 무엇이 사람살이의 보람이요 어떤 것이 사람살이의 걸림돌인가? 성문서의 각 책들은 바로 이런 질문에 대한 해답을 각각의 삶의 현장에서 각각의 개성으로 펼쳐 나간다.

무엇이 사람살이를 힘들게 하는가

성문서의 시각에서 사람살이를 힘들게 하는 것은 둘이다. 하나는 질병이고 다른 하나는 허무함이다. 전자는 몸이 아파서 당하는 고난이고 후자는 마음이 겪는 시련이다. 질병 앞에서 사람의 사람됨이 무너진다. 모든 것이 덧없다고 여겨지는 마음 탓에 사람살이의 보람은 사라진다. 질병이나 허무함은 인간을 비인간화시키는 주범이다. 전자는 욥기가, 후자는 전도서가 다룬다.

욥기에 대한 해석은 많다.[4] 욥기는 욥을 "온전하고 정직하여 하나님을 경외하며 악에서 떠난 자(욥 1:1)"로 소개하는 말로 운을 뗀다. "온전하고 정직하여 하나님을 경외하며 악에서 떠난 자(욥 1:8)"란 욥기가 내건 표어다. 욥기의 하나님은 바로 그런 표제에 걸맞은 온전한 신앙인을 찾고 있다. 욥기는 잘 짜인 드라마다. 프롤로그(1~2장) → 욥의 탄식이 자아내는 논쟁(3, 4~27장) → 욥의 마지막 탄원(28~31장) → 엘리후의 조언(32~37장) → 하나님의 연설(38:1~42:6) → 에필로그(42:7~17)로 이어지면서 욥기가 내걸었던 '그 사람'을 찾아가는 과정이 긴박하게 펼쳐진다.

욥기의 프롤로그는 '순종에는 축복이, 불순종에는 화(禍)가 따른다'는

4) 여기에 대해서는 안근조, 『하나님의 지혜 초청과 욥의 깨달음』(서울: 킹덤북스, 2012); 『지혜 말씀으로 읽는 욥기』(서울: 한들출판사, 2007); 하경택, 『질문과 응답으로서의 욥기 연구: 지혜탄식 논쟁 안에 있는 신학과 인간학』(서울: 한국성서학연구소, 2006)을 보라.

신명기적인 신앙관에 어깃장을 놓는다. "욥이 어찌 까닭 없이 하나님을 경외하리이까(욥 1:9)"라는 말은 사탄의 목소리다. 이 사탄의 소리에는 신명기 사상에 대한 반감이 깔려 있다. 신명기 언약의 기조는 '순종하여 받는 복, 불순종하여 받는 저주(신 27~28)'다. 욥에게는 하나님을 섬길 만한 까닭이 있다고 보는 사탄의 문제 제기는 웨슬리가 지녔던 신인 협력론(synergism)에 대한 세간의 비평과도 연관된다. 감리교 신학자 아우틀러(Albert Outler)는 신인 협력 사상을 가리켜 '언약적 신인 협력론(covenantal synergism)'으로 보자고 하였지만,[5] 하나님 경외하기에 인과응보적인 정서가 깔려 있다는 욥기(1:9)의 문제 제기는 하나님과 사람의 '함께 일하기(synergy)'를 신앙의 기조로 삼는 웨슬리 신학에 대한 우려를 대변한다. 하나님의 은총에 대한 인간의 책임을 인본주의적 셈법으로도 파악할 수 있다는 것이다.

욥의 탄식(3장)과 그 뒤에 이어지는 욥과 세 친구들 사이의 논쟁(4~27장)은 신앙에 대한 인과응보적인 이해를 놓고 벌어진 말다툼이다. 욥에게 시련은 알 수 없는 재앙이다. 무죄한 자가 억울하게 당한 고난이다. 그래서 울부짖으며 탄식한다. "어찌하여!"라고 묻는다(3:11~12). 욥을 찾은 친구들은 '네가 이렇게 하였기에 이런 결과를 맞았다'라는 식으로 대꾸한다. 그래서 논쟁이 길어졌다(3~27장). 물음의 형식이 탄식이라면 대꾸의 방식은 꾸짖음이다. 탄식과 꾸짖음이 서로 날카롭게 충돌한다. 욥이 한마디 하면 엘리바스가 나서서 타이르고, 욥이 대꾸하면 빌닷이 나서서 나무라고, 욥이 되받아치면 소발이 나서서 힐난한다. 이런 식으로 지속되는 논쟁은 이 땅에서는 지혜를 찾을 수 없다는 욥의 독백(28~31장) 때까지 계속된다.

욥기 독자들은 욥의 말에 주목해야 한다. 엘리바스와 소발과 빌닷의 말이 틀렸다는 것이 아니다. 그들이 대변하는 신앙관은 결코 틀린 것이 아

5) Albert C. Outler, "Methodism's Theological Heritage: A Study in Perspective," in *Methodism's Destiny in an Ecumenical Age*, ed., Paul M. Minus Jr. (Nashville: Abingdon, 1969), 69.

니다. 창조 세계의 질서는 인과응보의 이치에서 크게 벗어나지 않는다. 문제는 그들이, 웨슬리의 말로 하면, 정통 교리만을 -신명기는 욥기 당시 이스라엘 종교의 정통 교리였다- 종교로 단정하였다는 데 있다.[6] 웨슬리에게 신앙은 정통 교리(orthodoxy) 이상이다.[7] 욥의 친구들에게는 바른 믿음은 있었지만 바른 선행(orthopraxy)이 없었다. 웨슬리 학자 러니언의 말로 하면, 친구가 당하는 시련의 "영적 실재에 참여하고 새로운 감성을 갖는"[8] 정통적 체험(orthopathy)이 없었다. 그 이치를 웨슬리는 그의 설교 "하나님 없는 삶에 대하여(On Living Without God, 웨슬리 설교 148번)"에서 이렇게 가르쳤다.

> 나는 자비하신 하나님께서는 사람들의 아이디어보다는 …… 그들의 삶을 더욱 귀하게 보시리라 믿습니다. 나는 하나님께서는 맑은 머리보다는 선한 마음을 더 존중하신다고 믿습니다. 나는 만약 사람의 마음이 (하나님의 은혜와 성령의 능력으로) 겸손과 온유와, 하나님과 사람에 대하여 오래 참는 사랑으로 가득하다면 비록 그의 아이디어가 명료하지 않고 그의 개념이 다소 혼란스럽다고 해서 마귀와 그 사자들을 위하여 예비해 놓으신 영원히 타는 불 속으로 던지지 않을 것이라고 믿습니다.[9]

---

6) 웨슬리는 이렇게 말했다. "정통 교리, 바른 의견이 종교라고 꿈꾸지 마십시오. …… 이러한 모든 종교적 꿈 중에서 이것은 짚이나 나무 그루터기 같은 것을 가지고 불 속을 통과시켜 금을 얻으려고 하는 것과 같이 헛된 것입니다." 웨슬리 설교 84번, "그리스도의 오신 목적(The End of Christ's Coming)," III, 5, Runyon, 『새로운 창조』, 207.

7) Runyon, 『새로운 창조』, 206~210. 정통적 체험(orthopathy)이란 말은 러니언이 1984년에 에모리 대학교 목회자 컨퍼런스에서 처음 사용했던 용어다. 헬라어의 바른 것(ortho)과 정열(pathos), 감정(feelings), 애정(affections)을 담은 체험이란 말을 합친 단어다. 진정한 믿음의 표시는 진정한 체험으로 나타나야 한다는 것이다.

8) Runyon, 『새로운 창조』, 209.

9) 웨슬리 설교 148번, "하나님 없는 삶에 대하여(On Living Without God)," 15.

욥은 처음에는 하나님이 나를 버리셨다고 소리 질렀다. "전능자의 화살이 내게 박히매 나의 영이 그 독을 마셨나니 하나님의 두려움이 나를 엄습하여 치는구나(욥 6:4)." 전능하신 하나님이 하필 나를 과녁으로 삼고 화살을 쏘았다고 따졌다. 시인의 말(시 8:4)을 패러디하면서 조롱하였다. "사람이 무엇이기에 주께서 그를 크게 만드사 그에게 마음을 두시고 아침마다 권징하시며 순간마다 단련하시나이까(욥 7:17~18)."

> 주의 손으로 나를 빚으셨으며 만드셨는데 이제 나를 멸하시나이다 기억하옵소서 주께서 내 몸 지으시기를 흙을 뭉치듯 하셨거늘 다시 나를 티끌로 돌려보내려 하시나이까 주께서 나를 젖과 같이 쏟으셨으며 엉긴 젖처럼 엉기게 하지 아니하셨나이까(욥 10:8~10).

욥에게 사람은 남녀의 성적 결합으로 생겨난 존재에 불과하다. 욥이 토로하는 "엉긴 젖"이 무엇을 지칭하는지를 상상해 보라. 고난받는 욥에게 사람은 그렇게 태어나서 죽음을 향해 나아가는 존재다. 하나님이 사람을 빚으신 목적은 티끌로 돌려보내기 위해서다. 욥은 그 까닭을 자신의 처지에 빗대 알기를 원한다. "나를 정죄하지 마시옵고 무슨 까닭으로 나와 더불어 변론하시는지 내게 알게 하옵소서(욥 10:2)." 욥은 지금 하나님 앞에서 자기 처지를 변론한다(욥 13:3). 욥이 기다리는 것은 구원자다. 하나님이 욥의 처지를 변호하는 보증인이 되어 주시기를 바란다(욥 17:3~4). 욥의 탄식이 거칠지만, 욥의 항변이 자못 반(反)인과응보적이지만, 욥이 하나님 신앙을 저버린 것은 아니다. 욥은 자기가 죽어서라도, 아니 죽어서 그 육체가 다 썩은 다음에라도, 마침내 하나님을 뵈올 것이라고 확신하였다.

> 내가 알기에는 나의 대속자가 살아 계시니 마침내 그가 땅 위에 서실 것이라

내 가죽이 벗김을 당한 뒤에도 내가 육체 밖에서 하나님을 보리라(욥 19:25~26).

논쟁의 끝은 자기 성찰이다. 탄식이 기쁨으로 바뀌어서가 아니다. 욥이 쏟아 놓는 질문에 욥의 친구들이 적절하게 답변해서가 아니다. 오히려 그 반대다. 욥의 시련은 여전히 현재 진행형이지만, 친구들의 말은 여전히 욥을 괴롭히지만, 욥은 자신이 던진 질문에 대한 해답을 사람이 아닌 하나님에게서 찾는다(23:10). 욥과 친구들 사이의 논쟁은 이런 식으로 이어지다가 엘리후가 등장(32~37장)하며 전환점(turning point)을 맞는다. 땅의 문제만 캐고 있던 자들에게 하늘을 쳐다보게 한다(35:5~7). 자기 의로움만을 주장하던 자들에게, 신앙의 유익만 따지던 자들에게, 사람이 의롭다고 한들 하나님께 무슨 보탬이 되겠는가고 따진다. 엘리후의 말은 욥기에서 사람살이에 대한 제3의 증언이다. 사람살이의 아픔을 신명기적으로 이해하던 친구들의 시각(제1증언)과 신정론 입장에서 반론을 펴는 욥의 시각(제2증언)이 각축을 벌이다 끝나고 말았다면, 엘리후의 시각(제3의 증언)은 사람살이의 됨됨이를 하늘의 시각에서 보도록 인도하는 역할을 한다. 신앙생활의 축을 사람에서 하나님에게로 넘기게 한다.

엘리후의 연설에 이어서 소개되는 하나님의 말씀(38:1~40:1; 40:6~41:34)은 욥에게 두 가지를 따진다. 하나는 네가 세상 이치를 다 아느냐는 물음이고, 다른 하나는 네가 할 수 있느냐는 도전이다. 세상사의 이치가 의로운지를 사람의 고난당함에서 따지던 욥에게 하나님은 세상이 돌아가는 이치를 네가 다 알고 있느냐고 되레 물으신다. 나 같은 자가 병들어 고난당한다면 공의로운 하나님은 계시지 않는다고 외쳤던 욥에게 하나님은 되레 세상 사람들이 악하다고 두려워하는 존재(베헤못, 40:15~24; 리워야단, 41:1~34) 마저도 하나님이 먹이시고 기르시는 대상이라고 되받아친다. 하나님은 욥에게 하나님이 지으시고 이끄시는 생태계의 온갖 것들을 파노라마로 보여 주시면서 반문하신다. 그런데 그 파노라마에는 사람의 자리가 없다!

여기에서 욥 이야기는 대반전을 이룬다. 욥이 자기주장을 "스스로 거두어들이고(42:6)" 회개한 것이다(욥 40:3~5; 42:1~6). 왜 그랬을까? 회심은, 감리교 신학자 만프레드 마르쿠바르트(Manfred Marquardt)의 말로 하면, "우리의 삶을 하나님과 연결하기"다.[10] 욥의 회심은 욥을 찾아와서 질문을 쏟아냈던 하나님의 말씀을, 하나님을 신뢰할 것을 권하는 하나님의 초청으로 보게 한다. 그 하나님의 초청에 응답하여 욥이 세상의 축은 사람살이가 아니라 창조주 하나님이라는 것을 깨닫자 욥의 삶이 하나님과 연결되고, 하나님의 백성과 연결되며, 하나님의 세계와 연결된다. 고통받는 자, 억압받는 자, 소외된 자, 천한 자, 가난한 자가 있는 세상 전체를 '하나님의 구원 행위의 지평으로 감싸 안으라는 소명'을 깨달은 것이다.[11]

사람살이에서 욥이 제기한 문제가 몸(질병, 고난)의 문제라면 전도자가 제기하는 문제는 마음(허무)의 문제다. 사람이 하나님의 형상으로 살아가는 데 장애가 되는 걸림돌을 몸과 마음으로 각각 거론한다는 점에서 욥기와 전도서는 서로 짝을 이룬다. 욥이나 전도자나 구약의 전통적인 신앙관에 도전하는 세속 지혜를 대변한다.[12] 단, 욥기가 비극적이라면 전도서는 비관적이다. 그렇다고 해서 전도자의 도전을 '지혜의 종말(The End of Wisdom)'로 예단하는 것은 옳지 않다.[13]

---

10) 만프레드 마르쿠바르트, "기독교적 회심: 우리의 삶을 하나님과 연결하기," 랜디 매닥스 엮음, 『웨슬리 신학 다시보기』, 127~143.

11) 마르쿠바르트, "기독교적 회심," 143.

12) 왕대일, 『구약신학』, 216~223.

13) Martin A. Shields, *The End of Wisdom: A Reappraisal of the Historical and Canonical Function of Ecclesiastes* (Winona Lake, IN.: Eisenbrauns, 2006).

“헛되고 헛되며 헛되고 헛되니 모든 것이 헛되도다(전 1:2).”라는 전도자의 탄식은, 오늘날의 용어로 하면, 우울증이다. 마음의 장애다. 그래서 “해 아래에서 수고하는 모든 수고(1:3)”가 사람에게 아무 유익이 없다고 소리친다. “하늘 아래에서 되어지는 온갖 일을 살펴서 알아내려고 지혜를 짜며 심혈을 기울였다(1:13, 새번역).” 그러나 남는 것은 괴로움뿐이었다고 울부짖는다. 전도자에게 반복되는 일상이란 새로운 것이 아무것도 없었다(1:4~11).

전도자가 인간살이의 헛됨을 극복하고자 노력하지 않은 것은 아니다. 예컨대 전도자는 즐겁게 살아보려고 애썼다(2:1~2). 술에 빠져 보았고(2:3), 사업을 크게 벌여 보았다(2:4~6). 늘어나는 재산으로 바쁘기도 했었고(2:7~8a), 향락에도 빠져 보았으며(2:8b), 권세도 쥐어 보았다(2:9~10). 그러나 아무 ‘유익’이 없었다. 그 어느 것도 산다는 것의 보람을 채워 주지 않았다. 노력하면 할수록 “산다는 것이 다 덧없는 것”이며, “인생살이에 얽힌 일들이 나에게는 괴로움일 뿐(2:17, 새번역)”이라는, 그래서 “모두 다 헛되어 바람을 잡으려는 것(2:17)”이라는 판단만 더 굳어질 따름이었다.

전도자를 특히 괴롭혔던 것은 죽으면 모든 것이 다 끝장나고 만다는 현실이다(2:16; 3:19; 5:15~16; 6:6; 9:4~5, 10; 11:7~8). 죽음 앞에서는 사람이나 짐승이나, 지혜자나 우매자나 다 공평(?)하다는 현실 앞에서 전도자는 “사람이 해 아래에서 행하는 모든 수고와 마음에 애쓰는 것이 무슨 소득이 있으랴(2:22).”라고 거듭 외치게 된다. 그러면서 “사람이 먹고 마시며 수고하는 것보다 그의 마음을 더 기쁘게 하는 것은 없나니 내가 이것도 본즉 하나님의 손에서 나오는 것이로다(전 2:24).”라고 외친다. 카르페 디엠(*Carpe diem*, 오늘을 잡아라·즐겨라)이 메멘토 모리(*Memento mori*, 죽음을 기억하라)에 대한 해결책이라는 소리인가?

전도자의 탄식에 대한 전도서의 해결이 소중하다.[14] 전도자가 헛되다고 외쳤던 것은 그가 "해 아래" 세상만을 관찰하였기 때문이다. 전도자는 말머리마다 "해 아래에서"를 반복한다.[15] 이런 전도자에게 전도서는 "때"를 알라고 충고한다(3:11). 현상만 보지 말고 그 뿌리를 보라고 타이른다. "해 아래" 세상이 아닌 "해 위에" 계신 하나님을 바라보라고 타이른다(12:1, 13). '사람의 본분'이란 "하나님을 경외하고 그의 명령들을(12:13)" 지키는 데 있다고 처방한다. 전도서의 충고를 웨슬리의 가르침으로 되새김질하는 자리가 여기에 있다. 웨슬리가 읽었던 조셉 홀(Joseph Hall)은 하나님을 '기계적으로' 이야기하지 않고 '하나님을 보고(see) 느끼고(feel) 맛보는(taste)' 체험에 이르고자 했다.[16] 그것을 받아서 웨슬리는 그의 글 "이성과 종교의 사람에게 주는 호소(A Farther Appeal to Men of Reason and Religion)"에서 이렇게 말했다.

> 사람이 성령을 받기까지 그는 세상에서 하나님 없이 있는 것입니다. …… 그는 하나님께서 성령으로 그에게 계시하기 전에는 하나님의 일을 알 수가 없습니다. …… 자연적인 사람은 하나님의 성령의 일을 분별할 수 없습니다. …… 성령은 우리 자신으로는 가질 수 없는 것을 우리 영혼에게 영감을 주며, 숨쉬며, 불어넣으십니다. 우리 영이 우리 구주 하나님 안에서 즐거워하고 있습니까? 그것은 '성령 안에(혹은 성령으로 말미암아) 있는 기쁨'인 것입니다.[17]

웨슬리에게 구원은 하나님의 창조(선행적 은혜) 안에 사는 인간이 변혁

14) 왕대일, 『전도자의 질문, 전도서의 해답, 왕대일의 전도서 강해설교』(서울: kmc, 2014).

15) 전 1:3, 14; 2:18, 20, 22; 3:16; 4:1, 7; 5:13; 6:1; 8:9; 9:11, 13; 10:5.

16) Runyon, 『새로운 창조』, 212에서 중인. 조셉 홀은 웨슬리가 제정하였던 『기독교 총서』에 소개된 청교도 작가다.

17) Wesley, "A Farther Appeal to Men of Reason and Religion," Part I. § V, 27~28, *Works* 11:170~171, Runyon, 『새로운 창조』, 213에서 중인.

시키시는 하나님의 은혜로(칭의→중생→성화→그리스도의 완전) 하나님의 형상으로 갱신되는 여정이다. 이 여정에는 '하나님의 에너지, 곧 변하여 새롭게 창조하는 에너지에 참여하는 일'이 필요하다.[18] "하나님께서 우리에게 주신 성령을 통하여 그의 사랑을 우리 마음 속에 부어 주셨기(롬 5:5, 새번역)" 때문이다.

무엇이 사람살이를 아름답게 하는가

욥기와 전도서가 사람살이를 힘들게 하는 것이 무엇인지를 따졌다면 잠언과 아가는 무엇이 사람살이를 아름답게 하는지를 따진다. 잠언과 아가도 삶의 장애물을 거론한다. 잠언에서 사람살이의 걸림돌이 "어리석음(잠 1:22, 우매함)"이라면,[19] 아가에서는 "질투(아 8:6)"다. 잠언이 추구하는 사람살이의 맛이 지혜로움에 있다면 아가가 노래하는 사람살이의 멋은 남녀의 사랑이다. 잠언은 짤막짤막한 경구 모음집이다.[20] 아가는 러브 스토리(love story)다.[21] 잠언과 아가는 훈계와 스토리텔링(storytelling) 방식으로 어떻게 살아야 삶이 행복하게 되는지를 일깨워 준다. 살아가기(how to live), 사람살이의 예술(art of living)이 잠언과 아가의 핵심이다. 구원의 완성을 이루려는 자들에게 삶을 아름답게 하는 것이 무엇인지를 들려주는 처방이다.

잠언은 '죄'보다는 '어리석음'이 사람을 사람답지 못하게 한다고 우려

---

18) Runyon, 『새로운 창조』, 213.

19) Walter Brueggemann·Tod Linafelt, *An Introduction to the Old Testament, The Canon and Christian Imagination*, 2nd ed., 김은호·홍국평 옮김, 『구약개론』 (서울: CLC, 2014), 495.

20) 여기에 대해서는 왕대일, 『구약신학』, 205~240.

21) 예를 들어 Andre LaCocque, *Romance She Wrote: A Hermeneutical Essay on Song of Songs* (Eugene. Oregon: Wipf & Stock, 1998).

한다. '죄인'과 '의인'을 거론하지 않는 것은 아니지만(참조, 잠 13:21), 속죄에 대해서는 거론하지 않는다. 잠언이 가르치는 사람살이의 진면목이 여기에 있다. 잠언은 사람에게 무한한 신뢰를 보낸다. 이것을 신약의 용어로 말하면, 잠언의 사람은 "구원을 고대하는 피조물(롬 8:19)"이 아니라 "행함으로 의롭다 하심을(약 2:24)" 받는 사람이다. 잠언은 사람살이가 지혜로워야 한다고, 공의로워야 한다고, 정의로워야 한다고, 정직해야 한다고 가르친다(잠 1:1~6). "지혜롭게, 공의롭게, 정의롭게, 정직하게!"

잠언의 주인공은 선택 앞에 서 있다. 지혜와 어리석음 사이에, 공의와 불공평 사이에, 정의와 부정 사이에, 정직과 거짓 사이에 서 있다. 어느 쪽을 택할 것인가? 잠언의 어법은 늘 선과 악을 대조하고(잠 10:1~6, 17~21; 11:1~3; 12:1~5), '……이 낫다'라고 타이르며(잠 16:16, 19, 32; 17:1; 19:1), '……와 같다'라고 가르친다(잠 25:11~14, 19~20, 28). 비유, 직유, 은유 등을 동원해서 무엇을 선택해야 삶이 지혜롭게 되는지를 일깨워 준다. 선을 택하고 악을 버리라는 것이다. 의를 택하고 불의를 멀리하라는 것이다.

잠언의 글말은, 모든 성문서가 그렇듯이, 공동체보다는 개인, 역사보다는 창조(자연), 신앙보다는 삶에 주안점을 둔다. 이스라엘 신앙의 핵심인 하나님의 구속사 같은 것은 다루지 않는다. 구속사뿐만 아니라 구약 신앙의 주요 소재인 언약, 성전, 예배 등도 일체 언급하지 않는다. 잠언이 내세우는 것은 창조주 하나님이 다스리는 세상사의 질서다. 그 질서에 순응하는 사람살이를 계획하고 실천할 때 사람살이는 지혜롭게 된다.

잠언이 가르치는 지혜는 겉으로 보기에는 인과응보적이다. 게으르면 가난하게 되고, 화를 내면 실수하게 되고, 속이면 망하게 된다는 투다. 삶의 흥망성쇠는 행동에 따른 결과에 달려 있다는 방식이다. 그래서 사람살이의 표준이나 기준을 창조주 하나님이 지으시고 양육하시는 동식물 등과 곧잘 비교하면서 가르친다(예를 들어 6:5, 6~11). 그러나 그렇게만 단정해서는 안 된다. 잠언이 처방하는 사람살이의 속내는 진정 지혜로운 삶이란 창조주 하나님이 세상을 다스리는 질서에 조율하는 삶이다.

조율이란 맞추기다. 창조주 하나님을 내 방식에 맞추는 것이 아니라 내 삶을 창조주 하나님의 방식에 맞추는 것이다. 잠언의 지혜를 조율로 본다는 것은 하나님의 뜻을 삶의 으뜸음으로 삼으라는 충고다. "여호와를 경외하는 것이 지혜의 근본이요 거룩하신 자를 아는 것이 명철이니라(잠 9:10)"는 이런 맥락에서 잠언의 표어가 된다. 그렇게 될 때 세상은 하나님의 영광을 드러내는 무대가 된다. 그래서 오래전에 폰 라드는 사람살이의 성공과 실패는 사람의 능력에 달려 있는 것이 아니라 하나님의 은총에 기인한다는 것을 알려 주는 잠언을 여섯 개로 제시하였다.[22)]

> 사람이 마음으로 자기의 길을 계획할지라도 그의 걸음을 인도하시는 이는 여호와시니라(잠 16:9).
>
> 사람의 마음에는 많은 계획이 있어도 오직 여호와의 뜻만이 완전히 서리라(잠 19:21).
>
> 사람의 행위가 자기 보기에는 모두 깨끗하여도 여호와는 심령을 감찰하시느니라(잠 16:2).
>
> 사람의 행위가 자기 보기에는 모두 정직하여도 여호와는 마음을 감찰하시느니라(잠 21:2).

22) Gerhard von Rad, *Wisdom in Israel* (Nashville: Abingdon, 1972), 439; 브루그만·리나펠트, 『구약개론』, 492.

사람의 걸음은 여호와로 말미암나니 사람이 어찌 자기의 길을 알 수 있으랴(잠 20:24).

지혜로도 못하고, 명철로도 못하고 모략으로도 여호와를 당하지 못하느니라 싸울 날을 위하여 마병을 예비하거니와 이김은 여호와께 있느니라(잠 21:30~31).

잠언의 하나님 신앙은 사람에 대한 하나님의 신뢰를 전제한다. 잠언에서 사람은 깨지기 쉬운 존재가 아니다. 잠언에서 사람은 무한한 가능성을 지니고 있다. 잠언의 기대를 창세기의 언어로 말하면, '네 속에 있는 하나님의 형상을 드러내라.'는 주문이 된다. 웨슬리의 말로 하면 '하나님의 성품에 참여하는 자'가 된다[23](비교, 고후 4:7~10; 5:16~17). 잠언의 독자는 사람들이 자연[自然, 스스로(自) 그렇게 되었다(然)]이라고 부르는 세상을 하나님이 지으시고 다스리시는, 그래서 하나님의 영광이 드러나는 무대로 '감동(emotions)하고, 감정(feeling)으로 의식하면서'[24] '창조에 담긴 하나님의 목적'을 '체험'하는 피조물로 적극 살아야 한다.[25] 세상살이를 향한 잠언의 처방을 신약의 음성으로 듣는다면 "너희는 이 세대를 본받지 말고 오직 마음을 새롭게 함으로 변화를 받아 하나님의 선하시고 기뻐하시고 온전하

---

23) Runyon, 『새로운 창조』, 7~13.

24) Runyon, 『새로운 창조』, 214. 러니언에 따르면 웨슬리에게 감동(emotions)은 신체적으로 일어나는 현상으로 사람이 죄의 지배에서 벗어날 때 느끼는 신체적인 '징후'를 가리킨다. 웨슬리에게 종교의 본질은 '성령 안에서 의로움과 평화와 기쁨'을 느끼는 감정(feeling)으로, 감정은 내적으로 의식하는(느끼는) 것이며, '성령으로 말미암아 마음뿐만 아니라 이성에까지 소통된 하나님의 의도를 감지하는' 것이다. 즉 감동에서 감정으로 나아가야 한다.

25) 웨슬리에게 '체험'은 '감정만이 아니라 감정과 해석을 합친 결합'이다. 웨슬리에게 체험이란 신체적 반응과 정서(마음)적 느낌과 이성적 해석이 합쳐진 '영적 감각'으로 그 체험의 골격은 성서가 제공한다. Runyon, 『새로운 창조』, 214~218.

신 뜻이 무엇인지 분별하도록 하라(롬 12:2; 참조, 골 3:9~10)."가 되고, 그것을 다시 웨슬리 신학의 목소리로 새겨 본다면, 세상살이를 나만의 세상이 아닌, '하나님의 세계와 연결하는' '하나님과 닮은 동역자'로[26] 살아가는 것이다. 웨슬리가 그의 설교 "의에 대한 보상(The Reward of Righteousness, 웨슬리 설교 79번)"에서 남긴 기도문이 이런 정서를 대변한다.

> 나의 삶을 통하여 당신의 마음을 드러내 보이소서.
> 불쌍한 사람들의 외침,
> 과부와 고아의 신음 소리를 듣는 동안,
> 자비의 날개로 속히 날아가서,
> 불쌍하고 절망하는 사람들을 구하게 하소서,
> 나의 삶, 나의 모든 것을 그들을 위하여 주게 하소서.[27]

아가(雅歌)는 사랑의 노래다. '노래 중의 노래(쉬르 하쉬림)'다. 노래 중의 노래를 우리말 성경은 우아할 아(雅), 노래 가(歌)로 풀어 놓았다. 삶을 아름답게 하는 것은 청춘 남녀끼리 나누는 사랑이다. 아가의 주제는 남녀의 사랑이기보다는 사랑하는 남녀다.[28]

아가는 읽기가 쉽지 않다. 몸으로 나누는 사랑을 노래하기 때문이다. 신앙 공동체는 오랫동안 아가의 사랑을 은유적으로 읽었다. 하나님과 그 백성이 나누는 사랑이거나 예수 그리스도와 교회가 나누는 사랑으로 읽었

---

26) 마르쿠바르트, "기독교적 회심," 130, 140~141.

27) 웨슬리 설교 79번, "의에 대한 보상(The Reward of Righteousness)," IV. 2, 『존 웨슬리의 설교』, 338~355, 특히 354. 이 설교는 웨슬리가 1777년 11월 23일에 '인도적 봉사 신도회(Human Society)'에서 자선 모금을 위하여 행한 설교다.

28) 류호준, "아가서의 신학적 주제와 구조," 『아가, 어떻게 설교할 것인가』(서울: 두란노아카데미, 2009), 21~34.

다. 그러나 꼭 그렇게만 보아서는 안 된다. 아가에 수록된 사랑하는 두 연인은 사람살이를 아름답게 하는 것이 무엇인지를 대번에 알려 준다. 아가의 사랑은 몸으로 나누는 사랑이다. 헬라어에서는 사랑을 아가페, 필리아, 스토르게, 에로스로 나누었지만, 히브리어에서는 그렇지 않다. 몸으로 나누는 사랑도, 가족끼리·친구끼리 나누는 정(情)도, 하나님과 마음으로 나누는 사랑도 히브리어로는 한결같이 '아하브(אהב)'다. 무슨 소리인가? 아가는 몸으로 나누는 사랑을 은밀한 것이 아닌 공적인 것으로 표현하였다. 은밀하게 나누는 사랑이 아니라 당당하게 축하받는 사랑이다. 아가에서 결혼은 하나님이 정하신 창조 세계의 질서고, 성(性)은 창조주 하나님의 뜻을 이루는 도구다.

아가에서 들리는 목소리는 두 갈래다. 남자의 목소리와 여자의 목소리. 물론 친구들의 목소리로 읽혀지는 구절들이 있지만, 아가에서 들리는 소리는 단연 사랑하는 두 남녀의 음성이다. 주목할 것은 아가 전체(117절)에서 여자의 음성이 모두 70절로 40절에 그친 남자의 음성보다 훨씬 더 많고 크다는 사실이다. 아가에서는 더 이상 사랑하는 남자, 사랑받는 여자가 아니다. 오히려 그 반대로 사랑하는 여자, 사랑받는 남자다. 아가를 주도하는 여성의 고백은 "이는 내 뼈 중의 뼈(창 2:23)"라고 환호성을 질렀던 남자(아담)의 고백에 대한 미드라쉬다. 무엇이 삶을 아름답게 하는가? 사랑이다.

웨슬리는 사랑을 어떻게 받아들였을까? 웨슬리의 설교 "사랑에 관하여(On Charity, 웨슬리 설교 106번)"가 우리 논의에 도움이 된다.[29] 웨슬리는 고린도전서 13장에서 사도 바울이 사용한 헬라어 '아가페(αγαπη)'를 영어

29) 웨슬리 설교 106번 "사랑에 관하여(On Charity)"는 웨슬리가 1784년 10월 15일에 써서 『알미니안 매거진』(*Arminian Magazine*, VIII. 8~16, 70~76)에 게재하였던 것으로 1785년에 여덟 번, 그의 나이 85세이던 1787년에 세 번에 걸쳐 고린도전서 13장 1~3절을 본문으로 사랑에 관하여 설교하였다. 『존 웨슬리의 설교』, 319~320.

로는 'love'가 아닌 'charity'로 옮겼다. 웨슬리에게 하나님 사랑은 이웃 사랑을 통해서 실천된다.[30] 그래서 헬라어 아가페를 charity로 번역하였다. 이웃 사랑은 하나님의 일하심에 대한 믿음(골 2:12), 즉 세상과 자기를 화해시키기 위해 그리스도로 오신 그 직접적인 증거(고후 5:19)로 흘러나오는 것이기에 사랑은 "자랑하지 아니하며(고전 13:4)" "성내지 아니하며(고전 13:5)" "모든 사람에 대하여 온유하며(딤후 2:24)" "오래 참고(고전 13:4)" 하는 것이다. 그는 사랑의 은사에 대하여 이렇게 말하였다.

> 사도 바울은 가장 낮은 단계인 '말 잘하는 것'에서 시작하여 최상의 단계에 이르기까지 보다 높은 단계로 한 단계씩 전진하여 나아갑니다. 능변의 위 단계는 지식이요, 믿음은 지식의 위의 단계입니다. 또한 선행은 그 믿음의 위의 단계입니다. 그리고 이것의 바로 위에는 의를 위한 고난이 자리하고 있습니다. 기독교적 사랑-하나님의 사랑으로부터 넘쳐나는 우리 이웃의 사랑-을 제외하고 나면 이보다 더 높은 단계의 것은 없습니다.[31]

사랑을 선행으로 본 것이다. 사랑이란 받는 것이 아니라 주는 것이다. 남녀 간 나누는 사랑도 주고, 품고, 참으며 키우는 바르게 살기의 마당이 되어야 한다. 그 사랑 나누기의 전거는 창조주 하나님이 세우신 가정이다. 아가에서 들리는 사랑의 노래는 그 은혜를 바르게 알고 바르게 실천하기 위해서는 바른 심정(orthopathy)이 있어야 함을 일깨워 준다.[32]

---

30) 마조리 수하키, "기도의 완전," 랜디 매닥스 엮음, 『웨슬리 신학 다시보기』, 72.

31) 웨슬리, "사랑에 관하여," II. 6, 『존 웨슬리의 설교』, 330.

32) '바르게 체험하기(정통 체험, orthopathy)'에 대해서는 Runyon, 『새로운 창조』, 209.

길이 끝나는 곳에서 길이 시작된다[33]

어떻게 살아야 하나님의 사람답게 되는 것일까? 시편은 기도다. 그 형식이 무엇이든 시편의 글말은 기도로 모아진다. 시편을 읽는 시각은 여럿이지만, 크게 둘로 대변된다. 하나는 시편을 하나님이 사람에게 주시는 가르침으로 대하는 시각이고, 다른 하나는 사람이 하나님께 드리는 고백으로 대하는 태도다.[34] 시편의 독자들은 하나님의 현존(現存) 앞에서 살아가는 신앙인을 만난다. 어제 계셨던 하나님이 아니라, '나타날' 현(現) '있을' 존(存), 지금 우리 가운데 와 계시는 하나님을 기리는 사람을 만난다. 하나님의 사람이, 하나님 없이, 하나님 앞에서, 하나님과 함께 걸어가는 삶의 여정을 만나는 것이다.

시편의 구도는 우리를 복 있는 자의 길로 인도한다.[35] 이 길을 구약학자 브루기만(Walter Brueggemann)의 말로 표현하면, 시편의 토라(1, 19, 119)는 그 길에 대한 이정표(오리엔테이션, orientation)고, 시편의 전반부에 집중되어 있는 탄원은 길을 잃은(디스오리엔테이션, disorientation) 자의 기도며, 시편을 마감하는 찬양은 다시 길을 찾은(리오리엔테이션, reorientation) 사람의 기도다.[36] 시편의 기도는, 웨슬리 신학에서 살필 때, 우리의 삶이 '하나님에 의해 창조되었고 하나님께 의존하는 삶'이지만, 기도해야만 '하나님의

33) 왕대일, "시편, 길(路)을 잃어야 길(道)이 시작된다," 김덕중 안근조 이사야 엮음, 『구약성서의 경건, 구약성경의 영성』 (서울: kmc, 2014), 407~442.

34) James L. Kugel, "Topics in the History of the Spirituality of the Psalms," in *Jewish Spirituality from the Bible through the Middle Ages*, ed. by Arthur Green (New York: Crossroad, 1988), 113~144. 쿠겔의 말로 하면, 시편 독해에는 두 시각이 있다. 하나는 시편을 '가르침의 교본(Psalms-as-texts-for-teaching)'으로 보는 것이고, 다른 하나는 '예배를 위한 독본(Psalms-as-texts-for-worship)'으로 보는 것이다. 전자가 하나님으로부터 사람에게로 향한다면, 후자는 사람으로부터 하나님에게로 올라간다.

35) 왕대일, 『시편사색, 시편 한 권으로 읽기』 (서울: 대한기독교서회, 2013), 67~90.

36) Walter Brueggemann, *The Psalms and the Life of Faith* (Minneapolis: Fortress, 1995), 3~32.

창조 은총에 참여하는' 자가 된다는 것을 일깨워 준다.[37]

시편이 기대하는 것은 하나님의 사람이 복 있는 자의 길을 걷는 것이다. 다섯 권으로 편집된 시집을 관통하는 키워드(keyword)는 복 있는 사람이다. 제1권에서는 "여호와를 의지하고 교만한 자와 거짓에 치우치는 자를 돌아보지 아니하는 자는 복이 있도다(시 40:4)." 제2권에서는 "주께서 택하시고 가까이 오게 하사 주의 뜰에 살게 하신 사람은 복이 있나이다(시 65:4a)." 제3권에서는 "주께 힘을 얻고 그 마음에 시온의 대로가 있는 자는 복이 있나이다(시 84:5)." 제4권에서는 "정의를 지키는 자들과 항상 공의를 행하는 자는 복이 있도다(시 106:3)." 제5권에서는 "야곱의 하나님을 자기의 도움으로 삼으며 여호와 자기 하나님에게 자기의 소망을 두는 자는 복이 있도다(시 146:5)."라고 힘주어 말한다. 이때 '복'은 히브리어 '아쉬레(אשרי)'로 'be happy'란 뜻이다. 이 시대의 용어로는 웰빙(wellbeing)이다. 히브리어 '아쉬레'는 축복을 바라는 히브리어 '브라카(ברכה)'와는 달리 사람들이 누리는 행복이다.

문제는 시인이 하나님의 현존 앞에서 살아가면서도 하나님의 침묵을 경험할 때 일어난다. 길을 잃은 것이다. 사람은, 아무리 경건하다고 해도, 깨지기 쉬운 존재다. 세상에는 여러 부류의 사람들이 있다. 세상사에는 여러 종류가 있다. 그 여러 부류의 사람들이, 그 여러 종류의 세상사가 하나님의 사람을 핍박과 시련으로 내몰 때 신앙인의 속내는 타들어 간다. 탄원의 기도는 이런 자리에서 형성된다.

시편에서 탄원시에 해당하는 기도들은 타는 목마름으로 절규하고 탄식하며 호소하고 간구한다. 하나님이 계시는 세상인데 하나님의 사람이 어째서 이런 일들을 당해야 하느냐고 울부짖는다. 원망이자 아쉬움이 그

37) 마조리 수하키(Marjorie Suchocki), "기도의 완전," 랜디 매닥스 엮음, 『웨슬리 신학 다시보기』, 61~79, 특히 62.

속에서 터져 나온다. 그 아쉬움이 겉으로는 탄식하는 부르짖음이고 속으로는 하나님의 침묵에 대하여 절규하는 기도다. 하나님의 침묵, 하나님의 부재(不在)! 시편의 탄원 기도에 묘사된 삶의 그림자가 여기에 있다.

> 여호와 내 구원의 하나님이여 내가 주야로 주 앞에서 부르짖었사오니 나의 기도가 주 앞에 이르게 하시며 나의 부르짖음에 주의 귀를 기울여 주소서 무릇 나의 영혼에는 재난이 가득하며 나의 생명은 스올에 가까웠사오니 나는 무덤에 내려가는 자 같이 인정되고 힘없는 용사와 같으며 죽은 자 중에 던져진 바 되었으며 죽임을 당하여 무덤에 누운 자 같으니이다 주께서 그들을 다시 기억하지 아니하시니 그들은 주의 손에서 끊어진 자니이다 주께서 나를 깊은 웅덩이와 어둡고 음침한 곳에 두셨사오며 주의 노가 나를 심히 누르시고 주의 모든 파도가 나를 괴롭게 하셨나이다(시 88:1~7).

살아가기의 무거운 짐이 우리를 짓누를 때 어떻게 해야 할까? 내 삶의 뜨락에 하나님의 손길보다는 세상 권세의 포악한 손이 활개친다고 느낄 때 어떻게 대처해야 할까? 사람은 누구나 행복과 불행 사이에 서 있다. 시편 1편은 "복 있는 사람은(아쉬레)"으로 시작해서 "망하리로다(토베드, תאבד)"로 끝난다. 삶이란 행복과 불행 사이에 놓여 있다는 암시다. 그러니 어떻게 살아가야 하는가?

시편의 영성을 한 문장으로 요약하면 '기도로 하나님의 은총에 참여하기'다. 웨슬리의 『기독교인의 완전에 관한 평이한 해설』(*A Plain Account of Christian Perfection*)은 이 점을 밝혀 준다. 구원과 성화를 위한 하나님의 동반자가 되려는 자들에게 하나님은 기도를 사용하라고 초청하신다는 것이다.[38] 웨슬리에게 기도는 하나님의 사랑에 참여하는, 하나님의 은총에

38) 마조리 수하키, "기도의 완전," 63.

동참하는, 하나님과 의도적으로 연결되는 활동이다.

> 하나님은 오로지 기도에만 응답하신다. 하나님께 회심한 자들조차도, 그들 자신의 기도가 아니더라도(매우 드문 일이지만) 다른 사람들의 기도 없이는 그것이 불가능하였다. 한 영혼이 얻어낸 모든 새로운 승리는 새로운 기도의 결과다.[39]

기도는 하나님의 은혜 안에 사는 자가 하나님의 은총에 참여하는 수단이다. 하나님은 우리를 기도로 초대하신다. 믿음으로 사는 길, 그 길은, 시편의 영성에 의하면, '주님의 법도'를 걷는 길이다. 토라를 걷는 길이다. 말씀을 길로 삼는 길이다. 탄식하는 자리라도, 길(路)이 끝났다고 여겨지는 자리라도, 말씀을 따라야 한다. 그럴 때 새 길(道)이 열리는 체험을 하게 된다.

> 내 영혼이 진토에 붙었사오니 주의 말씀대로 나를 살아나게 하소서 내가 나의 행위를 아뢰매 주께서 내게 응답하셨사오니 주의 율례들을 내게 가르치소서 나에게 주의 법도들의 길을 깨닫게 하여 주소서 그리하시면 내가 주의 기이한 일들을 작은 소리로 읊조리리이다 나의 영혼이 눌림으로 말미암아 녹사오니 주의 말씀대로 나를 세우소서 거짓 행위를 내게서 떠나게 하시고 주의 법을 내게 은혜로이 베푸소서 내가 성실한 길을 택하고 주의 규례들을 내 앞에 두었나이다 내가 주의 증거들에 매달렸사오니 여호와여 내가 수치를 당하지 말게 하소서 주께서 내 마음을 넓히시면 내가 주의 계명들의 길로 달려가리이다(시 119:25~32).

---

39) *A Plain Account of Christian Perfection*, 25. Q. 38 §5, *Works* 11:437, 마조리 수하키, "기도의 완전," 62에서 중인.

웨슬리 신학에서 기도는 가르침이나 거룩한 삶과 함께 하나님이 일하시는 은총의 수단이다.[40] 웨슬리의 기도는 혼자만의 기도가 아니라 공동의 기도다. 이웃을 향한·위한 기도요, '하나님의 사랑을 증가시켜 거룩한 삶에 영향을 미치는'[41] 중보 기도다. 기도로 하나님과 연결되고, 우리를 위해서 기도하는 사람이나 우리가 위해서 기도하는 사람과도 기도로 연결된다. 찬양은 이런 기도의 전형이다.

찬양은 하나님의 사람으로 하여금 제자리를 다시 잡게 하는 리오리엔테이션이다. 길을 잃었던 자에게 길을 찾아주고, 기쁨을 빼앗겼던 자들에게 기쁨을 안겨 주며, 소망이 없던 자들에게 소망을 품게 한다. 찬양은 하나님의 현존 안에서 살아가는 자가 실천하는 삶이다. 감리교 신학자 마조리 수하키(Marjorie Suchocki)가 말했듯 하나님의 현존은 증명의 문제가 아니라 실천의 문제다.[42] 찬양은 그 무엇보다도 하나님을 향한 우리의 사랑이 자라나는 실천 현장이다. 찬양은 시편의 중추신경이다. 탄원의 기도에도 그 글말을 따라가다 보면 탄원의 말글이 갑자기 구원의 감격으로 바뀌는 순간을 만난다.

> 온 땅이여 여호와께 즐거운 찬송을 부를지어다 기쁨으로 여호와를 섬기며 노래하면서 그의 앞에 나아갈지어다 여호와가 우리 하나님이신 줄 너희는 알지어다 그는 우리를 지으신 이요 우리는 그의 것이니 그의 백성이요 그의 기르시는 양이로다 감사함으로 그의 문에 들어가며 찬송함으로 그의 궁정에 들어가서 그에게 감사하며 그의 이름을 송축할지어다 여호와는 선하시니 그의 인자하심이 영원하고 그의 성실하심이 대대에 이르리로다(시 100:1~5).

---

40) 마조리 수하키, "기도의 완전," 64~65.

41) 마조리 수하키, "기도의 완전," 65.

42) 마조리 수하키, "기도의 완전," 69.

찬양이 하나님의 현존을 반영한다는 것은 오경이 펼쳤던 제사장 종교에 대한 대안이다. 레위기는 여러 종류의 예물·제물을 세밀하게 가르쳤지만, 제물·예물을 드리는 순서나 그 방식을 엄격하게 규정했지만, 그 어디에도 찬양이나 찬송은 없다.[43] 레위기의 예배에는 찬양이 없다! 시편의 찬양은 이와 다르다. 시편의 기도는 마음으로 드리는 예물이다. 제물은 반드시 제단 위에 드려야 하지만 찬양은 제단이 없는 곳에서도 드릴 수 있다.[44]

찬양은 예물이다. "내가 노래로 하나님의 이름을 찬송하며 감사함으로 하나님을 위대하시다 하리니 이것이 소 곧 뿔과 굽이 있는 황소를 드림보다 여호와를 더욱 기쁘시게 함이 될 것이라(시 69:30~31)."고 하지 않는가! 찬양을 단순한 고백으로만 간주해서는 안 된다. 찬양은 소나 양이나 염소로 드리는 예물과도 다름이 없다. 제단 위에서 드려야만 했던 번제, 소제, 화목제, 속죄제, 속건제와는 달리 찬양은 마음의 제단 위에 올려 하나님께 드리는 감격과 감사, 기쁨과 소망의 예물이다. 찬양은 우리를 통해서 일하시는 하나님께 우리 자신을 개방하는 행동이다. 하나님의 사람은 하나님의 은총의 통로가 되어야 한다. 찬양은, 찬양 기도는, 우리로 하여금 사랑의 수고(선행)를 하도록 격려한다.

> 종교의 규범 가운데 하나는 하나님을 섬기는 기회를 놓치지 않는 것이다. 하나님은 우리의 육안에 보이지 않으므로 우리의 이웃을 통하여 하나님을 섬겨야 한다. 하나님은 마치 볼 수 있게 우리 앞에 서서 친히 자신에게 한 것처럼 이것을 받으신다. 기도의 삶은 하나님을 향한 우리의 사랑을 증가시키며, 또

---

43) Kugel, "Spirituality of the Psalms," 124.

44) 시편의 찬양의 기원을 포로기 이후로 보려는 시각도 이 때문이다. 오경에는 거론되지 않은 레위 사람 성가대의 역할이 역대기에 집중되어 있는 것도 이런 시각을 반영한다(대상 15:16; 16:4~7; 23:5; 25:1; 대하 7:6; 8:14; 23:18; 29:20; 35:15; 비교, 스 3:10; 느 12:24, 45~46). Kugel, "Spirituality of the Psalms," 134.

이 사랑은 하나님이 사랑하시는 세상이 행복해지기를 갈망하게 된다. 그러므로 하나님을 향한 우리의 사랑은 단지 기도만이 아니라 이웃을 향한, 아니 하나님의 모든 피조물을 향한 사랑의 행위에서도 그 표현을 찾아야 한다.[45)]

45) 마조리 수하키, "기도의 완전," 72~73.『기독교인의 완전에 관한 평이한 해설』25, Q 38, §8, *Works* 11:440.

04

예언서, 진리를 향한 열정

두 언약 사이에서

우리말 성경에서 예언서는 이사야서에서 말라기에 이르는 열일곱 권(이사야, 예레미야, 예레미야 애가, 에스겔, 다니엘, 호세아, 요엘, 아모스, 오바댜, 요나, 미가, 나훔, 하박국, 스바냐, 학개, 스가랴, 말라기)이다. 히브리어 성경에서는 그렇지 않다. 예레미야 애가와 다니엘을 뺀 열다섯 권을 예언서로 간주한다. 유대인들은 호세아에서 말라기에 이르는 열두 권을 '테레 아싸르'라고 한데 묶어 부른다.[1] 즉 히브리어 성경에서 예언서는 이사야, 예레미야, 에스겔, 테레 아싸르, 넷이다. 여기에 전기 예언서(여호수아, 사사기, 사무엘상하, 열왕기상하)를 전제한다면 이사야, 예레미야, 에스겔, 테레 아싸르는 후기 예언서로 간주된다.[2]

1) Sweeney, *TANAK*, 343~345.

2) 전기 예언서는 이스라엘의 정치 사회 지도자들을 기록해 가다가 예언자들의 행적을 부분적으로 소개한다. 후기 예언서는 예언자들이 남긴 말글·글말을 소개해 가다가 왕들의 행적을 부분적으로 열거한다. 히브리어 성경에서 여호수아, 사사기, 사무엘상하, 열왕기상하가 예언서(전기 예언서)로 간주되는 것은 그 역사 이야기가(또는 이야기로 쓴 역사가) 하나님 신앙의 관점

후기 예언서는 예언자들의 이름으로 남아 있는 기록이다. 전기 예언서에 소개된 예언자들은 하나님의 영에 붙들린 자들이다. 카리스마적인 위인이다(엘리야, 왕상 17~19; 엘리사, 왕하 1:1~8:15). 후기 예언서에서 예언자는 하나님의 말씀에 붙들린 자들이다. 후기 예언서의 예언자들이라고 해서 하나님의 영에 붙들리지 않은 것은 아니지만, 그들에게서 부각되는 것은 이적·기사보다는 그들의 입에서 선포된 하나님의 말씀이다. 그들은 모두 '주 하나님이 이렇게 말씀하셨다(코 아마르 아도나이 야훼)'는 어구를 달고 역사의 무대에 등장하였다. 선지자(로에)나 선견자(호제)로 불렸던 하나님의 사람들이 예언자(나비)로 불리게 된 것이다(삼상 9:6; 삼하 24; 비교, 암 7:12, 14; 사 30:9~10).[3] 예언을 수령하는 통로가 환상에서 말씀으로 넘어갔다.

후기 예언자들의 시대는 주전 8~6세기다. 이 시대에 예언자들이 붙잡았던 말씀은 시대를 바르게 보는 진리다. 시대를 판단하는 지혜다. 시대를 옳게 이끄는 계시다. 예언자들에게는 진리를 향한 열정이 있었다. '진리를 향한 열정'이란 유대 랍비 아브라함 요수아 헤셸(Abraham Joshua Heschel, 1907~1972)이 한 말이다.[4] 예언자들은 하나님에 관한 이론을 전하거나 이

에서 기록되었기 때문이다. 사람살이의 자취가 아니라 사람들을 다루시는 하나님의 솜씨가 거기에 수록되어 있다.

3) 히브리어의 '로에'나 '호제'는 환상 중에 보여 주신 하나님의 뜻을 자기 사명으로 붙들었다. 사람이 본 것을 전하는 이야기는 구약의 묵시 문헌인 다니엘서에 가서야 나온다. 험악하고 힘든 시절을 지혜(단 2, 4)와 능력(단 3, 6)으로 헤쳐 가던 다니엘이 "머리 속으로 환상을 받고 그 꿈을 기록하며(단 7:1)" 세상에 알리고자 했다. 다니엘서의 묵시에서는 "내가 보니"나 "내가 환상 중에 보니(단 7:13)" 같은 서술들이 거듭 반복된다(단 7:9, 13; 8:2; 10:7; 12:5). 그러나 예언서에는 묵시록과는 달리 '주께서 내게 보여 주신 것'이 강조된다(렘 24:1; 겔 37:1; 암 7:1; 슥 3:1). '봄'의 주체가 사람이 아니라 하나님이라는 것이다.

4) 이 말은 헤셸이 죽기 2주 전에 완성하였던 마지막 저작 *A Passion for Truth*에서 따왔다. 이 책은 코츠커(Kotzker)라고도 불렸던 폴란드 코츠크의 유대 랍비 므나헴 맨들(Menahem Mendel of Kotzk, 1787~1859)과 기독교 실존주의 철학자 키르케고르(Sören Kierkegaard, 1813~1855)의 사상을 서로 비교, 해설하는 방식으로 헤셸에게 영향을 끼쳤던 유대교 신비주의 하시디즘(Hasidism)이 무엇인지를 가르쳐 주는 글이다. 이 책은 Abraham Joshua Heschel, *A*

스라엘 종교를 제도적으로 뜯어고치고자 하지 않았다. 예언자들에게 하나님은 이론이나 사상이 아니라 실재(reality)였다. 예언자들은 그들이 만난 하나님이 그들의 마음속에 심어 주셨던 진리를 따라서 세상사를 헤쳐 가고자 했다. 그들에게 신앙이란 종교적 관습을 답습하거나 종교 교리를 수용하는 것이 아니라 진리를 향해 열정적으로 나아가는 구도(求道)였다.

예언자들은 어제 주셨던 말씀을 오늘의 자리에서 되새김질했다. 이사야는, 시온의 운명(참조, 삼하 7)에 대해서 깊이 사색하였다. 예레미야는 십계명을 품은 가슴으로 성전 종교를 냉철하게 대했다(렘 7:1~11; 26:1~7). 에스겔은 제사장 출신답게 예루살렘 종교의 부정(不淨)한 치부를 낱낱이 들춰냈다(겔 6~9). 호세아는 바알 종교와 대결하는 야훼 신앙의 진정성을 자기 삶으로 살려내고자 했다(호 1~3). 큰 틀에서 예언자들이 품었던 하나님의 말씀은, 해석학적 용어로 말하면, 구약의 언약 신앙이다. 땅과 후손과 나라와 왕국과 성전을 주시겠다는 하나님의 다짐을 구약의 예언자들은 자기 시대의 텍스트로 곰곰이 반추했다.

이스라엘 신앙에서 하나님이 그 백성과 맺은 언약은 크게 두 종류다.[5] 하나는 아브라함이나 다윗과 맺은 언약이다. 이 언약의 특징은 하나님이 일방적으로(!) 맺으신 언약이다. 쉽게 말해 하나님의 약속이다. 땅과 후손을 주시겠다고 약속하셨다(창 12:2~3; 15:4~5). 왕조를, 시온을 견고한 도성이 되게 하겠다고 약속하셨다.

Passion for Truth, A Jewish Lights Classic Reprint (Woodstock. Vt.: Jewish Lights Pub., 1995)로 다시 출간되었으며, 우리말 번역은 1996년에 이현주 목사의 노력으로 아브라함 요수아 헤셸 선집 제7권으로 출간(종로서적 간행)되었다. 2008년에는 "어둠 속에 갇힌 불꽃"이라는 제목으로 번역·출간되기도 했다.

5) 여기에 대해서는 존 D. 레벤슨 지음, 홍국평 옮김, 『시내산과 시온, 하버드대학 유대인 성서학자가 본 성서 신학의 두 기둥』(서울: 대한기독교서회, 2012)을 보라.

> 내가 너를 목장 곧 양을 따르는 데에서 데려다가 내 백성 이스라엘의 주권자로 삼고 네가 가는 모든 곳에서 내가 너와 함께 있어 네 모든 원수를 네 앞에서 멸하였은즉 땅에서 위대한 자들의 이름 같이 네 이름을 위대하게 만들어 주리라 …… 여호와가 너를 위하여 집을 짓고 네 수한이 차서 네 조상들과 함께 누울 때에 내가 네 몸에서 날 네 씨를 네 뒤에 세워 그의 나라를 견고하게 하리라(삼하 7:8~9, 11~12).

하나님이 아브라함이나 다윗에게 하신 약속에는 아무런 단서가 없다. 그들의 처신이 어떠해야 하는지에 대해 어떤 토(吐)도 달지 않았다. 하나님이 일방적으로(!) 언약을 세우셨다. 그러나 시내 산에서 세워지고 세겜에서 갱신했던 언약은 그렇지 않다.

> 세계가 다 내게 속하였나니 너희가 내 말을 잘 듣고 내 언약을 지키면 너희는 모든 민족 중에서 내 소유가 되겠고 너희가 내게 대하여 제사장 나라가 되며 거룩한 백성이 되리라 너는 이 말을 이스라엘 자손에게 전할지니라(출 19:5~6).

> 여호수아가 백성에게 이르되 너희가 여호와를 능히 섬기지 못할 것은 그는 거룩하신 하나님이시요 질투하시는 하나님이시니 너희의 잘못과 죄들을 사하지 아니하실 것임이라 만일 너희가 여호와를 버리고 이방 신들을 섬기면 너희에게 복을 내리신 후에라도 돌이켜 너희에게 재앙을 내리시고 너희를 멸하시리라 하니 백성이 여호수아에게 말하되 아니니이다 우리가 여호와를 섬기겠나이다 하는지라 …… 그 날에 여호수아가 세겜에서 백성과 더불어 언약을 맺고 그들을 위하여 율례와 법도를 제정하였더라(수 24:19~21, 25).

세겜 언약은 시내 산에서 하나님이 모세를 통해 이스라엘과 맺었던 언약을 여호수아가 갱신한 언약이다. 세겜 언약은 시내 산 언약의 세겜 버전(version)이다. 시내 산 언약은 그 형식에서 시온 언약과 다르다. "너희가 내 언약을 지키면"이라고 하지 않았는가! 구약의 이스라엘 신앙에 보존된 이 두 형식의 언약은, 기독교 신앙의 용어로 말하면, 하나는 하나님의 은총을 강조하는 언약이고 다른 하나는 사람의 행함을 주지시키는 언약이다.[6] 아브라함과 다윗에게 주셨던 하나님의 약속은 '사람은 하나님의 은총으로 산다'는 것을 강조한다. 모세와 여호수아가 이스라엘과 맺었던 언약은 '행함이 따르지 않는 믿음은 진정한 믿음이 아니다'라는 것을 부각시킨다. 전자는 은총의 신학이고, 후자는 행함의 신학이다. 구약의 예언자들이 물려받은 신앙적 유산에는 이 두 종류의 언약 신앙이 나란히 보존되어 있었다.

문제는 시온 언약이나 시내 산 언약 둘 다 예언자들에게 계승된 신앙 유산이지만, 역사적으로는 어느 것이 더 타당한가라는 질문을 맞닥뜨릴 수밖에 없었다는 점이다. 언약 신앙의 진정성을 따지는 역사적 현장에 들어서서는 시온 언약과 시내 산 언약 이 둘 중 어느 것을 이스라엘의 생존을 위한 지침서로 붙들어야 하는지를 따질 수밖에 없었던 것이다.

해석학적 관점에서 본다면, 하나님이 다윗과 다짐했던 맹세는 출애굽 전승과 그 맥락을 공유한다. 하나님의 은총을 내세우기 때문이다. 예언자들의 시대 당시 사람들에게 환대받았던 신학이 바로 이것이다. 은총의 하나님, 해방의 하나님, 땅과 왕국과 성전을 주신 하나님, 그 하나님을 이스라엘은 마음껏 칭송하였다. 예언자들의 갈등이 여기에 있다. 나라가 흔들리고 성전이 무너지고 백성들이 사로잡혀 가는 현장에서 예언자들이 붙잡

6) 왕대일, 『구약신학』, 386~387. J. D. Levenson, "The Jerusalem Temple in Devotional and Visionary Experience," A. Green (ed.), *Jewish Spirituality from the Bible through the Middle Ages*, 50.

았던 진리가 은총의 신학이 아니라 행함의 신학이었기 때문이다. 시온 언약이 아니라 시내 산 언약을 시대를 밝히는 등불로, 시대를 살아가는 진리로, 시대를 이겨가는 하나님의 말씀으로 붙잡았던 것이다. 다윗에게 주신 약속이 아니라 모세에게 주셨던 다짐을 더 새겨들었다. 하나님의 은총을 이스라엘의 행함이라는 터전에서 진지하게 따져 보았다. 그랬기에 예언자들은 외로웠다. 외로운 구도자였다. 세상에서 따돌림을 받았던 것이다.

깨달음, 언약 신앙이라는 코이노니아(*koinonia*)

왜 예언자들은 하나님의 은총의 신학을 내려놓아야만 했을까? 왜 행함의 언약에 기대어야 했을까? 이 질문에 답하기 위해서는 예언자들의 시대를 파악해야 한다. 예언자들의 시대는, 한마디로, 전란의 시대다. 시도 때도 없이 요동치는 전쟁 탓에 마음 평안할 날이 없었다. 외적의 침입으로 이스라엘이 소란스러워지기 시작한 것은 역사적으로 이스라엘의 국토가 남북으로 분단된 이후부터다.[7] 그 첫 시련이 남왕국 유다의 초대 왕 르호보암의 재위 5년(주전 926경) 때 발생했던 애굽 왕 시삭의 침공이다(왕상 14:25~26; 대하 12:1~12).[8] 이때부터 이스라엘은 두 번째 지었던 성전이 로마의

7) 여기에 대해서는 Hershel Shanks, ed., *Ancient Israel: From Abraham to the Roman Destruction of the Temple*, Revised and Expanded Edition, 김유기 옮김,『고대 이스라엘: 아브라함부터 로마인의 성전 파괴까지』(서울: 한국신학연구소, 2005), 197~424.

8) 시삭은 고대 이집트 제22왕조의 창시자 파라오 세숑크 1세(주전 945~924경)다. 시삭의 가나안 침공은 맹렬했다. 구약에 남아 있는 간략한 기록(왕상 14:25~26; 대하 12:1~12)과는 달리, 이집트의 테베(오늘날의 룩소르)에 있는 '카르낙의 아문 대 신전(Great Temple of Amun at Karnak)의 첫 번째 앞뜰 남쪽 벽에 위치한 부바스티스 현관(Bubastite Portal)에 묘사된 시삭의 승리'라는 부조(浮彫)에 따르면, 시삭은 당시 원정에서 가나안의 남쪽과 북쪽을 포함한 가나안 전역을 공격하여 파괴하고 점령하였다. 가나안의 샤론 평원(소코, 야마, 보림, 아루나)과 이스르엘 통로(므깃도, 다아낙, 슈넴, 벳산, 르홉)를 지나 요단 동편(숙곳, 브누엘, 마하나님, 아담)을 점령하였다. 아마도 시삭은 이집트를 떠나 시내 광야를 거쳐 가나안으로 진입한 뒤 가사,

맹공으로 무참히 파괴(주후 70)되기까지 끊임없이 지속되는 전란에 내내 시달려야 했다. 이 가운데서도 주전 8~6세기는 열강의 각축에 이스라엘이 속수무책으로 당하기만 하던 시절이었다. 이 시기에 등장한 구약의 예언자들은 이스라엘 백성이 겪어야 했던 희망과 좌절, 고통과 소망 등을 온몸으로 고스란히 체득하여야 했다.

성서 시대에서 고대 서아시아의 첫 패권 국가는 아시리아(앗수르)이다. 아시리아의 살만에셀 3세(주전 859~824) 때부터 고대 서아시아는 아시리아에 저항하느냐, 아니면 순응하느냐의 갈림길에 들어서게 되었다.[9] 이스라엘의 입장에서는 그 첫 길목이 시리아-에브라임 전쟁(주전 735)이다. 시리아-에브라임 전쟁은 아시리아의 서진 정책에 반발한 지중해 연안의 작은 나라들이 서로 힘을 합쳐서 아시리아에 대항하던 상황에서 벌어졌다. 아시리아의 디글랏 빌레셀 3세(주전 745~727)가 그 세력을 지중해 연안까지 확대하자 그에 맞서던 아람 왕국에 북왕국 이스라엘이 동조하면서 그 동맹에 남왕국 유다를 끌어들이고자 획책하면서 발생했다. 반아시리아 전선을 구축하고자 했던 것이다. 당시 유다 왕국의 왕 아하스가 그 제안에 동조하지 않자 시리아-에브라임 연합군이 남왕국 유다를 쳐들어오는 참사를 낳았다(사 7:1; 비교, 왕하 16:5).

이 전쟁에서 유다 왕국은 가까스로 살아남았다. 아시리아의 도움을 받아 시리아-에브라임의 침략을 뿌리쳤다. 그러나 그 대가가 엄청났다. 유다 왕 아하스는 아시리아 왕 디글랏 빌레셀의 신하가 되어야 했고(왕하 16:7), 나라는 아시리아의 속국이 되었으며, 유다는 해마다 복종의 편지와 함께 무거운 조공을 아시리아에 바치지 않으면 안 되었다(왕하 16:8).

게셀을 공략한 다음 동쪽의 에브라임 산지 남부를 지나 아얄론, 벳호론, 기브온을 거쳐 예루살렘을 공격한 것으로 보인다. 당시 유다 왕 르호보암은 시삭에게 엄청난 조공을 바치지 않으면 안 되었다(왕상 14:26). 생크스, 『고대 이스라엘』, 198, 200~203.

9) 생크스, 『고대 이스라엘』, 217~290.

당시 아시리아의 기세는 굉장했다. 고대 서아시아의 중원을 차지한 것은 물론이고 그 세력이 서쪽으로는 지중해 연안의 두로와 시돈까지, 그 남쪽으로는 이집트에서 시작하여 북쪽으로 거슬러 올라가 므깃도와 이스르엘 계곡과 갈릴리 지역과 요단 동편과 다메섹까지 뻗쳤다. 그 여세를 몰아서 아람 왕국을 정복했고 북왕국의 도성 사마리아를 함락(주전 722)시켰다. 고대 서아시아의 온 땅이 아시리아의 수중에 떨어진, 이름하여 '팍스 아시리아카(*Pax Assyriaca*)' 시대가 열린 것이다(참조, 사 10:28~32).

아시리아는 사마리아를 점령한 뒤 수천 명의 이스라엘 사람들을 강제로 아시리아 땅 "할라와 고산 강가에 있는 하볼과 매대의 여러 성읍"에 거주하게 하였고(왕하 17:6, 새번역), 사마리아에는 "바벨론과 구다와 아와와 하맛과 스발와임에서" 사로잡은 사람들을 데려다가 거주하게 하였다(왕하 17:24). 그때 유다 왕국의 왕은 히스기야(주전 727~697)였다(왕하 18:9~10). 히스기야도 처음에는 아시리아의 충성스런 봉신으로 지내지 않을 수 없었다. 그러다가 국제 정세가 유다에게 유리하게 돌아가자 아시리아에게 반기를 들었다. 그 일로 히스기야는 아시리아의 왕 산헤립의 침공을 받아(주전 701) 전국이 초토화되는 시련을 겪는다(사 36:1~22; 왕하 18:13~19:37). 아시리아 연대기에 따르면 산헤립은 맹공을 퍼부어 유다 성읍 마흔여섯 곳을 함락시켰으며,[10] 히스기야의 항복을 받아내고야 말았다(왕하 18:14). 이사야서에서 터져 나오는 평화를 향한 갈망은 주전 8세기 내내 예루살렘 주민을 사로잡았던 이런 전쟁의 공포에서 추슬러야 한다.

> 그가 열방 사이에 판단하시며 많은 백성을 판결하시리니 무리가 그들의 칼을 쳐서 보습을 만들고 그들의 창을 쳐서 낫을 만들 것이며 이 나라와 저 나라가 다시는 칼을 들고 서로 치지 아니하며 다시는 전쟁을 연습하지 아니하리라(사

10) 생크스,『고대 이스라엘』, 264.

2:4; 참조, 미 4:3~5; 비교, 욜 3:9~10).

"칼을 쳐서 보습을 만들고 …… 다시는 전쟁을 연습하지 아니하리라!" 그러나 현실은 그렇지 않았다. 전쟁은 주전 8~6세기 내내 계속되었다. 히스기야의 아들 므낫세가 아시리아의 세 군주를 섬기는 동안 유다는 이집트를 정복하러 나선 아시리아의 침략 전쟁에 시달려야 했고, 갈대아인들이 나라를 세워 아시리아의 수도 니느웨를 함락시키자(주전 612), 유다 왕 요시야가 남왕국 홀로서기를 한때 성공적으로 주도했지만, 요시야마저 이집트 왕 느고 2세(주전 610~595)가 일으킨 침략 전쟁에 대항하다가 므깃도에서 전사당하는 비극을 겪는다(주전 609). 이때부터 유다 왕국의 역사는 가파르게 패망에 이르게 된다.

요시야의 전사와 함께 유다 왕국의 패권이 이집트로 넘어가자 유다는 한때 이집트에 과중한 공물을 바치는 신세가 되고 만다(왕하 23:31~35). 신흥 강국 바벨론이 시리아-팔레스타인을 종횡무진 휩쓸게 되면서부터는(주전 604~602) 바벨론의 왕 느부갓네살의 봉신으로 지내게 된다(왕하 24:1). 유다 왕 여호야김이 바벨론에 조공 바치기를 거절하자 느부갓네살은 예루살렘으로 진군하여 온 유다 땅을 짓밟아 버린다(주전 598/597). 그러면서 이제 막 유다 왕의 자리에 올랐던 여호야긴과 그 밖의 유다의 지도층 인사들을 대거 사로잡아서 바벨론으로 끌고 갔다(왕하 24:14). 시련은 거기에서 그치지 않았다. 유다 왕 시드기야가 주변 나라들을 모아서 반역을 도모하자 느부갓네살은 또 다시 군대를 일으켜 18개월 간 예루살렘을 포위한 다음 마침내 처절하게 함락시켜 버린다(주전 586년 7월). 유다 왕국이 역사의 무대에서 사라져 버린 것이다.

유다의 시드기야 왕의 제구년 열째 달에 바벨론의 느부갓네살 왕과 그의 모든

> 군대가 와서 예루살렘을 에워싸고 치더니 시드기야의 제십일년 넷째 달 아홉째 날에 성이 함락되니라(렘 39:1~2; 비교, 52:4~11).[11]

시리아-에브라임 전쟁을 기점으로 유다 왕국의 "끝(겔 7:2)"에 이르는 어두운 이스라엘 역사는 예언자들의 생각 속에 신정론(theodicy)의 질문을 품게 했다.[12] 전능하신 하나님이 어째서 악한 이방인들이 일으킨 재난과 전란과 환란을 그냥 보고만 계시는가? 왜 하나님의 백성은 그토록 엄청난 전란에 속수무책 오래도록 시달려야 했을까? 왜 무너지지 않을 것 같았던 하나님의 도성 시온(시 78:67~72)이 그토록 처참하게 무너져버리고 말았을까?

> 여호와여 내가 주와 변론할 때에는 주께서 의로우시니이다 그러나 내가 주께 질문하옵나니 악한 자의 길이 형통하며 반역한 자가 다 평안함은 무슨 까닭이니이까 주께서 그들을 심으시므로 그들이 뿌리가 박히고 장성하여 열매를 맺었거늘 그들의 입은 주께 가까우나 그들의 마음은 머니이다 여호와여 주께서 나를 아시고 나를 보시며 내 마음이 주를 향하여 어떠함을 감찰하시오니 …… 언제까지 이 땅이 슬퍼하며 온 지방의 채소가 마르리이까(렘 12:1~4a).

신정론은 하나님의 의로우심에 대한, 하나님의 전능하심에 대한, 하나님의 선하심에 대한 질문이다. 의로우신 하나님, 전능하신 하나님, 선하신

11) 유다 왕국 최후의 날은 처참하였다. 시드기야는 그의 아들들이 처형당하는 장면을 눈앞에서 목격해야 했고(렘 39:6), 그런 뒤에는 두 눈이 뽑힌 채 사슬에 묶여 바벨론으로 끌려갔으며(렘 39:7), 예루살렘의 성전과 왕궁과 백성의 집들은 다 불태워졌고(렘 52:13), 예루살렘 성벽은 허물어졌으며(렘 39:8; 52:14), 성 중에 남아 있던 백성들은 다 사로잡혀 포로로 잡혀갔고(렘 39:9), 성전의 기물들은 송두리째 약탈당했다(렘 52:17~23).

12) Thomas M. Raitt, *A Theology of Exile* (Philadelphia: Fortress, 1977), 83~105.

하나님이 계시는데 어째서 세상에는 악한 것들이 기승을 부리는지를 묻는다. 예언자들은 이 질문에 대한 해답을 언약 신앙의 정당성에서 찾았다. 전란을 겪으면서 예언자들은 언약 신앙의 정당성을 시온 전승이 아닌 시내 산 전승에서 깨달았다. 우리가 부정(不正, 不貞, 不淨)해서, 우리가 시내 산 언약의 말씀대로 살지 못했기에, 하나님이 아시리아라는 몽둥이를 드셨고(사 10:5~6), 바벨론을 하나님의 도구로 쓰셨으며(렘 27:12~13), 페르시아의 고레스를 하나님의 목자로 사용하셨다고 깨달았다(사 45:1). 이스라엘을 둘러싼 열강의 각축이 아시리아 → 바벨론 → 페르시아로 이어지는 데에는 다 그럴 만한 인과응보적인 원칙이 작용하고 있다고 깨달았다.

예언자들은 역사의 혼돈을 깨닫게 해주는 진리가 시내 산 언약에서 크게 들렸던 "만일 지키면…… 만일 지키지 않으면……"이라는 단서 조항에 있다고 보았다. "만일 지키면……"이란 말글은, 아모스의 말로 하면, 시대를 바르게 측량하는 다림줄이었다(암 7:7~9). 그 다림줄로 재어 보니 문제는 하나님에게 있었던 것이 아니라 유다 백성에게 있었다는 것이다. 하나님의 백성이, 하나님과 언약을 맺었던 이스라엘이 하나님의 언약을 어기며 하나님의 가르침을 범하였다는 것이다(호 8:1).

> 여호와께 이르시되 이스라엘아 네가 돌아오려거든 내게로 돌아오라 …… 너희 묵은 땅을 갈고 가시덤불에 파종하지 말라 유다인과 예루살렘 주민들아 너희는 스스로 할례를 행하여 너희 마음 가죽을 베고 나 여호와께 속하라 그리하지 아니하면 너희 악행으로 말미암아 나의 분노가 불 같이 일어나 사르리니 그것을 끌 자가 없으리라(렘 4:1, 3~4).

이스라엘은 하나님의 언약을 지키지 않았다. 하나님의 말씀을 따르지 않았다. 삶이 동반되지 않는 믿음을 종교라는 이름으로 포장해 놓았다. 그래서 소리치게 된다. 너희가 내 언약을 어겼다. 회개하라. 구원은 하나님께 있다. 하나님께 돌아오라!

이스라엘은 언약 백성의 의미를 바로 새겨야 했다. 이스라엘은 언약을 '은총의 언약(covenant of grace)'으로 수렴했다고 해서[13] 율법 폐기론(antinomianism)에 빠져서는 안 되었다.[14] 웨슬리는 예수 그리스도가 모세의 언약을 버리시지 않았다는 것을 분명하게 밝혔다.[15] 언약 백성이 된다는 것은, 구약의 용어로 표현하면, 하나님이 거룩하듯이 거룩한 백성이 되는 것이다. 웨슬리가 했던 말로 표현하면, "신성한 성품(벧후 1:4)"에 참여하는 자, 곧 "하나님의 성품에 참여하는 사람(벧후 1:4, 새번역)"이 되는 것이다. 사람이 신이 된다는 뜻이 아니다. 하나님이 베푸신 은총에 책임적으로 응답하는 사람이 되어 하나님과의 관계를 갱신하고 그 관계 안에서 살아가는 삶을 살아낸다는 것이다. 웨슬리가 동방 교부들이 '신격화(*theosis*, deification),' '신성화(divinization)'라고 불렀던 말을 '성화'나 '그리스도인의 완전'으로 바꿔 놓았던 것을 기억해야 한다.[16] 이스라엘은 시내 산 언약의 당사자가 되어 하나님께 대하여 "제사장 나라가 되며 거룩한 백성이 되리라(출 19:6)."는 소명을 이루어야 했다.

언약 관계는 언약을 맺은 두 당사자가 서로 동반자인 것을 알아야 변치 않고 지속된다. 예언자들이 되살린 시내 산 언약은 이스라엘이 하나님의 파트너라는 관계성 속에서 살아났다. 이스라엘은 하나님의 파트너가 되어야 한다는 것이다. 피조물인 인간이 창조주 하나님의 성품에 참여하여 하나님의 영광을 드러내는 존재가 되듯이 시내 산에서 하나님을 위한 백성으로 창조되었던 이스라엘은 구원의 하나님과 누리는 교제(코이노니아)

13) 웨슬리 설교 34번, "율법의 기원, 본질, 속성 그리고 용도," II. 3.
14) 웨슬리 설교 34번, "율법의 기원, 본질, 속성 그리고 용도," II. 5.
15) 웨슬리 설교 35번, "믿음으로 세워지는 율법 I," II. 6.
16) Runyun, 『새로운 창조』, 114~115, 특히 각주 35.

로 하나님이 주신 가나안 땅이라는 현장 속에 하나님의 정치, 하나님의 경제, 하나님의 사회를 구현하는 삶을 살아내야 했다.[17)]

예언자의 쓴소리, '하나님의 경제'가 이루어지지 못했기에[18)]

예언자들이 전하는 하나님의 음성은 나무라고 꾸짖고 벌하는 소리다. 예언자의 쓴소리는 예언서의 첫 마당에서부터 들린다. 이사야서를 살펴보자. 첫 문장(1:1)은 제목이다. 그 제목에 이어서 쏟아지는 말씀에서 무슨 소리가 들리는가?

> 하늘이여 들으라 땅이여 귀를 기울이라 여호와께서 말씀하시기를 내가 자식을 양육하였거늘 그들이 나를 거역하였도다 소는 그 임자를 알고 나귀는 그 주인의 구유를 알건마는 이스라엘은 알지 못하고 나의 백성은 깨닫지 못하는도다 하셨도다 슬프다 범죄한 나라요 허물진 백성이요 행악의 종자요 행위가 부패한 자식이로다 그들이 여호와를 버리며 이스라엘의 거룩하신 이를 만홀히 여겨 멀리하고 물러갔도다 너희가 어찌하여 매를 더 맞으려고 패역을 거듭하느냐(사 1:2~5).

하나님께서 유다 백성을 호되게 꾸짖는다. 단순한 꾸짖음이 아니다. 패망하고야 만다는 경고다. "칼과 기근과 전염병으로(렘 27:8; 참조, 신 28:20~68)" 하나님이 그 백성을 치신다는 것이다. 예언자가 외치는 쓴소리에는 하나님의 분노가 담겨 있다. 이스라엘이 청종하기가 쉽지 않다. 아

---

17) 성화와 경제에 대해서는 더글라스 믹스(M. Douglas Meeks), "성화와 경제: 청지기직에 관한 웨슬리적 전망," 랜디 매닥스 엮음, 『웨슬리 신학 다시보기』, 103~125를 보라.

18) '하나님의 경제(*oikonomia tou theou*)'란 더글라스 믹스가 웨슬리 신학을 해석하면서 사용한 용어다. 믹스, "성화와 경제," 125.

니, 고의적으로 귀를 닫고서 외면해 버렸다. 그럼에도 예언자들은 하나님의 증인으로 살았다. 진노하시는 하나님을 외치지 않고서는 견딜 수 없었다.

> 내가 입을 열어 말을 할 때마다 '폭력'을 고발하고 '파멸'을 외치니, 주의 말씀 때문에, 나는 날마다 치욕과 모욕거리가 됩니다. '이제는 주님을 말하지 않겠다, 다시는 주의 이름으로 외치지 않겠다' 하고 결심하여 보지만, 그 때마다, 주님의 말씀이 나의 심장 속에서 불처럼 타올라 뼛속에까지 타들어 가니, 나는 견디다 못해 그만 항복하고 맙니다(렘 20:8~9, 새번역).

예언자는, 헤셸의 말로 하면, 그가 살아야 했던 역사적·정치적 상황 속에서 "시인이자 설교자이자 애국자이자 정치가이자 사회평론가이자 도덕 운동가"로 살았다.[19] 전란의 시대 한복판에서 국가가 의지하려고 했던 무력(武力)을 무력(無力)한 짓이라고 거리낌 없이 질타했다(사 31:1~3). 이런 쓴소리를 외치기까지 예언자의 내면에는 깊은 고뇌가 있었다. 하나님의 꾸짖음을 전할 때에는 과감하게 나섰지만, 그 소리를 다른 사람이 아닌 자기가 전달해야 한다는 사실 앞에서는 밀려드는 중압감을 피할 수 없었다.

나라가 쓰러져 가는 현실 앞에서 쏟아냈던 예언자들의 말글은 아무리 고상하게 표현해도 거친 소리다. 이른바 심판 선언이다. 회개하라는 것이다. 바르게 살라는 것이다. 하나님의 섭리를 제대로 헤아리라는 촉구다. 이런 예언자의 선언은, 전문적인 용어로 말하면, 소송 제기(law-suit)다.[20] 이스라엘과 유다 사람들을 상대로 하나님이 하나님의 법정에 하나님의 백성들이 저지른 죄를 고발하는 형식이다.

---

19) 아브라함 요수아 헤셸, 이현주 옮김, 『예언자들』 상권 (서울: 종로서적, 1987), vi.

20) Michael DeRoche, "Yahweh's rib against Israel: A Reassessment of the so-called 'Prophetic Lawsuit' in the Preexilic Prophets," *Journal of Biblical Literature* 102:4 (1983), 563~574.

> 너희는 여호와의 말씀을 들을지어다 너는 일어나서 산을 향하여 변론하여 작은 산들이 네 목소리를 듣게 하라 하셨나니 너희 산들과 땅의 견고한 지대들아 너희는 변론을 들으라 여호와께서 자기 백성과 변론하시며 이스라엘과 변론하실 것이라 이르시기를 내 백성아 내가 무엇을 네게 행하였으며 무슨 일로 너를 괴롭게 하였느냐 너는 내게 증언하라(미 6:1~3).

예언서에서 하나님은 그 백성을 하나님의 법정으로 소환했다. 하나님의 말 걸기는 고발·변론·논쟁이다. 예언자들이 전한 고발과 경고는 논쟁으로 이어졌고 예언자와 이스라엘 사이에 심한 갈등을 낳았다. 단순한 말싸움이 아니라 예언에 예언으로 맞섰다. 예레미야에게 맞섰던 하나냐가 그 단적인 경우다(렘 28:1~4). 예레미야는 단순히 회개하라고만 주문하지 않았다. 아예 바벨론 왕에게 항복하라고 소리쳤다. 바벨론 왕이 주는 멍에를 메는 것이 하나님의 뜻이라고 외쳤다(렘 27:8~11). 당시 백성들의 여론과는 크게 상반되는 주장을 하나님의 이름으로 외친 것이다. "선지자 하나냐(렘 28:1)"가 나서서 예레미야를 공박하였다. 하나님이 바벨론 왕의 멍에를 꺾으셨다고 하나님의 이름으로 맞받아쳤다(렘 28:2~4). 예언자와 예언자의 대결이 주전 6세기 초 예루살렘의 저잣거리에서 벌어진 것이다. 이런 식의 충돌은 거슬러 올라가 주전 8세기 후반 아모스와 아마샤에게도 있었다(암 7:10~17). 추방당하는 것이 하나님의 뜻이라고 외쳤던 예레미야에게 하나냐는 이스라엘의 하나님은 추방이 아닌 해방의 하나님이라고 반박하였다. 추방(exile)과 해방(exodus)의 대립![21] 예레미야는 유다 왕국이 당하는 외세의 침략을 시내 산 언약으로 해석하였다. 하나냐는 출애굽의 은총에 기반한 시온 언약의 정신에서 예루살렘은 결코 무너지지 않는다고 단

21) 왕대일, "해방과 추방, 구약신학적 검토," 『Canon & Culture』 17 (2015 봄), 5~34; 『구약신학』, 273~274.

정하였다. 항복하라는 예레미야의 신탁에 하나님이 자유와 해방을 주신다고 맞받아쳤다. 예레미야는 하나님의 사람이 하나님의 사람다운 도리를 하지 않으면서 무작정 은총의 하나님, 자유의 하나님, 해방의 하나님만을 추구한다면, 그것은 거짓 종교에 지나지 않는다고 꾸짖었다. 예레미야에게 하나님의 일은 해방(exodus)이 아니라 추방(exile)이었다. 역사는 예레미야를 참 예언자로, 하나냐를 거짓 예언자로 평가하였다.

예언자들이 전한 쓴소리에 주전 6세기 초 유다 백성들만 저항했던 것은 아니다. 예언자들이 외친 '하나님의 진노(*Ira Dei*),'[22] '진노하시는 하나님'에 대한 저항은 교회사에서도 있었다. 주후 2세기 마르시온이 그런 당사자였다. 마르시온에게 하나님은 사랑과 용서와 은혜의 주님이었기에 분노하시는 하나님이란 용납하기 어려웠다. 마르시온의 눈에 비친 구약의 하나님은 '악을 만든 신, 전쟁을 좋아하는 신, 목적을 강하게 밀고 나가지 못하며 자기 자신과 모순이기조차 한 신,' '무지하고 잔혹하며 한결같지 못하고 변덕스러우며 사악한' 신에 지나지 않았다.[23]

하나냐나 마르시온은 하나님의 진노를 용납하기 어려웠다. 왜 예언자들은 백성들의 바람과는 달리 질투하시며 화를 내시고 분노하시는 하나님을 적극 선포해야 했을까? 하나님의 분노에는 '하나님의 마음이 겪는 아픔'이 서려 있다.[24] 비뚤어지고 왜곡된 세상사를 보시고 하나님이 가슴앓이를 하셨다는 것이다.

> 너희가 힘없는 자를 밟고 그에게서 밀의 부당한 세를 거두었은즉 너희가 비록 다듬은 돌로 집을 건축하였으나 거기 거주하지 못할 것이요 아름다운 포도원

---

22) 아브라함 여호수아 헤셸, 이현주 옮김,『예언자들』하권 (서울: 종로서적, 1988), 101~108.
23) 헤셸,『예언자들』하권, 102.
24) 헤셸,『예언자들』하권, 115.

> 을 가꾸었으나 그 포도주를 마시지 못하리라 너희의 허물이 많고 죄악이 무거움을 내가 아노라 너희는 의인을 학대하며 뇌물을 받고 성문에서 가난한 자를 억울하게 하는 자로다 …… 그러므로 주 만군의 하나님 여호와께서 이와 같이 말씀하시기를 사람이 모든 광장에서 울겠고 모든 거리에서 슬프도다 슬프도다 하겠으며 농부를 불러다가 애곡하게 하며 울음꾼을 불러다가 울게 할 것이며 모든 포도원에서도 울리니 이는 내가 너희 가운데로 지나갈 것임이라(암 5:11~12, 16~17).

예언자들의 고발에 드러난 하나님의 관심은, 오늘날의 표현으로 하면, 경제 정의·사회 정의의 구현이다. 예언자의 경고는 하나님과 경제를 한데 묶어서 생각했던 웨슬리에게로 나아가는 길을 터준다. 더글라스 믹스(M. Douglas Meeks)가 지적했듯이 "웨슬리에게 있어서 경제는 기독교 제자직의 핵심이자 구원의 본질이다."[25] 웨슬리가 "돈의 사용(웨슬리 설교 50번)" 같은 경제 윤리에 관한 설교를[26] 많이 남긴 것도 하나님의 구원은 개인적인 체험으로 그치지 않고 온 사회가 공평한 경제생활로 변혁되는 '믿음의 순서(*ordo fidei*)'로[27] 나아가야 한다고 보았기 때문이다. 웨슬리는 부의 축

25) M. 더글라스 믹스, "성화와 경제: 청지기직에 관한 웨슬리적 전망," 『웨슬리 신학 다시보기』, 103~125, 특히 107; 비교, M. Douglas Meeks, *God the Economist: The Doctrine of God and Political Economy*, 홍근수·이승무 옮김, 『하느님의 경제학, 신론과 정치경제학』(서울: 한울, 1998), 102~129.

26) 한국웨슬리학회가 펴낸 『웨슬리 설교전집』 1~7권 (대한기독교서회, 2006)에 실린 150편의 설교 가운데 설교 50번 "돈의 사용(The Use of Money)," 설교 51번 "선한 청지기(The Good Steward)," 설교 85번 "부(富)의 위험성(The Danger of Riches)," 설교 133번 "부에 대하여(On Riches)," 설교 149번 "재물 축적의 위험성에 대하여(On the Danger of Increasing Riches)" 등을 보라. 여기에 대해서는 김홍기의 해설, 『존 웨슬리의 구원론』, 185~210.

27) 웨슬리가 말했던 구원의 질서는 "믿음의 순서," "구원의 완성을 향한 순례" 등으로 표현된다. 여기에 대해서는 김동환, 『목사 웨슬리에게 목회를 묻다』(서울: kmc. 2014), 152~172; 김홍기, 『존 웨슬리의 구원론』, 84~220.

적을 간음이나 살인에 버금가는 죄로 규정지었다. 부유하고자 하는 욕망을 구원의 반대말로 보았다. 그래서 "부(富)의 위험성(The Danger of Riches, 웨슬리 설교 85번)"이란 설교에서 이런 지침을 내렸다.

> 첫째, 우리는 우리 자신의 가계를 위해 필요한 것들과 편리한 것들을 공급해야 합니다. 둘째, 사업을 하는 이는 그 사업을 운영하는 데 필요한 만큼만 축적해야 합니다. 셋째, 우리는 우리의 아이들에게 우리가 세상을 떠난 후에 우리 아들들을 위해 필요한 것과 편리한 것들을 남겨 두어야 합니다. 넷째, 우리는 '아무에게도 빚지지 않기 위해' 모든 이들이 보기에 정직한 것들을 공급해야 합니다. 그러나 이러한 것들이 행해졌을 때 그 이상 더 축적하려는 것은…… 우리가 부유하게 되려는 욕망이 있음을 명확하게 입증하는 것입니다.[28)]

예언자들의 마음속에는 "많이 거둔 자도 남음이 없고 적게 거둔 자도 부족함이 없이(출 16:18)" 지냈던 출애굽 공동체의 평등 사회가 자리 잡고 있었다. 하지만 예언자들의 눈에 비친 주전 8~6세기 이스라엘 사회의 모습은 가진 자와 없는 자, 힘센 자와 약한 자, 차지한 자와 빼앗긴 자, 쌓아 놓은 자와 가난한 자로 갈라지고 만, 오늘날의 용어로 말하면, 초기 자본주의 사회의 어두웠던 단면을 고스란히 드러내고 있었다. 가난한 사람들의 삶을 방치하고 있다면, 천한 사람들의 권리를 무시하고 있다면, 힘없는 자들과 함께 살지 못한다면, 출애굽의 하나님이 이스라엘에게 걸고 계셨던 하나님의 집(오이코스), 하나님의 경제(오이코노미아)는 도저히 구현될 수 없다고 보았던 것이다.[29)]

---

28) 웨슬리 설교 85번 "부(富)의 위험성(The Danger of Riches)," I. 4. 이 설교의 성경 본문은 디모데전서 6장 9절이다. 믹스, "성화와 경제," 115.

29) 믹스, "성화와 경제," 103, 114~115.

구약 신학적으로 말할 때 예언자들의 하나님이 그 백성을 하나님의 법정에 고발하는 장면은 하나님은 세상일에 무감각한 분이 아니셨다는 증거가 된다. 예언자의 하나님은 세상사에 아주 적극적으로 관심을 기울이셨다. 세상을 살아가는 자들이 바르지 않게, 옳지 않게 사는 모습을 보시고 참으로 가슴 아파하셨다. 이런 하나님을 헤셸은 '파토스(pathos)의 하나님' 이라고 명명하였다.[30] 하나님의 분노는 그런 파토스의 결과다. 예언자들은 그런 하나님의 파토스에 공감(sympathy)하였다.[31] 예언자가 된다는 것은 하나님의 마음을 나의 마음으로 품고, 하나님의 생각을 나의 생각으로 빚으며, 하나님의 관심을 자신의 관심으로 공감한다는 뜻이다. 여기에서 오랫동안 골똘하였던 구약학의 난제 하나가 풀린다.

> 예언자들의 말투가 삼인칭에서 일인칭으로 곧잘 넘어가는 것은, 그들이 그만큼 격렬한 동정(sympathy)을 느꼈거나, 하나님의 정념(pathos)과 감정적인 동화(同化)를 이루었다는 증거라고 설명할 수 있겠다. 하나님을 삼인칭으로 말하기 시작한 예언이 어느 사이에 하나님을 일인칭으로 말하고 있다. 반대로, 하나님을 일인칭으로 말하기 시작한 예언이 하나님을 삼인칭으로 말하는 예언자의 선포로 바뀌기도 한다.[32]

하나님 속에 예언자가 있고, 예언자 속에 하나님이 계셨다! 예언서를 독해하다가 자주 걸려 넘어지는 급격한 인칭 변화는 예언자가 하나님과 이루는 공감(sympathy)이라는 차원에서 수렴된다. 이것을 웨슬리의 말로

---

30) 헤셸, 『예언자들』 하권, 109. 우리말 번역은 'Pathos'를 정념(情念)으로 옮겨 놓았다.

31) 헤셸, 『예언자들』 하권, 109. 우리말 번역은 'sympathy'를 동정(同情)으로 옮겨 놓았다. "정념(pathos)이 예언 신학을 이해하는 데 근본적인 개념이듯이, 예언 종교를 이해하는 데는 동정(sympathy)이 근본적인 개념이다."

32) 헤셸, 『예언자들』 하권, 112.

하면, '우리를 위해 일하시는 하나님'을 만났던 예언자가 '우리 안에서 일하시는 하나님'을 구현하는 단계까지 그 역할이 상승하고 있다는 뜻이 된다. 진리를 향한 열정은 성경 구절을 아는 데 있지 않다. 예언자들이 바라던 경제 정의의 구현이란, 웨슬리의 용어로 바꿔 말하면, 자기 안으로 들어서는 여정(회개, 칭의, 성화, 완전)에서 시작하여 '자비의 실천(works of mercy)'을 이루고자 자기 밖으로, 곧 사회 속으로 뻗어가는 경건한 선행(works of piety)이라고 말할 수 있다.

예언자들이 소리쳤던 하나님의 분노는 이스라엘은 하나님의 집(오이코스, *oikos*)을, 하나님의 세계(오이쿠메네, *oikoumene*)를 지키는 자로 부름 받았다는 사실을 일깨워 준다.[33] 하나님의 사람은 가난하고 천한 자들과 함께 사는 삶을 이루어 가야 한다. 하나님의 구원(출애굽) 자체가 힘과 부(富)를 가진 자들 밑에서 눌려 살았던 천한 자들에 대한 해방이지 않았는가. 웨슬리는 성화를 경제(오이코노미아, *oikonomia*) 문제와 연결해서 생각했기에 하나님의 사람됨(하나님의 형상)의 회복이란 '경제인 하나님'을 따라서 '하나님의 경제인'이 되는 데까지 나아가야 한다.[34] 가나안 땅의 이스라엘이 그 됨됨이에서 하나님의 경제를 수행하는 청지기직에 미치지 못한다는 것을 깨달았을 때 예언자들은 절망하였고, 꾸짖었으며, 통렬한 자기 부정을 감행하였다. 예언자들이 소리친 하나님의 분노의 이면에는 이런 자기 각성이 내재되어 있다. 세상에 절망하면서도, 악한 자들에게 분노하면서도, 때론 하나님의 침묵에 좌절하면서도, 예언자들은 하나님의 사람들이 하나님의 경제를 구현하는 청지기들이 되기를 기대하였던 것이다.

33) 믹스, 『하느님의 경제학』, 116, 121.

34) 믹스, "성화와 경제," 103~125.

하나님의 구원, 구원하시는 하나님

이스라엘 역사의 포로기(주전 587~538)는 나라 잃은 백성이, 가나안 땅에서 추방된 백성이, 성전과 동떨어져 살게 된 백성이 하나님 없이, 하나님과 함께, 하나님을 위하여 살아가던 현장이다. 페르시아의 왕 고레스가 등장해서 바벨론을 함락시킬 때까지(주전 539년, 사 44:28~45:1) 바벨론 땅으로 끌려간 유다 왕국의 후손들은 포로민의 처지로 낯선 환경에서 하나님 신앙을 사수해야 하는 천민이 되고 말았다.

바벨론 포로기는, 문자적으로 보면, 상실의 시대다. 국권과 성전과 국토를 바벨론에게 빼앗겼다. 혼돈의 시대다. 이름을 바꾸어야 했고(참조, 단 1:6~7), 먹거리가 달라져야 했으며(참조, 단 1:5), 낯선 풍속에 내몰렸고(참조, 단 3:6~8; 6:7~9), 오늘날의 용어로 말하면, 난민 캠프로 내몰린 디아스포라가 되고 말았다. 무엇보다도 하나님께 예물을 드리는 제단을 잃어버렸다. 하나님이 그 백성과 만나시던 현장이 사라져 버렸다(참조, 출 29:42~43). 그런데도 유다 왕국의 패망(국토의 상실, 성전의 파괴, 왕국의 멸망, 백성들의 흩어짐)은 역설적으로 이스라엘에게는 하나님을 체험하는 계기가 되었다. 어째서 그랬을까?

> 서른째 해 넷째 달 초닷새에 내가 그발 강 가 사로잡힌 자 중에 있을 때에 하늘이 열리며 하나님의 모습이 내게 보이니 여호야긴 왕이 사로잡힌 지 오 년 그 달 초닷새라 갈대아 땅 그발 강 가에서 여호와의 말씀이 부시의 아들 제사장 나 에스겔에게 특별히 임하고 여호와의 권능이 내 위에 있으니라(겔 1:1~3).

에스겔은 바벨론 그발 강가의 사로잡힌 자들이 있던 곳으로 찾아오시는 하나님을 보았다. 하나님이 에스겔을 찾아오신 것이다(겔 1:4~28). 구약의 예언자들은 나라가 망한 뒤 예루살렘에서 바벨론으로 끌려가던 고난의 여정을 언급하지 않는다. 바벨론으로 끌려가는 날이 다가오고 있다고 말하거나(사 39:5~7), 예루살렘 성읍이 함락되었다는 소식을 들었다고만 거론할 뿐(겔 33:21), 포로로 잡혀 끌려가던 치욕의 걸음걸이에 대해서는 언급하지 않는다. 예루살렘의 패망을 그토록 자세하게 묘사한 예레미야도, 바벨론으로 끌려갔다고만 지적할 뿐 거기에 대해서는 말하지 않는다(참조, 렘 39:1~10; 52:4~16, 24~27; 비교, 왕하 25:1~12, 18~21).

그러나 이스라엘 역사의 포로기(주전 587~538)는 단순히 나라의 패망이 빚어낸 결과로만 그치지 않았다. 바벨론 포로기는 이스라엘을 전혀 새로운 존재로 거듭나게 하는 계기가 되었다. 이것을 구약학자 도날드 고완(Donald E. Gowan)의 말로 하면, 이스라엘은 바벨론 포로기라는 '무덤'에서 죽음과 부활을 체험하는 주인공이 되었다.[35] 바벨론이라는 무덤에 묻혀 있던 이스라엘을 하나님이 새 생명으로 이끌어 내셨다는 것이다. 즉 나라의 패망이라는 쓴 경험은 이스라엘이 하나님의 사람으로 거듭나는 길로 들어서게 된 하나님의 은총이기도 했다. 이스라엘이 하나님을 찾기 전에 하나님이 이스라엘을 찾아오셨다! 하나님이 휘두르신 엄한 회초리 속에 하나님의 사랑이 깃들어 있었다는 것이다. 바벨론 포로기라는 체험에서 포로기의 이스라엘은 하나님의 사람 이스라엘로 빚어진다. 그렇게 볼 때 예루살렘에서 쫓겨나 바벨론으로 걸어갔던 이스라엘의 자취는, 사도 바울의 용어로 말하면 이스라엘의 다메섹 체험이요, 웨슬리의 용어로 말하면 유다 백성의 올더스게이트(Aldersgate) 체험이고, 마르틴 부버(Martin Buber)의 용어로 말하면, 이스라엘이 하나님을 '당신(Thou)'으로 만나는 체험이

35) Donald E. Gowan, *Theology of the Prophetic Books: The Death and Resurrection of Israel* (Louisville: Westminster John Knox. 1998), 15~16; 왕대일,『구약신학』(서울: 대한기독교서회, 2010), 254~267.

다. 이스라엘의 바벨론 포로기는 이스라엘을 하나님의 실재 안으로 참여하게 하는 위대한 여정이었던 것이다. 이것은 마치 18세기의 지성이 하나같이 사람의 이성이 체험을 인식한다고 가르칠 때 웨슬리가 그 말을 뒤집어서 사람의 체험이 이성을 빚는다고 맞받아쳤던 것과도 비슷하다.

포로기의 이스라엘은 성전이 사라진 시대에 안식일 지키기로 자신들의 정체성을 확인하기 시작했다.[36] 성전이 하나님을 예배하는 거룩한 공간이었다면, 안식일은 하나님을 경배하는 거룩한 시간이다. 하나님의 성소를 공간이 아닌 시간 속에다가 지었다는 뜻이다. 구별된 장소에서가 아닌 구별된 시간에서 창조주 하나님이 지키셨던 안식을 이스라엘이 지켰다는 것이다. 안식일은 시간 속에 마련된 성소였다. 안식일이라는 시간에 참여함으로 포로기의 이스라엘은 구원의 하나님이 제정하신 은총을 체험하였다(신 5:13~15; 출 20:8~11). 안식일을 단순히 노동에서의 쉼을 위한 제도적 장치로만 읽어서는 안 된다. 안식일 지키기에서 포로기를 살던 하나님의 백성은 자기들의 정체성을 확인했으며, 포로 후기 시대에 가서는 안식일 지키기에서 하나님의 공의의 구현을 확인하였다(사 56:1~2, 4~7). 안식일의 영성에서 바벨론 포로기는 하나님의 백성에 대한 심판이 아니라 하나님의 백성을 정결케 하는 통로가 되었던 것이다.[37] 포로기에 구현해 낸 안식일 풍속은, 웨슬리의 용어로 바꿔 말하면, '성령께서 우리를 하나님의 실재 안으로 참여하도록 이끌어 들이는,' '은총의 수단'이었다.[38]

포로기가 일깨워 준 이스라엘 신앙의 영성은 포로 생활을 마치고 예루

36) Bernard Gosse, "Sabbath, Identity and Universalism Go Together after the Return from Exile," *Journal for the Study of the Old Testament* 29:3 (2005), 359~370; Cyrus H. Gordon, "The Biblical Sabbath: Its Origin and Observance in the Ancient Near East," *Judaism* 31:1 (1982), 12~17.

37) Aaron S. Tamaret, "The Exile of the Presence and the Presence of the Exile," *Tikkun* 25:6 (Nov/Dec 2010), 56~58.

38) Runyon, 『새로운 창조』, 112~113.

살렘으로 돌아가는 자들에게 다시 한 번 공명(共鳴)을 이룬다.

> 내가 붙드는 나의 종, 내 마음에 기뻐하는 자 곧 내가 택한 사람을 보라 내가 나의 영을 그에게 주었은즉 그가 이방에 정의를 베풀리라 그는 외치지 아니하며 목소리를 높이지 아니하며 그 소리를 거리에 들리게 하지 아니하며 상한 갈대를 꺾지 아니하며 꺼져가는 등불을 끄지 아니하고 진실로 정의를 시행할 것이며 그는 쇠하지 아니하며 낙담하지 아니하고 세상에 정의를 세우기에 이르리니 섬들이 그 교훈을 앙망하리라(사 42:1~4).

바벨론에서 예루살렘으로 돌아가던 자들에게 이사야가 외친다. 이사야의 외침을 듣는 자들은 포로 생활을 청산하고 귀향(歸鄕)하는 자들이다. 에스라·느헤미야가 즐겨 쓰는 말로 하면, 사로잡혀 갔다가 돌아온 자들이다(스 2:1). 정치 사회적으로 표현하면, 성서적 시오니즘이라고도 불릴 수 있는, 예루살렘(시온)으로 가는 길을 닦는 자들이다. 이사야가 그들에게 무엇을 기대하는가? 이사야는 그들을 하나님이 붙드는 하나님의 종이라고 부른다. 이제부터 이스라엘은 종이 되어야 한다. 지금까지는 '택한 사람'으로 불렀지만, 이제부터는 종이 되어야 한다. 정의를 세우는 종이 되어야 한다. 그래서 이사야가 그들에게 외치는 소리가, 이른바 종의 노래다(사 42:1~9; 49:1~6; 50:4~9; 52:13~53:12). 바벨론에서 예루살렘으로 가는 길, 그 길은 하나님의 종이 되는 길이다. 하나님의 뜻을 이루고자 기꺼이 고난받는 종이 되는 길이다. 쓰기는 바벨론에서 예루살렘으로 돌아가는 길이지만, 읽기는 땅의 사람에서 하나님의 사람이 되는 길이다.

> 이제 여호와께서 말씀하시나니 그는 태에서부터 나를 그의 종으로 지으신 이시요 야곱을 그에게로 돌아오게 하시는 이시니 이스라엘이 그에게로 모이는

> 도다 그러므로 내가 여호와 보시기에 영화롭게 되었으며 나의 하나님은 나의 힘이 되셨도다 그가 이르시되 네가 나의 종이 되어 야곱의 지파들을 일으키며 이스라엘 중에 보전된 자를 돌아오게 할 것은 매우 쉬운 일이라 내가 또 너를 이방의 빛으로 삼아 나의 구원을 베풀어서 땅 끝까지 이르게 하리라(사 49:5~7).

하나님의 기대가 여기에 있다. 너를 이방의 빛이 되게 하리라! 사로잡혀 갔다가 돌아온 자들이 종의 자리로 내려가 세상을 섬길 때 하나님이 그들을 열방을 밝히는 빛이 되게 하신다는 것이다. 에스겔은 이것을 이렇게 바꿔 말한다.

> 내가 너희를 여러 나라 가운데에서 인도하여 내고 여러 민족 가운데에서 모아 데리고 고국 땅에 들어가서 맑은 물을 너희에게 뿌려서 너희로 정결하게 하되 곧 너희 모든 더러운 것에서와 모든 우상 숭배에서 너희를 정결하게 할 것이며 또 새 영을 너희 속에 두고 새 마음을 너희에게 주되 너희 육신에서 굳은 마음을 제거하고 부드러운 마음을 줄 것이며 또 내 영을 너희 속에 두어 너희로 내 율례를 행하게 하리니 너희가 내 규례를 지켜 행할지라(겔 36:24~27).

예언자 에스겔은 제사장 출신이다. 에스겔은 이스라엘의 새로워짐을 정결 예식에 견주어서 설명한다. 하나님이 이스라엘을 맑은 물로 씻어 주신다. 이스라엘의 몸을 정결하게 닦아 주신다. 몸만 닦아 주시는 것이 아니라 새 영을 주어 새 마음을 갖게 하고, 새 마음을 주어 새 몸을 지니게 한다. 에스겔의 말에는 창조주 하나님이 사람을 지을 때 하셨던 동작이 반영되어 있다. 그러나 그 순서가 다르다. 그때는 흙으로 지어진 몸에다가 하나님이 생기를 불어넣는 방식이었지만, 지금은 새 영이 불면서 마음이 새로워지고 그 몸이 부드러워지는 방식이다.

에스겔이 조망하는 구원은 죽은 자를 살리시는 하나님 이야기다. 바벨론 포로기라는 무덤의 문을 하나님이 여시고 이스라엘을 거기에서 살아나오게 하신다.

> 주 여호와께서 이같이 말씀하시기를 내 백성들아 내가 너희 무덤을 열고 너희로 거기에서 나오게 하고 이스라엘 땅으로 들어가게 하리라 내 백성들아 내가 너희 무덤을 열고 너희로 거기에서 나오게 한즉 너희는 내가 여호와인 줄을 알리라 내가 또 내 영을 너희 속에 두어 너희가 살아나게 하고 내가 또 너희를 너희 고국 땅에 두리니 나 여호와가 이 일을 말하고 이룬 줄을 너희가 알리라(겔 37:12~14).

"내가 또 내 영을 너희 속에 두어 너희가 살아나게 하고!" 하나님이 하나님의 영을 그 백성 속에다가 두어서 살아나게 한다는 것이다. 무슨 뜻인가? 에스겔이 일깨워 주는 것은 '난 사람'이 아니라 '된 사람'이다. 하나님의 사람으로 되어 가는 과정이다. 웨슬리 신학의 용어로 하면 '하나님 형상의 갱신'이다.[39] 하나님의 형상은 사람의 이성이나 양심이나 어떤 재능이 아니다. 이성이나 양심이나 재능이 사람으로 하여금 하나님의 영을 지닌 자가 되게 하지 않는다. 하나님이 하나님의 영을 사람 속에 두심으로 사람은 하나님과 '하나님의 은혜로 부르심을 받은 살아 있는 관계'로 들어서게 된다. '하나님 없이 하나님을 모실 수 없다.'는 것이다.[40] 하나님의 영이 이스라엘에게 들어감으로 이스라엘은 다시 하나님의 사람이 되는 길에 들어선다. 예언자들에게 하나님의 구원은 점진적으로 완성되는 과정이다. 하

39) Runyon, 『새로운 창조』, 15~34.

40) Runyon, 『새로운 창조』, 15, 28~29.

나님은 그 백성이 하나님의 형상을 갱신하게 되기까지 예루살렘에서 바벨론으로 가는 길을 걷게 했고, 다시 바벨론에서 예루살렘으로 돌아가는 길을 걷게 했다. 거기에서 하나님을 알고, 하나님을 체험하고, 하나님의 사람이 되며, 열방에 빛을 비추는 하나님의 형상이 되었다. 웨슬리가 그의 설교 "하나님으로부터 난 자들이 누리는 특권(The Great Privilege of Those That Are Born of God, 웨슬리 설교 19번)"에서 말했던 '영적 호흡'을 이스라엘이 들이마시고 내쉬게 되었다는 것이다.

> 영혼 속에 불어넣는 하나님의 호흡, 하나님에게서 처음 받은 그것을 내쉬는 영혼의 호흡, 영혼에 대한 하나님의 계속적인 행동과 하나님께 대한 영혼의 반사 행동, 끊임없는 하나님의 현존하심과 믿음으로 인지하는 마음속에 나타나는 사랑과 용서의 하나님, 다함이 없이 들리는 사랑과 찬양과 기도 그리고 우리 마음의 모든 생각, 우리 혀의 모든 말, 우리 손으로 하는 모든 일들, 우리의 모든 육체와 혼과 영혼, 곧 거룩한 제물로 그리스도 예수 안에서 하나님이 받으실 만하게 드리는 것입니다.[41)]

'그날'을 향한 소망, 새로운 창조

포로 후기 시대는 페르시아가 온 세상을 다스리던 때다. 페르시아가 열리면서 사로잡혀 갔다가 돌아온 유다 사람들은 페르시아의 비호 속에 예루살렘에 두 번째 성전을 지었다. 에스라가 유다 사람들을 찾아갈 때 페르시아의 왕 아닥사스다는 에스라에게 "네 하나님의 명령과 왕의 명령을 준행하지 아니하는 자는" 엄하게 다스리라는 조서를 내렸다(스 7:11~26).

41) 웨슬리 설교 19번, "하나님으로부터 난 자들이 누리는 특권(The Great Privilege of Those That Are Born of God)," III. 2, Runyon, 『새로운 창조』, 23.

페르시아 시대 당시 유다 사람들은 하나님의 명령(토라)을 삶의 질서로 지키면서도 왕의 명령을 준수해야 하는 종교 공동체로 재구성되었다. 사로잡혀 갔다가 귀향한 유다 사람들은 그런 환경에서 성전을 건축하려고 했다.

> 너희는 산에 올라가서 나무를 가져다가 성전을 건축하라 그리하면 내가 그것으로 말미암아 기뻐하고 또 영광을 얻으리라(학 1:8).

성전 건축에 나섰던 그들에게는 희망이 있었다. 성전이 건축되면 온 세상을 다스리시는 하나님의 통치가 예루살렘에서 이루어질 것이라고 기대하였다. 성전은 교회의 밑거름이다. 교회(에클레시아 *ekklesia*)가 부름 받은 자들의 모임(공동체)을 강조한다면, 성전은 하나님과의 교제(코이노니아 *koinonia*)를 강조한다.[42] 구약에서 '성전'이란 용어는, 문자적으로는 회중이 모이는 큰 건물이지만, 의미상으로는 하나님의 집을 가리켰기에, 성전에서 하나님을 만난다는 설렘은 이스라엘의 영성을 떠받치는 주춧돌이 되었다. 이스라엘 신앙에서 성전은 이스라엘이 그 하나님과 교제하는 '은총의 수단'이었던 것이다.

> 여호와가 이같이 말하노라 내가 시온에 돌아와 예루살렘 가운데에 거하리니 예루살렘은 진리의 성읍이라 일컫겠고 만군의 여호와의 산은 성산이라 일컫게 되리라(슥 8:3).

학개와 스가랴의 판단은 이사야를 닮았다. 이사야가 "율법이 시온에서부터 나올 것이요 여호와의 말씀이 예루살렘에서부터 나올 것임이니라(사 2:3)."고 하지 않았는가! 이 점은 에스겔도 마찬가지다. 우상 숭배로 더럽

42) 비교, 클라이버·마르쿠바르트, 『감리교회 신학』, 408.

혀진 성전에서는 하나님의 영광이 떠났지만(겔 10:1~18), 하나님의 영이 주도하여 지으실 새 성전으로는 하나님의 영광이 다시 돌아오게 된다(겔 43:1~5). 학개와 스가랴는 그래서 있는 힘을 다하여 온갖 반대와 훼방을 무릅쓰고 두 번째 성전을 지어서 봉헌하였다(주전 515). 그러나 기대했던 하나님의 영광은 도래하지 않았다! 왜 그랬을까? 두 가지 이유를 짐작할 수 있다. 정치 사회적으로는 그 성전이 페르시아의 국가 종교의 범주에서 벗어나지 못했기 때문이고, 신학적으로는 하나님과 그 백성이 누리는 '코이노니아'가 그곳에서 이루어지지 못했기 때문이다. 포로 후기 시절의 유다 사람들이 예언자와 제사장과 총독이 합세하여 세웠던 성전의 '살아 있는 지체'가 되지 못했던 것이다.[43] 성전 제의가, 성전 예배가, 성전의 제단에 드리는 예물과 제물이 유다 사람들이 하나님과 나누는 거룩한 친교의 수단이 되지 못했다는 말이다.

이제부터 예언자의 말글은 '그날'을 향한 소망으로 쏠린다. '여호와의 날(야훼의 날)'을 기대하는 자리로 나선다. 야훼의 영광이 시온으로 돌아오는 날이 도래하기를 기다린다. 본래 예언자의 관심사는 미래가 아니었다. 예언(預言)이지 예고(豫告)가 아니었다. 예언자가 심혈을 기울여 살펴보던 시간은 오늘이었다. 내일에 있을 일은 오늘 하기 나름이라는 판단이 예언자들에게 있었다. 타락한 삶을 버리고 새 삶을 선택하라! 그것이 예언자들이 기울였던 궁극적인 관심사였다. 그랬던 예언자들의 말글이 그 궤도에서 벗어난다. 제2성전에 대한 기대가 절망으로 바뀌고 여호와의 식탁을 경멸히 여기는(말 1:7) 자태가 서슴없이 벌어지자 예언자들의 시선은 오늘

---

43) 웨슬리에게 교회는 그리스도의 몸이다. 교인들은 그리스도의 몸을 이루는 살아 있는 지체다. "예수 그리스도의 진정한 구성원은 모든 노력을 다하고, 모든 염려와 고통을 겪으며, 언제까지나 참으면서 평화의 띠로써 영 안에서 일치를 지켜야 한다. …… 그럴 때에만 우리는 그리스도의 몸이 되는 살아 있는 지체들이 될 것이다." 웨슬리 설교 110번, "교회에 대하여," 클라이버·마르쿠바르트, 『감리교회 신학』, 415.

의 왜곡된 현실을 심판할 주님의 날로 뻗어 나간다(말 2:17).

야훼의 날은 이스라엘 종교에서는 익숙한 주제다. 그날을 향한 기대는 나라가 망하기 이전부터 있었다. 예레미야는 그날이 오면 하나님은 "이스라엘 집과 유다 집에 새 언약을 맺으리라."라고 외쳤다(렘 31:31~33). 새 언약은 이스라엘과 유다의 회복을 다짐하는 약속이다. 이 '그날'은 하나님이 유다 땅에 다윗의 통치를 회복시키시는 날이다.

> 그 날 그 때에 내가 다윗에게서 한 공의로운 가지가 나게 하리니 그가 이 땅에 정의와 공의를 실행할 것이라 그 날에 유다가 구원을 받겠고 예루살렘이 안전히 살 것이며 이 성은 여호와는 우리의 의라는 이름을 얻으리라 여호와께서 이와 같이 말씀하시니라 이스라엘 집의 왕위에 앉을 사람이 다윗에게 영원히 끊어지지 아니할 것이며 내 앞에서 번제를 드리며 소제를 사르며 다른 제사를 항상 드릴 레위 사람 제사장들도 끊어지지 아니하리라 하시니라(렘 33:14~18).

그날을 바라는 소망은 포로기에도 넘쳐났다. 하나님이 온 열방을 심판하시고 이스라엘을 구원하시는 날이라고 사모하였다. 단적으로 그날은 에스겔이 외쳤듯이 "마곡 땅의 곡"이 심판을 받는 날이다(겔 38~39). 그랬던 기대가 그 어조를 달리한다. 궁극적으로 하나님의 통치를 기다리는 소망으로 바뀐다. 그 하나님의 통치를 이루게 하는 것은 이스라엘이 아니라 하나님 자신이다. 하나님이 그의 나라를 완성하신다. 이스라엘이 할 수 있는 일은 그 완성을 향한 준비다. 그러기 위해서는 하나님의 뜻을 알고 그에 맞춰 살아가야 한다. 그날을 심판의 날(욜 2:1~3; 암 5:18~20; 습 1:7~18)로 재해석하였던 것은 이스라엘이 세상에서 나와서 '하늘로 들어가는 것'이 아니기 때문이다.[44] 이 땅에 도래할 하나님의 나라를 맞이하기 위해서는 이

44) 클라이버·마르쿠바르트, 『감리교회 신학』, 520.

세상의 악한 세력들이 있어서는 안 된다는 것이다.

예언자가 고대하는 '그날'은 하나님의 창조가 완성되는 날이다. 창조주 하나님이 하늘과 땅을 지으시고 "보시기에 좋았던" 그 세상을 치유하시고, 갱신하시고, 회복하는 날이다. 그날의 도래를 기다리기에 이제부터 쏟아지는 예언자들의 육성은, 구약신학으로 말하면, 종말론으로 모아지고, 웨슬리 신학으로 말하면, "도래하고 있는 하나님 나라의 위대한 비전"으로[45] 모아진다. 그 비전에는 이스라엘만 참여하는 것이 아니다. 모든 사람들이 창조의 완성을 누리는 주인공이 될 것이다. 그래서 이사야는 지금까지 하나님의 백성의 울타리로 작용하였던 인종적 배타성을 허물어뜨린다. 이스라엘의 하나님이 아닌 온 세상의 하나님, 유다 백성만의 하나님이 아닌 온누리의 하나님이심을 일깨워 준다. 하나님의 시간(안식일), 하나님의 뜻(정의), 하나님의 약속(언약)을 굳게 잡는 자라면 누구라도 하나님의 사람이 되는 자리에 들어서는 길을 터준다.

> 여호와께서 이와 같이 말씀하시기를 나의 안식일을 지키며 내가 기뻐하는 일을 선택하며 나의 언약을 굳게 잡는 고자들에게는 내가 내 집에서, 내 성 안에서 아들이나 딸보다 나은 기념물과 이름을 그들에게 주며 영원한 이름을 주어 끊어지지 아니하게 할 것이며 …… 내가 곧 그들을 나의 성산으로 인도하여 기도하는 내 집에서 그들을 기쁘게 할 것이며 그들의 번제와 희생을 나의 제단에서 기꺼이 받게 되리니 이는 내 집은 만민이 기도하는 집이라 일컬음이 될 것임이라(사 56:4~5, 7).

이제부터 하나님의 구원의 지평은 인종과 계층과 성별을 뛰어넘는다(참조, 말 1:11). 그날을 위해서 새 언약 공동체는, 오늘날의 용어로 하면,

---

45) 클라이버·마르쿠바르트, 『감리교회 신학』, 522.

하나님의 선교의 터전을 구축해야 한다. '우리'밖에 모르던 자들에게 하나님의 손으로 세워지는 새 성전(사 66:1, 10~14)에서는 '우리'가 섬겨야 할 '그들'이 있음을 공지한다. 웨슬리의 말로 "관용의 정신(Catholic Spirit, 웨슬리 설교 39번)"을 일깨워 준 것이다.[46] 이것은 인종과 혈통과 계층의 담을 허무는 복음화다. 이제부터 하나님의 사람은 세상 속에서 "하나님의 다리를 건설하는 사람들"이 되어야 한다.[47]

하나님이 세우실 성전에 모이는 공동체는 세상에서 일하시는 하나님의 도구가 되어야 한다. 그날에 완성될 하나님의 나라에는 사람만이 아닌 온 창조 세계의 피조물들이 참여하게 될 것이다. "새 하늘과 새 땅(사 65:17)"은 사람과 짐승과 식물과 그 밖에 온갖 피조물들이 더불어 경험하는 새 세상이다.

> 보라 내가 새 하늘과 새 땅을 창조하나니 이전 것은 기억되거나 마음에 생각나지 아니할 것이라 너희는 내가 창조하는 것으로 말미암아 영원히 기뻐하며 즐거워할지니라 보라 내가 예루살렘을 즐거운 성으로 창조하며 그 백성을 기쁨으로 삼고 내가 예루살렘을 즐거워하며 나의 백성을 기뻐하리니 우는 소리와 부르짖는 소리가 그 가운데에서 다시는 들리지 아니할 것이며 …… 그들이 부르기 전에 내가 응답하겠고 그들이 말을 마치기 전에 내가 들을 것이며 이리와 어린 양이 함께 먹을 것이며 사자가 소처럼 짚을 먹을 것이며 뱀은 흙을 양식으로 삼을 것이니 나의 성산에서는 해함도 없겠고 상함도 없으리라 여호와께

46) 웨슬리의 설교 39번 "관용의 정신"의 본문은 열왕기하 10장 15절이다. 웨슬리가 이 본문에서 주목한 구절은 예후가 여호나답에게 던진 제안, "네 마음도 진실하냐 …… 그러면 나와 손을 잡자."였다. 웨슬리의 설교는 이 어구를 가지고 성서 시대의 상황과 오늘의 상황을 연결지어 (analogy of context) 예후와 여호나답이 주고받았던 관용의 정신을 웨슬리 시대에 필요했던 관용의 정신으로 풀어 나갔다. 서예은, "웨슬리안 성서해석학의 이론적 기초," 51~58.

47) 이 말은 프리드리히 분더리히(Friedrich Wunderlich) 감독이 쓴 책 제목에서 따왔다. 클라이버·마르쿠바르트, 『감리교회 신학』, 465.

서 말씀하시니라(사 65:17~ 19, 24~25; 비교, 사 11:6~9).

하나님의 창조가 완성되는 날 "새 하늘과 새 땅"을 누리는 자들에게는 여태껏 당했던 슬픔과 배고픔과 불의와 싸움과 약탈과 갈등과 비극 등이 더 이상 없다. 에덴동산에서 누렸던 삶이 회복된다. 땅이 더 이상 사람들의 죄악 탓에 희생당하지 않을 것이다.[48] 탈(脫)에덴의 비극 탓에 하나님의 창조 세계가 잃어버렸던 상생(相生)을 전혀 새로운 방식으로 누리게 될 것이다.[49] 하나님과 사람 사이에, 사람과 사람 사이에, 나아가 사람과 동물 사이에, 아니 사람과 생태계 사이에 멋있는(!) 공생(共生)의 어우러짐을 맛보게 될 것이다.

이사야는 이스라엘 종교의 미래를 부정적으로 보지 않았다. 도리어 새 하늘과 새 땅이 도래하고 있다는 위대한 비전을 제시하였다. 웨슬리도 기독교 신앙의 미래를 부정적으로 보지 않고 이 땅에 이루어질 새로운 창조를 적극 조망하였다. 새 하늘과 새 땅이라고 해서 하나님이 원래 창조하셨던 세계가 사라지는 것은 아니다. 거듭 말하지만 새 하늘과 새 땅이란 현재 우리가 살고 있는 세상이 창조될 때 원래 지녔던 모습으로 회복된다는 뜻이다.[50] 다시 말해 "성령을 통해 그리스도가 우리 안에 거하시고 우리가 그리스도 안에 거할 때, 우리가 하나님의 사랑 안에 거하고 그가 우리 안에 거할 때 이미 하나님의 나라가 시작되었다."는 뜻이다.[51] 이 창조 질서의 회복을 소망하면서 웨슬리는 그의 생애의 막바지에 "새 창조(The New Creation,

48) Anne Gardner, "Ecojustice or Anthropological Justice? A Study of the New Heavens and the New Earth in Isaiah 65:17," in *The Earth Story in the Psalms and the Prophets*, ed. Norman C. Habel (Cleveland: Pilgrim, 2001), 204~218.

49) Gardner, "Ecojustice," 216.

50) 왕대일, 『구약성경의 종말론, '그 날'을 향한 소망』 (서울: 한국성서학연구소, 2017), 333.

51) 김홍기, 『존 웨슬리의 구원론』, 212.

웨슬리 설교 113번)"라는 제목으로 설교하였고, 웨슬리가 품었던 사회 성화에서 온누리의 성화(여기에는 사람과 동식물과 온갖 피조 물질이 다 포함된다)로 나아가는 여정을 펼쳤다. 이것을 가리켜 김홍기는 구원의 완성을 향한 순례의 마지막 단계인 '우주적 성화(cosmic sanctification)'라고 불렀다.[52] '구원의 완성을 향한 순례'에 나선 자들이 품는 마음이 여기에 있다. 그 마음을 노년의 웨슬리는 그의 설교 "새 창조(The New Creation, 웨슬리 설교 113번)"에서 이렇게 설교하였다.

> 새 땅에서는 어떤 피조물도 다른 것을 죽이고 해치며 고통을 주지 않을 것입니다. 전갈은 독을 뿜는 침을, 독사는 독을 분비하는 이빨을 잃게 될 것입니다. 사자는 양을 찢을 발톱과 양의 살과 뼈를 씹어 먹을 수 있는 이빨을 잃게 될 것입니다. 어떤 피조물도, 어떤 동물도, 어떤 새도 물고기도 어떤 다른 피조물을 해치는 기질을 잃어버리게 될 것입니다. 잔인함은 사라질 것이며 야만적이고 사나운 기질은 잃어버릴 것입니다. 전쟁의 소식은 더 이상 들리지 않을 것이며 파괴는 지구 위에서 더 이상 찾아볼 수 없게 될 것입니다. "늑대는 양과 함께 살게 될 것입니다(이 말은 비유적으로뿐만 아니라 문자 그대로 이해될 수 있습니다)." "그리고 사자는 아이들과 함께 눕게 될 것입니다." …… 그러나 그때에 일어날 모든 변화 중 가장 영광스런 변화는 불쌍하고, 죄 많고, 비참한 사람의 아들들에게 일어날 변화일 것입니다. …… "보라, 하나님의 성막이 그들과 함께 거하고, 하나님이 그들과 함게 거하며, 그들은 그의 백성이 되며, 하나님은 그들의 하나님이 될 것이다." 그때가 되면 아담이 낙원에서 향유했던 것과는 비교할 수 없는 훨씬 더 순수하고 지고한 거룩함과 행복을 향유하게 될 것입니다.[53]

52) 김홍기,『존 웨슬리의 구원론』, 212~220. 그는 구원의 완성을 향한 순례를 이렇게 본다. 선재적 은총→회개→의인화→거듭남→성화→완전→영화→사회적 성화→우주적 성화.

이제 예언자는 다시 향도(嚮導)의 길에 들어선다. 향도는 길을 인도하는 사람이다. 새 하늘과 새 땅에 대한 비전과 함께 구약의 예언자는 오늘만 알고 있는 자들에게 '그날에' 이르는 길을 들려준다. 예언자의 역할이 다시금 '앞 선(先),' '알 지(知),' '사람 자(者),' 선지자가 되는 것이다. 앞서 깨달은 말씀을 대언(代言)하고자 사람 앞에 '나선' 사람이 되는 것이다. 웨슬리가 바로 그런 향도였다. 웨슬리는 18세기라는 사회에서 온 인류를 향한 선지자로 살았다. 하나님의 실재(實在) 안에서, 하나님의 현존(現存) 안에서, 하나님의 임재(臨在)를 인격적으로 체험하였다. 그래서 웨슬리는 거기에, 저 높은 곳에, 오늘이 아닌 내일에 계시는 하나님을 가리키지 않고 오늘, 여기에, 이 낮은 곳에, 계시는 하나님을 소개하였다. 그 하나님이 이루실 새로운 창조를 믿음과 소망과 사랑으로 고대하였기 때문이다.

53) 웨슬리 설교 113번, "새로운 창조(The New Creation)," 17~18, 『존 웨슬리의 설교』, 162. 이 설교의 성경 본문은 요한계시록 21장 5절이다.

제3부

구약의 말씀으로 읽는 웨슬리의 구원론

01

새로운 탄생(창 15:1~6)*

이 후에 여호와의 말씀이 환상 중에 아브람에게 임하여 이르시되 아브람아 두려워하지 말라 나는 네 방패요 너의 지극히 큰 상급이니라 아브람이 이르되 주 여호와여 무엇을 내게 주시려 하나이까 나는 자식이 없사오니 나의 상속자는

* 웨슬리 설교는 미국 UMC의 GBGM(General Board of Global Ministries)의 홈페이지(https://www.umcmission.org)나 웨슬리안성결디지털도서관(Wesleyan-Holiness Digital Library)에서 pdf 사본을 다운로드 받아서 읽을 수 있다(https://www.whdl.org > John Wesley's Sermons > Download free PDF: Sermons on Several Occasions [John Wesley]). 웨슬리 설교 150편은 한국웨슬리학회가 펴내고 대한기독교서회가 간행(2006)한 『웨슬리 설교전집 1-7』에 우리말로 번역·수록되어 있다. 이 설교 전집에서 웨슬리 설교 45번의 제목은 "신생"이다. 이것을 나는 "새로운 탄생(The New Birth)"으로 옮겼다. 이 설교의 성경 본문은 요한복음 3장 7절이다. 이 설교에서 웨슬리는 왜 우리가 거듭나야 하는지, 새롭게 태어나야 하는 근거가 무엇인지, 어떻게 거듭나게 되는지, 새로운 탄생의 본질은 무엇인지, 무슨 목적으로 거듭나야 하는지 등을 다룬다. 예컨대 웨슬리는 세례를 받았다고 해서 거듭난 것은 아니라는 사실을 강조한다. 거듭난 자는 성령으로 태어난 자여야 한다. 웨슬리는 기독교 교리의 핵심으로 칭의(稱義)와 새로운 탄생을 꼽는다. 전자는 하나님이 타락한 우리를 위해서 행하신 위대한 일이고, 후자는 우리를 하나님의 형상으로 회복시키고자 하나님이 우리 안에서 행하신 위대한 일이다. 이 둘 중 어느 것이 먼저 일어나고 어느 것이 나중에 일어나는지를 정하기는 어렵다. 하나님의 은혜로 의롭다고 여겨지는 순간 우리는 속죄하신 예수 그리스도로 말미암아 '성령으로 태어난(born of the Spirit)' 존재가 된다. 그러나 굳이 논리적으로는 칭의가 새로운 탄생에 앞서 일어난다. 먼저 속죄함을 받은 이후에야 하나님의 성령이 우리 마음 안에서 일하시게 된다.

> 이 다메섹 사람 엘리에셀이니이다 아브람이 또 이르되 주께서 내게 씨를 주지 아니하셨으니 내 집에서 길린 자가 내 상속자가 될 것이니이다 여호와의 말씀이 그에게 임하여 이르시되 그 사람이 네 상속자가 아니라 네 몸에서 날 자가 네 상속자가 되리라 하시고 그를 이끌고 밖으로 나가 이르시되 하늘을 우러러 뭇별을 셀 수 있나 보라 또 그에게 이르시되 네 자손이 이와 같으리라 아브람이 여호와를 믿으니 여호와께서 이를 그의 의로 여기시고(창 15:1~6).

"히브리 사람 아브람"

본문의 주인공은 아브라함이다. 아니, 아브람이다. 더 정확하게는 "히브리 사람 아브람(창 14:13)"이다. 히브리어의 아버지(아브, אב)와 높다(람, רם)가 합쳐져서 이루어진 글자다. '아버지는 높으시다'이거나 '높으신 아버지'란 뜻이다. 데라가 아브람을 낳고 그에게 높은 자가 되라는 기대를 걸었다. 그러나 아브람의 현실은 귀하게 대접받는 것과는 거리가 멀었다. 하란 땅을 떠난 뒤부터 아브람은 히브리 사람으로 살았다.

'히브리 사람'의 뜻은 다중적(多重的)이다. '강 저쪽에서 이쪽으로 건너온 사람'이나 떠돌아다니다가 정착한 사람, 때로는 에벨의 후손(창 10:21)을 가리킨다. 복수형(하이브림, העברים)에서는 히브리어를 쓰는 민족을 가리키며(창 40:15; 삼상 13:3, 7; 욘 1:9), 신약에서는 헬라어를 쓰는 디아스포라 유대인이 아닌 히브리어를 사용하는 유대인을 지칭한다(행 6:1; 빌 3:5). 사회학적으로는 천대받는 자들과 연관된다. "히브리 종(출 21:2)"이나 팔려간 요셉(창 39:14)은 히브리 사람으로 불렸다. 애굽 왕 바로를 위하여 국고성 비돔과 라암셋을 건축하는 일에 강제로 동원되었던 자들도 히브리 사람(출 1:15, 16, 19; 2:7)이었다. 모세를 물에서 건져낸 바로의 딸도 모세를 처음 보았을 때는 "히브리 사람의 아기(출 2:6)"라고 불렀다. 히브리 사람이란 한 고장의 주민이기보다는 그 고장에서 더부살이하다가 종으로 부림 받던 자들, 말하자면, "잡족(출 12:38)"에 속한 자들이었다.

아브람이 히브리 사람이었다는 것은 그가 천하게 살았다는 뜻이다. 아브람은 하란(창 12:4)을 떠나 가나안 땅 세겜(12:6)에 당도한 다음에는 벧엘(12:8)로 이동하였다가 "줄곧 남쪽으로 가서, 네겝에 이르렀다(12:9, 새번역)." 네겝 땅에 기근이 들자 애굽(12:10)으로 내려가 "얼마 동안 몸 붙여서 살려고(12:10, 새번역)" 꾀를 부렸다가 수모만 당한 채 쫓겨나고 말았다(12:20). 애굽을 떠나서 네게브(13:1)로 올라가서는 벧엘과 아이 사이(13:3)에 머물다가 롯과 헤어지게 되고, 그러고 나서는 헤브론의 마므레 상수리 수풀 근처(13:18; 14:13a)로 이동하여 거기에 장막을 치고 거주하였다.

아브람은 쉬지 않고 떠돌아다녔다. 아브람은 나그네다. 나그네에게는 누군가 돌보아 줄 사람이 필요하다. 아브람이 헤브론 근처에 자리잡게 된 것도 그가 아모리 족속 마므레와 동맹을 맺었기 때문이다(14:13). 아브람은 하나님과 언약을 맺기에 앞서 가나안 땅 아모리 족속 마므레와 동맹을, 히브리어로는 언약(베리트)을 맺었다. 생존하기 위해서였다. 그랬기에 아브람은 "아모리 족속 마므레의 상수리 수풀 근처에(14:13)" 거주할 수 있었다.

아브람은 그 이름에 새겨진 높은 이상과는 달리 낮고 천한 현실을 살았다. 히브리 사람 아브람이란 명칭에는 아브람이 헤쳐 가야 했던 세상살이의 아픔이 새겨져 있다. 그가 하나님과 언약을 맺기 전에는, 하나님이 그 이름을 아브라함(많은 무리의 아버지)으로 바꿔 부르시기 전에는, 아브람은 늘 쫓기며, 눈치 보며, 가슴 졸이며 살아야 했다.

믿음의 여정, 하나님의 말 걸기·아브람의 응답

창세기 15장 1~6절은 야훼 하나님이 히브리 사람 아브람에게 오셔서 하신 말씀이다. 이 말씀은 "이 후에," 문자적으로는 "이 일들 후에(악하르 하드바림 하엘레, אחר הדברים האלה)"라는 말로 시작한다. 이 후에! 어떤 일들이 있었기에 "이 후에"인가?

본문의 배경은 전쟁이다. 소돔 성에 전쟁이 났다(14:1~11). 아브람과 결별한 롯이 소돔 성에 거주하고 있었는데(13:10~11), 그 소돔성이 전쟁의 화마(火魔)에 싸이면서 롯이 포로로 사로잡혀 가는 일이 벌어졌다. 소돔 왕 베라가 그 주변 왕들과 합세하여 십이 년 동안이나 섬기던 그돌라오멜에게 반기를 들자(14:1~3) 그돌라오멜이 군대를 이끌고 쳐들어와서 모조리 쓸어버렸다(14:8~10). 그래서 소돔과 고모라가 무너지게 되었고, 그 도성의 모든 것들을 다 그돌라오멜에게 빼앗기면서 롯도 사로잡혀서 끌려가게 되었다(14:12).

그 싸움터에서 한 사람이 도망쳐 나와 "히브리 사람 아브람(14:13)"에게 그 소식을 알렸다. 아브람은 자기 사병 삼백열여덟 명을 데리고 단까지 쫓아가서 롯을 되찾고 빼앗겼던 재물을 다 회수하였다(14:14~16). 그 소식을 듣자 소돔 왕이 아브람을 마중나왔다. 살렘 왕 멜기세덱도 아브람을 맞이하였다. 당시 풍속은 전쟁에서 이긴 자가 패한 자의 모든 것을 다 전리품으로 챙길 수 있었다. 아브람은 그렇게 하지 않았다(14:23). 그가 전쟁에서 얻었던 것 중 십분의 일은 멜기세덱에게, 그 나머지는 다 소돔 왕을 비롯하여 그와 함께했던 군사들에게 돌려주었다. 아브람은 자기 힘으로 얻은 것을 내려놓았다. 자기 업적을 자랑하지 않았다. 그런 일이 있고 난 뒤에 하나님이 환상 가운데 아브람에게 오신 것이다. 아브람이 자기 업적·행적으로 이룬 것을 다 내려놓자 하나님이 찾아오셨다.

창세기 15장 1~6절은 두 단락으로 구분된다. 하나는 하나님과 아브람이 주고받는 대화고(1~5절), 다른 하나는 대화가 끝난 후 하나님이 아브람을 의롭다고 여기셨다는 설명이다(6절). 대화는 하나님의 말씀(1절) → 아브람의 대꾸(2~3절) → 하나님의 말씀(4~5절) 순으로 전개된다. 하나님이 오셔서 아브람의 미래에 대해서 말씀하시자 아브람은 하나님 앞에서 자신의 현실을 읊조린다. 대화는 관계를 트는 방식이다. 하나님이 아브람과 주고받은 대화는 히브리 사람 아브람을 믿음의 자리로 들어서게 하는 여정이다. 이 여정은 다음과 같은 말씀으로 시작한다.

> 아브람아 두려워하지 말라 나는 네 방패요 너의 지극히 큰 상급이니라(창 15:1b).

하나님이 히브리 사람 아브람의 장래를 새롭게 설계하신다. 이제부터 아브람은 히브리 사람에서 하나님의 사람으로 넘어간다. 아브람이 이제 막 전쟁에서 이기고 돌아왔던 것을 기억하자. 아브람이 전쟁에서 이긴 것은 아브람이 잘해서라기보다는 하나님이 아브람의 방패가 되어 주셨기 때문이다. "나는 네 방패요 너의 지극히 큰 상급이니라(개역개정)."에서 '상급(사카르 שכר)'은 고용주가 고용된 자에게 주는 임금(wages, salary)을 의미한다. 아브람은 이제부터 히브리 사람이라는 땅의 처지에 붙들려 사는 것이 아니라 하늘의 하나님에게 속한 자가 된다는 뜻이다. 땅의 것으로 살지 않고 하나님이 주시는 것으로 살게 된다는 것이다.

아브람은 하나님의 약속을 제대로 이해하지 못했다. 하나님께 자기에게 무엇을 주실 것이냐고 따졌다. 그러면서 자기에게 없는 것이 무엇이고, 자기에게 있는 것이 무엇인지를 토로한다.

> 주 여호와여 무엇을 내게 주시려 하나이까 나는 자식이 없사오니 나의 상속자는 이 다메섹 사람 엘리에셀이니이다(창 15:2).

아브람의 어투는 항변이다. 아브람의 음색은 거칠다. 아브람에게 없는 것은 자기 자식이다. 아브람에게 있는 것은 다메섹 사람 엘리에셀이다. 만약 자기 재산을 누군가에게 물려주어야 한다면 그 사람은 자기 종 다메섹 사람 엘리에셀이라고 항변한다.

아브람의 관심사는 자기에게 자식이 없다는 현실이다. 하나님이 아브람을 하란 땅에서 부르실 때 "내가 너로 큰 민족을 이루고 네게 복을 주어 네 이름을 창대하게 하리니 너는 복이 될지라(12:2)."고 약속하셨지만, 이때가 그의 나이 일흔다섯(12:4)이었는데, 아흔아홉(17:1)이 다 되도록 그 약속의 실체를 실감하지 못했다. 큰 민족을 이루기는커녕 그의 몸에서 난 아들 하나 없었기 때문이다. 아브람은 하나님이 설계하신 그의 미래를 조망하지 못했다. 그가 보고 있는 것은 오로지 땅의 현실이었다. 하나님이 그를 데리고 바깥으로 나가서 하늘을 쳐다보라고 말씀하신 것은 이 때문이다.

> 여호와의 말씀이 그에게 임하여 이르시되 그 사람이 네 상속자가 아니라 네 몸에서 날 자가 네 상속자가 되리라 하시고 그를 이끌고 밖으로 나가 이르시되 하늘을 우러러 뭇별을 셀 수 있나 보라 또 그에게 이르시되 네 자손이 이와 같으리라(창 15:4~5).

아브람은 상속자를 재산을 물려받는 후손으로 생각했지만, 하나님이 보시는 상속자는 재산이 아닌 존재를 이어가는 사람이다. 아브람의 상속자는 아브람이 쌓아 놓은 재산을 물려받는 자가 아니라 히브리 사람이 하나님의 사람이 되었다는 존재를 물려받는 자가 되어야 한다. 아브람의 몸에서 날 자가 그런 후손이 될 것이라는 소리는 단순히 생물학적인 자식의 탄생을 가리키지 않는다. 하나님은 아브람을 통해서 히브리 사람이 아닌 하나님의 사람으로 살아가는 자가 이 땅에 충만하게 되기를 기대하신다. 여기에 아브람이 키운 사람과 아브람의 몸에서 태어날 사람의 차이가 있다. 아브람이 내세운 것은 자기 힘으로 키운 상속자다. 하나님이 일깨워 주시는 것은 하나님이 주실 상속자다. 아브람이 말하는 것은 자기 업적이다. 하나님이 말씀하시는 것은 하나님의 은총이다. 아브람은 무엇으로 살아야 하는가? 자기 업적이 아닌 하나님의 은총으로 살아가야 한다.

하나님이 아브람에게 보여 주시는 장면은 하늘이다. 아브람에게 하늘을 쳐다보게 하신다. 하늘의 별들을 셀 수 있거든 세어 보라고 하신다. 아브람의 자손이 그 하늘의 별처럼 될 것이라고 하신다. 이 구절(15:5b)은 우리말 성경의 개역개정과 새번역 사이에 미세한 차이가 있다. 개역개정에서는 그냥 "하늘을 우러러 뭇별을 셀 수 있나 보라."고 하신 다음 "네 자손이 이와 같으리라."고 했는데, 새번역에서는 "너의 자손이 저 별처럼 많아질 것이다."라고 하였다. 하나는 그냥 별처럼 될 것이라는 다짐이고, 다른 하나는 별처럼 많아질 것이라는 약속이다. 히브리어 원문은 "그처럼 될 것이다, 너의 자손이(코 이흐예 짜르에카, כה יהיה צרעך)"이다. 영어 성경(NKJV)도 그것을 "So shall your descendants be"라고 옮겼다. 이 구절을 별처럼 많아질 것이라고 읽으면 아브람의 후손이 장차 셀 수 없이 많아질 것이라는 뜻이 된다. 이 구절을 별처럼 될 것이라고 읽으면, 아브람의 후손은 하늘을 무대로 삼는 존재들이 될 것이라는 뜻이 된다. 두 뜻 다 가능하지만 아브람이 히브리 사람 아브람으로 살기보다는 하늘의 사람 아브람으로 살아가게 된다는 약속이 여기에서는 더 크게 들린다. 아브람이 땅에 매여 사는 자가 아니라 하나님의 약속을 누리며 사는 자가 되어야 했듯이 아브람의 후손도 땅이 아닌 하늘을 누비며 살아가는 존재들이 될 것이라는 약속이다.

땅의 현실보다는 하늘의 이상을 앞세우라는 주문은 천자문에도 나온다. 천자문은 단순한 글자 공부가 아니다. 천자문은 살아가기의 지혜를 전수하는 동양의 가르침이다. 『욕망하는 천자문』은 그런 지혜를 풀이해 놓은 책 중 하나다.[1] 천자문은 사행시 이백오십 개로 이루어져 있다. 그 첫 행이 우리가 잘 아는 천지현황(天地玄黃)이다. 하늘 천(天) 땅 지(地) 검을 현(玄) 누른 황(黃). 『욕망하는 천자문』의 저자 김근 교수에 따르면 천자문은 글을 배우려는 아이들에게 땅보다 하늘을 먼저 가르쳤다. 천자문의 학습자들에게 땅을 들여다보기보다는 하늘을 먼저 우러러보게 했다. 사람들이 살아가는 데에 피부에 와 닿는 현장은 하늘이 아니라 땅이지만, 천자문이라는 교육 텍스트는 땅보다는 하늘을 먼저 살피게 했다. 형이하학보다는 형이상학을 앞세우게 했던 사회적 규범이 담겨 있다는 것이다.[2] 문제는 그 하늘과 땅을 '검은 하늘과 누런 땅(천지현황)'으로 풀이했다는 데 있다. 땅은 누런데[중국 황화 문명에서 땅의 색깔은 누렇다, 중국 중원의 색은 황토색이다, 중국 임금의 옷이 그래서 황포(黃袍)다], 하늘은 검다니, 이것이 무슨 뜻인가? 현실과 이상 사이의 모순을 헤아려 보게 했다는 것이다.[3]

아브람의 눈에 비친 하늘도 멀고 가물가물(玄)하기는 마찬가지였을 것이다. 그러나 창세기 15장 5절이 천자문과 다른 것은, 거기(천자문)에서는 하늘과 땅 사이의 모순이 드러나 있지만, 여기(창 15:5)에서는 하늘과 땅 사이의 소통이 드러나 있다는 점이다. 하나님은 아브람에게 하늘의 별을 우러러보게 하는 방식으로 아브람의 길을 믿음의 여정으로 인도하셨다. 그 여정에 응답하는 아브람의 결단이 아브람이 겪는 땅의 현실을 하나님의 방식으로 되새기게 하였다. 이 믿음의 여정에서 히브리 사람 아브람의 본분이 달라진다. 모순으로 비치는 현실을 하나님의 마음으로 들여다볼

1) 김근, 『욕망하는 천자문: 문자 속에 숨은 권력, 천자문 다시 읽기』 (서울: 삼인, 2009).

2) 김근, 『욕망하는 천자문』, 30.

3) 김근, 『욕망하는 천자문』, 29~32.

때 하나님의 세계가 내 삶에 임한다. 그래서 하게 되는 기도가 이것이다. 뜻이 하늘에서 이루어진 것같이 땅에서도 이루어지이다!

의인(義認) 아브람

창세기 15장 6절은 하나님과 아브람이 주고받은 대화의 결론이다. 이 구절에서 아브람은 이전의 아브람이 아닌 새로운 아브람이 되는 길에 본격적으로 들어선다. 창세기 15장 1~5절에서는 하나님이 먼저 아브람에게 말씀을 건네셨다. 그 말씀에 아브람이 댓글을 달았으나 이제는 다르다. 아브람이 행동하고 하나님이 거기에 응답하는 방식으로 글말의 분위기가 달라진다.

> 아브람이 여호와를 믿으니 여호와께서 이를 그의 의로 여기시고(창 15:6).

6절 전반절의 주어는 아브람이다. 문장의 구조가 단순 명료하다. 우리말에서는 세 구절("아브람이 여호와를 믿으니")이지만 히브리어로는 단 두 마디(베헤에민 봐야훼 והאמן ביהוה)다. 반면 6절 후반절의 주어는 야훼 하나님이다. 6절 전반절과는 달리 히브리어에서 이 구절은 세 마디(봐야흐쉐베하 로 체다카 ויחשבה לו צדקה)다. 아브람이 하나님을 믿자 하나님이 그 믿음을 아브람의 의로 여기셨다는 것이다. 하나님의 반응은 아브람의 믿음에 대한 하나님의 평가다. "아브람이 여호와를 믿으니(6a절)." "믿었다(헤에민 האמן)"는 글자는 아브람이 하나님의 말씀에 아멘(אמן) 하였다는 뜻이다. 문법적으로 이 글자는 사역형이다. 아브람이 하나님의 말씀에 수긍하였다기보다는 그 말씀을 믿게 되었다는 뜻이다. 수긍하였다는 것은 이성·지성의 용어다. 믿게 되었다는 것은 초(超)이성적인 용어다. 하나님이 보여 주신 하늘의 별들을 아브람이 눈으로 보는 것으로 그치지 않고 하나님이 제시하시는 아브람의 미래를 마음으로 믿었다.

하나님이 아브람에게 보여 주신 것은 눈에 보이는 하늘·하늘의 별들이었다. 아브람이 "아멘" 한 것은 하나님의 말씀에 담긴 보이지 않는 세계였다. 그 아브람을 보시고 "여호와께서 이를 그의 의로 여기셨다(6b절)." 야훼 하나님이 아브람의 믿음을 아브람을 위한 의(義)로 간주하셨다. 히브리 사람 아브람이 의로운 자로 간주(義認)된 것이다. 히브리 사람 아브람이 칭의(稱義)의 은총을 입은 자로 다시 태어났다. 이제부터 아브람은 데라의 아들(11:27)이 아니다. 히브리 사람도 아니다. 이제부터 아브람은 하나님의 은혜로 다시 태어난, 믿음의 사람이다.

이전에도 아브람은 하나님의 지시에 순종하였다(12:4). 이전에도 아브람은 자기 장막을 치는 곳에서 하나님의 이름을 부르며 제단을 쌓았었다(12:8; 13:4, 18). 아브람이, 웨슬리의 말로 하면, 하나님의 선행 은총(Preventing Grace, 또는 Prevenient Grace) 안에 있었다는 뜻이다. 아브람이 하나님을 먼저 찾은 것이 아니다. 하나님이 아브람을 먼저 찾아오셨다. 하나님의 선행 은총은 우리를 믿음의 길에 들어서게 하는 '하나님의 초대장'이다.[4] 아브람은 이 초대장을 들고 하나님의 구원을 이루고자 믿음의 세계로 들어섰다.

믿음은 대번에, 단번에 완성되는 것이 아니다. 하나님은 아브람이 흔들릴 때마다 찾아오셨다(12:7; 13:14; 15:1). 도종환 시인의 말이 여기에 잘 어울린다. "흔들리지 않고 피는 꽃이 어디 있으랴!" 하나님은 아브람이 흔들릴 때마다 찾아와서 말씀을 주셨다. 아브람이 큰 전쟁을 치른 후에 찾아오셔서는 아브람의 방패가 나라고, 아브람의 상급이 나라고, 내가 너를 지켜 주었고, 너는 내게 속한 사람이라고 일깨워 주었다. 이제부터 아브람은

4) 김동환, 『목사 웨슬리에게 목회를 묻다, 웨슬리 디비니티 목회의 이론과 실천적 성찰』 (서울: kmc, 2014), 150.

하나님의 종으로, 하나님의 아들로, 하나님의 뜻을 이루는 도구로, 웨슬리의 말대로 하면, 하나님의 은혜 안에서 자라서 하나님의 사랑을 구현하는 자로 나아가게 된다.

아브람은 처음에는 하나님을 경외하였다. 그랬던 아브람을 하나님이 하나님과의 대화의 세계로 인도하셨다. 창세기 15장 1~5절에서 하나님과 아브람이 나눈 대화는 아브람을 '깨닫게 하시는 은총(Convincing Grace)'[5] 이다. 아브람으로 하여금 하나님의 은혜 안에 있는 자신의 과거·현재·미래를 그려 보게 하셨다. 아브람이 그 이치를 깨닫고 하나님을 믿자 하나님이 그 믿음을 아브람의 의로 여기신다(15:6). 이것은, 웨슬리의 말로 하면, 아브람을 하나님의 아들로 살게 하는 '칭의의 은총(Justifying Grace)'이다. 아브람은 '위로부터, 하나님으로부터, 성령으로부터 태어난'[6] 사람이 되었다. 그 아브람에게 하나님이 징표를 주셨다. 아브람과 언약을 세우시기로 하였다. 아브람에게 그 시대의 방식대로 희생 제물들을 가져다가 그 몸통을 쪼개어 서로 마주보게 차려 놓게 한 다음 해가 져서 어둠이 짙게 깔리자 하나님이 쪼개 놓은 희생 제물들 사이로 지나가셨다(15:9~17). 아브람과 언약을 세우신 것이다(15:18). 아브람이 체험한 이 믿음의 여정을 신약의 글로 풀면 다음과 같다. "너희는 그 은혜에 의하여 믿음으로 말미암아 구원을 받았으니 이것은 너희에게서 난 것이 아니요 하나님의 선물이라(엡 2:8)."

창세기 12장을 보면 아브람에게는 칭의의 은혜가 있기 전에도 하나님

5) 웨슬리가 가르친 구원의 질서(*ordo salutis*)는 하나님의 선행 은총(Preventing Grace) → 깨닫게 하는 은총(Convincing Grace) → 칭의의 은총(Justifying Grace) → 성화의 은총(Sanctifying Grace) → 완전케 하는 은총(Perfecting Grace) 순이다. 김동환은 이 구원의 질서가 단계적이기보다는 나선형처럼 펼쳐진다고 본다. 김동환, 『목사 웨슬리에게 목회를 묻다』, 141~182, 특히 150.

6) 웨슬리 설교 45번, "새로운 탄생(The New Birth)," II. 3.

의 부르심을 따라서 산다는 신념이 있었다. 그렇지만 하나님이 아브람의 믿음을 의로 여기셨다는 말씀은 창세기 15장 6절에 가서야 소개된다. 하나님이 아브람의 믿음을 의로 여기셨다는 것은 신념의 사람 아브람이 신앙의 사람이 되었다는 뜻이다. 아브람의 영혼이 하나님을 향해 호흡하게 되었다는 것이다. 하나님의 은혜는 아브람의 마음속에 내려오고, 아브람의 기도와 찬양은 하늘을 향해 올라간다. 이런 변화를 웨슬리가 그의 설교 "새로운 탄생(The New Birth, 웨슬리 설교 45번)"에서 전하였다.

> 신생은 하나님께서 우리를 생명으로 이끄실 때 하나님께서 영혼 안에서 역사하시는 위대한 변화를 의미합니다. 그때 하나님은 죄로 인한 죽음에서 우리를 일으키시사 의의 생명으로 이끄십니다. 신생은, 예수 그리스도 안에서 새로운 피조물이 되었을 때 전능하신 하나님의 영으로 모든 영혼 안에 일어나는 놀라운 변화입니다. 의와 참된 성결 속에 하나님의 형상을 따라 새로워지고, 세상에 대한 사랑이 하나님께 대한 사랑으로, 교만이 겸비로, 거친 마음이 온유한 마음으로, 미움 시기 악의가 모든 인류에 대한 신실과 온유와 희생적인 사랑으로 변화될 때, 여기에 거듭남이 있습니다.[7)]

지금까지 아브람은 신념의 사람으로 살았다. 이제부터 아브람은 신앙의 사람이다. 신념은 내가 붙드는 것이지만 신앙은 나를 붙드는 것이다. 아브람이 하나님을 믿고 하나님이 아브람의 믿음을 의로 여겨 주시면서 아브람은 신앙인의 삶에 들어섰다. 나의 능력을 셈하지 않고 하나님의 은총을 기대하는 삶의 지평이 열리는 순간이다. 사람은 무엇으로 사는가? 내 힘으로 살지 않고 하나님의 은총으로 산다! 이것을 가리켜 하박국 선지자가 말한다. "의인은 그의 믿음으로 말미암아 살리라(합 2:4b)." 그것을 사

7) 웨슬리 설교 45번, "새로운 탄생," II. 5, 『존 웨슬리의 설교』, 131.

도 바울이 반복한다. “복음에는 하나님의 의가 나타나서 믿음으로 믿음에 이르게 하나니 기록된바 오직 의인은 믿음으로 말미암아 살리라 함과 같으니라(롬 1:17).”

웨슬리가 이 말씀을 가슴에 새겼다. 1738년 5월 24일 올더스게이트에서 루터의 로마서 주석의 서문을 들으면서 ‘칭의의 교리가 그 자신의 영혼에 적용되는’ 체험을 하였던 것이다.[8] 웨슬리 학자들은 이날을 기해 웨슬리의 종교가 머리의 종교에서 마음의 종교로 바뀌었다고 말한다. 감리교회는 전통적으로 이날을 기해 웨슬리 회심 주간을 지킨다. 웨슬리가, 아브람이 들었던 소리, 하박국이 들었던 소리, 사도 바울이 들었던 소리를 가슴으로 뜨겁게 새겨들었던 것이다.[9] 프레드 샌더스(Fred Sanders)는 이날을 두고 이렇게 해석하였다. “1738년 직전에 존 웨슬리는 그 시대의 영적인 포로였다. …… 1738년이 끝날 무렵 그는 영적으로 자유로웠다.”[10]

아브람이 경험한 변화를 웨슬리가 설교한 “새로운 탄생”의 언어로 읽으면, 아브람은 ‘전능하신 하나님의 영으로 모든 영혼 안에 일어나는 놀라운 변화’인 새로운 피조물이 되었다.[11] 아브람이 새로 태어났다. 하나님이 아브람을 하나님의 가능성으로 바라보시고 있다. 아브람을 하나님의 사람으로 간주해 주신다. 아브람을 의로운 자로 여겨 주신다.

---

8) 프레드 샌더스, 이근수 옮김, 『웨슬리가 말하는 그리스도인의 삶』(서울: 아바서원, 2015), 79.

9) 1738년 5월 24일자 웨슬리 일기. “저녁에 나는 매우 내키지 않은 채로 올더스게이트가(街)에 있는 한 집회에 갔다. 한 사람이 로마서에 대한 루터의 서문을 읽고 있었다. 9시 15분 전쯤에 인도자가 하나님께서 그리스도에 대한 믿음을 통해서 마음속에 일으키시는 변화를 설명하고 있는 동안, 나의 마음이 이상하게 뜨거워지는 것을 느꼈다. 나는 구원을 위해 오직 그리스도만을 진실로 믿는다고 느꼈다. 그리고 그리스도께서 나의 죄를 없애 주셨을 뿐만 아니라 죄와 죽음의 법에서 나를 구원하셨다는 확신이 들었다.” 샌더스, 『웨슬리가 말하는 그리스도인의 삶』, 47.

10) 샌더스, 『웨슬리가 말하는 그리스도인의 삶』, 46.

11) 웨슬리 설교 45번, “새로운 탄생,” II. 5.

의인(義認)에서 완전까지

이제부터 아브람의 신분은 땅에서 인정받는 사람이 아닌 하늘의 하나님께 인정받은 사람이다. 그렇지만 아브람이 의인(義認)의 은총을 입었다고 해서 의인(義人)이 되었던 것은 아니다. 그 단적인 예가 아브람이 사래의 종 하갈을 통해서 자식을 얻은 경우다. 아브람의 아내 사래가 아이를 낳지 못하였기에 사래가 나서서 아브람에게 자기 여종과 동침하라고 제안하였다(창 16:1~2). 아브람이 사래의 말을 따랐다(16:2b). 하갈이 이스마엘을 낳았다. 그때 아브람의 나이는 여든여섯이었다(16:15~16).

사래의 제안은 그 당시의 풍속에서는 얼마든지 있을 수 있는 일이었다. 문제는 아브람이 사래의 제안에 순순히 응했다는 데 있다. 아브람이 사래의 요청을 뿌리쳤어야 했는데 그렇게 하지 못했다는 지적이 아니다. 아브람이 하나님의 말씀을 오해했다는 것이 문제다. 하나님이 약속하신 아브람의 몸에서 날 자란 소리를 아브람이 생물학적으로(!) 이해했다는 것이다. 하나님이 말씀하신 아브람의 몸에서 날 자란 땅의 풍속이 아닌 (주인의 종을 주인의 상속자로 삼는 것도 그 당시의 풍속 중 하나였다.) 하나님의 은총으로 품에 안게 되는 자식이었는데, 아브람은 그 소리를 그만 자기 힘(?)으로, 자기 몸으로 낳게 할 자식으로 받아들이고 말았다.

아브람이 하갈을 아내로 맞이한 때는 그가 가나안 땅에 거주한 지 십 년이 지난 뒤였다(16:3). 하갈이 아브람에게 아들을 낳았을 때가 아브람의 나이가 여든여섯 살이었고, 아브람에게 이삭이 태어날 때는 아브람의 나이 백 살(21:5; 참조, 17:17)이었으니까, 아브람은 가나안 땅에 정착하고 나서 이스마엘이 태어난 뒤 십삼 년 동안 이스마엘의 재롱을 보면서 살았다. 여기에 아브람이 떠난 믿음의 여정이 겪는 굴곡이 있다. 하나님이 아브람을 의롭게 여기셔서 아브람이 믿음의 여정에 들어섰는데, 그 아브람이 그만 하나님의 은총보다는 내 수단을 의지하는 인생으로 변질(?)되고 말았다는 것이다. 조금 더 기다렸어야 했는데, 조금 더 기대했어야 했는데, 조금 더 기도했어야 했는데, 아브람의 몸나는 그렇게 하지를 못했다. 그래서 극적으로 출발했던 믿음의 여정이 헝클어지고야 말았다. 하갈이 쫓겨나는 꼴(16:4~14)을 아픔으로 바라보아야 했고, 이스마엘을 쫓아내는 시련(21:8~21)을 온 몸으로 감수해야 하였다. 이런 아픔을 한국 감리교회 목회자이셨던 고(故) 김우영 목사는 이렇게 풀이하였다. "서두르면 이스마엘, 기다리면 이삭!"

믿음의 조상으로 추앙되는 아브람에게 짙게 드리웠던 삶의 그림자를 어떻게 받아들여야 할까? 웨슬리가 그의 설교에서 밝힌 "성경적 구원의 길(The Scripture Way of Salvation, 웨슬리 설교 43번)"[12]이 이 질문을 푸는 데 도움이 된다. 웨슬리에게 구원은 두 개의 큰 부분으로 이루어져 있다. 의인(justification)과 성화(sanctification).[13] 우리가 의롭게 여겨지는 순간 성화가 시작된다. 그 순간 우리는 거듭난다. 위로부터, 성령으로 태어난다.[14]

> 그러나 그리 오래되지 않아서 사람들은 곧 깨닫게 됩니다. 죄가 잠시 유예되어 있던 것이지 완전히 사라진 것이 아님을 알게 됩니다. 유혹이 되살아나고, 죄가 다시 기승을 부리면서 죄가 잠시 실신해 있던 것이지 죽지 않았다는 것을 확인하게 됩니다. 사람들은 두 개의 생각이 자기 안에서 서로 충돌하고 있는 것을 느끼게 됩니다. 육체의 욕심이 성령을 거스르고, 인간적인 본성이 하나님의 은총과 맞섭니다. 사람들이 비록 그리스도를 믿고 하나님을 사랑하는 힘을 느낀다고 해도, 하나님의 영이 사람들의 영혼을 붙들고 있음을 안다고 해

12) 웨슬리 설교 43번, "성경적 구원의 길(The Scripture Way of Salvation)." 이 설교의 성경 본문은 에베소서 2장 8절이다.

13) 웨슬리 설교 43번, "성경적 구원의 길," I. 3.

14) 웨슬리 설교 43번, "성경적 구원의 길," I. 4.

> 도, 그들이 하나님의 자녀인 것을 고백한다고 해도, 사람들은 여전히 자기 속에서 불쑥불쑥 솟구치는 자존심, 이기심, 분노, 불신앙을 느끼게 됩니다. 사람들은 이런저런 악한 것들이 자기들의 영혼을 정복시키지는 못한다고 해도 그런 것들이 종종 자기들의 마음을 충동질하는 것을 깨닫습니다. 그 괴로움이 너무나 쓰라려서 죄악에 굴복되고 말 지경을 맞기도 하지만, 그러나 그때마다 주님은 사람들의 도움이 되십니다.[15]

구원은 단번에 완성되지 않는다. 우리는 의인(義認)된 자가 완전한 성화를 이룰 때까지 기다려야 한다.[16] 우리를 찌르는 가시 같은 온갖 죄로부터 온전히 구원받기 위해서는 시간이 걸린다. 칭의(稱義)로 개시되는 새로운 탄생이 성화의 일부분이긴 하지만 하나님의 구원의 전체는 아니다. 그래서 웨슬리는 "새로운 탄생은 성화로 들어가는 문이고 통로"이기에 "그리스도의 장성한 분량에 이르기까지," "우리의 머리 되신 그리스도에게 이르기까지" 우리는 점증적으로 자라나야 한다고 말했다.[17]

하나님이 아브람을 다시 찾아오신다. 하나님이 아브람을 13년간 지켜보시다가, 아브람의 나이 아흔아홉이 되었을 때(17:1) 아브람을 찾아오셔서 말씀하신다.

> 나는 전능한 하나님이라 너는 내 앞에서 행하여 완전하라 내가 내 언약을 나와 너 사이에 두어 너를 크게 번성하게 하리라 하시니 아브람이 엎드렸더니 하나님이 또 그에게 말씀하여 이르시되 보라 내 언약이 너와 함께 있으니 너는 여러 민족의 아버지가 될지라 이제 후로는 네 이름을 아브람이라 하지 아니하고

15) 웨슬리 설교 43번, "성경적 구원의 길," I. 6.
16) 웨슬리 설교 43번, "성경적 구원의 길," I. 9.
17) 웨슬리 설교 45번, "새로운 탄생," IV. 3.

아브라함이라 하리니 이는 내가 너를 여러 민족의 아버지가 되게 함이니라(창 17:1~5).

하나님의 말씀은 명령으로 시작한다(17:1). 무엇을 명령하시는가? "너는 내 앞에서 행하여 완전하라."는 것이다. 새번역은 이 구절을 "나에게 순종하며, 흠 없이 살아라."로 옮겼지만, 히브리어 본문은 "걸어라, 내 앞에서. 그래서 완전하여라(히트할렉크 레파나이 베흐예 타밈, התהלך לפני ויהי תמים)."다. 하나님 앞에서 걷고 걷는 삶을 살라고 주문하신다. 늘 하나님 앞에서 걷고 있다고 의식하라는 것이다. 그래서 완전해지라는 것이다. 히브리어 타밈(תמים)은 '흠 없는'이라는 뜻도 되지만, 그보다는 '완전한,' '온전한'이란 뜻이다. 이 말은 부정적으로 번역하기보다는 긍정적으로 번역해야 한다. 하나님의 기대가 여기에 있다. 하나님 앞에서 새로 태어난 자는 세상살이에서 완전한 자가 되어야 한다.

하나님이 아브람에게 '성화의 은총(Sanctifying Grace)'과 그 너머 '완전케 하는 은총(Perfecting Grace)'을 부어 주셨다.[18] 그런 기대에서 하나님이 아브람의 이름을 바꿔 주신다. 야망이 묻어난 이름(아브람)에서 소명(召命)이 새겨진 이름(아브라함)으로 바꿔 주신다. 자기 혼자 우쭐되는 인생(아브람)이 아니라 많은 인생의 뿌리가 되는 사람(아브라함)이 되라고 하신다. 여기에 아브람이 나섰던 믿음의 여정의 진면목이 있다. 의인(義認)으로 의인(義人)되어 성화(신앙인의 완전)를 이루는 자가 되라는 것이다. 히브리 사람 아브람이 마침내 하나님의 뜻을 이루는 사명자 아브라함으로 나서게 되었다는 것이다. 아브람이란 이름은 땅의 아버지가 지어 주었지만, 아브라함이란 이름은 하늘의 아버지가 지어 준 것이다.

---

18) 비교, 김동환, 『목사 웨슬리에게 목회를 묻다』, 150.

02

은총과 책임(삼상 15:10~11)*

여호와의 말씀이 사무엘에게 임하니라 이르시되 내가 사울을 왕으로 세운 것을 후회하노니 그가 돌이켜서 나를 따르지 아니하며 내 명령을 행하지 아니하였음이니라 하신지라 사무엘이 근심하여 온 밤을 여호와께 부르짖으니라(삼상 15:10~11).

---

* 웨슬리의 설교 가운데 "은총과 책임"이라는 제목은 없다. 지금까지 살펴본 대로 웨슬리가 전한 구원의 질서(구원의 길, *ordo salutis*)는 하나님의 은총에 대한 인간의 응답으로 정리된다. 하나님의 선행적·칭의적·성화적 은혜에 인간이 적극 참여함으로 하나님의 구원이 완성된다는 가르침이다. 이것을 가리켜 흔히 신인 협력론(synergism)이라고 불렀으나, 그것을 감리교 신학자 존 캅(John B. Cobb, Jr.)과 랜디 매덕스(Randy Maddox)는 각각 '은총과 책임(Grace and Responsibility),' '응답 가능한 은혜(Responsible Grace)'로 정리하였다. 이 글에서는 이스라엘 역사에서 왕의 자리에 올랐다가 하나님에게 버림받은 사울의 행적(삼상 9~15)을 웨슬리 설교 2번 "미완성의 그리스도인(The Almost Christian)"과 웨슬리 설교 40번 "그리스도인의 완전(Christian Perfection)"에 견주어서 살핀다. 웨슬리의 표현, '올모스트 그리스도인'은 우리말로 그 뜻을 살리기가 쉽지 않다. 이 글에서는 그것을 '미완성의 그리스도인,' '형식적인 그리스도인,' '명목상의 그리스도인'으로 각각 새기면서 하나님이 베푸셨던 은총을 책임 있게 감당하지 못했던 하나님의 사람에 대한 평전(評傳)을 글의 모티프로 삼는다.

미완성의 신앙인

본문으로 정한 사무엘상 15장은 하나님의 은총으로 왕의 자리에 올랐던 사울이 하나님께 버림받게 된 사연을 전한다. 아브라함 이야기에 이어 사울 왕 이야기를 본문으로 삼은 것은 웨슬리 신학의 주제인 은총과 책임이 이 이야기에 잘 드러나기 때문이다. 사무엘상 15장은 세 번에 걸쳐, 즉 본문의 처음과(1절) 중간과(11절) 말미에(35절), 하나님이 사울을 왕으로 세우셨다는 것을 강조한다. 처음에는 사무엘이 사울에게 "여호와께서 나를 보내어 왕에게 기름을 부어 그의 백성 이스라엘 위에 왕으로 삼으셨은즉(1절)" 하고 말했지만, 두 번째와 세 번째에서는 하나님이 사울을 왕으로 세운 것을 후회하셨다고 설명한다(11, 35b절). 이런 틀 안에 하나님에 의해 왕으로 세움 받았던 사울이 하나님으로부터 버림받게 된 사유가 펼쳐진다. 이런 맥락에서 사무엘상 15장 11절은 사무엘상 15장 이야기를 관통하는 요절이다.

사무엘상 15장 11절은 사무엘이 전하는 야훼 하나님의 말씀이다. 사무엘상 15장 11절은 하나님의 말씀과 그에 따른 사무엘의 동작으로 이루어져 있다. 하나님이 사울에 대해서 평가하시자(11a절), 사무엘이 그 소리를 듣고 괴로워했다(11b절). 하나님의 말씀은 "내가 사울을 왕으로 세운 것을 후회한다(11aα절)."라는 내용이다. "후회하다"로 번역된 히브리어 동사 "낙함(נחם)"은 문법적으로는(수동태, 니팔형) "슬퍼하다," "애통하다"는 뜻이다. 하나님이 사울을 "왕으로 세운 것을," "사울을 들어서 왕의 자리에 앉힌 것을(베힘라크티 에트 샤울 레멜렉 והמלכי את־שאול למלך)," 슬퍼하신다는 것이다. 하나님이 사울에게 후회하셨다(닉함티, נחמתי)는 것은 하나님이 사울에게 거셨던 기대가 있었다는 사실을 전제한다. 하나님이 사울에게 기대하셨던 것은 무엇이었을까?

우리말 성경 개역개정에 따르면 사울은 나이 마흔 살에 왕이 되었다(13:1).[1] 그때가 사울이 왕이 된 지 이 년이 되던 때다.[2] 이 본문을 따른다면 사울은 왕이 된 지 얼마 되지 않아서 전쟁터에 나서야 했다. 전쟁터라는 극심한 현장에서 그가 하나님의 사람인지를 증명해 내야 했다. 그 첫 대상은 블레셋이었다(13~14장). 당시 블레셋은 철기 문명의 수혜자들이었기에 칼과 창이 없던 이스라엘로서는 맞서 싸우기가 버거웠다(13:19~22). 그럼에도 사울의 군대는 당당하게 싸워서 그 많던 블레셋 군대를 무찔렀고 그 사방의 모든 대적들까지 단호하게 물리치는 업적을 세웠다(14:47~48).

사무엘상이 전하는 사울 왕 이야기는 사울을 전쟁 용사로 부각시킨다. 구약의 사사(나기드, נגיד)들도 전쟁 용사이기는 하지만, 사울이 불러들여 세(勢)를 키운 "힘 센 사람이나 용감한 사람(14:52)"들과는 차원이 달랐다. 사사들은 하나님의 영에 충만하여 전쟁터에 나선 자들이었지만, 사울의 전쟁 용사들은 사람의 무용(武勇)을 과시하는 군인들이었다. 사울도 왕이 되기 전에는 하나님의 영에 붙들려서 험난했던 전쟁을 멋진 승리로 장식했던 적이 있다(11:6). 그러나 그것은 왕으로 선출되기 이전이었다. 왕이 되고 나서는 달랐다. 왕이 되고 나서도 한때는 전쟁터에서 하나님께 제단을 쌓기도 했지만(14:33~35), 왕이 되고 나서는 전쟁을 소명(召命)으로 수행하기보다는 전쟁을 벌여 자기 힘을 과시하고 전쟁터에서 경제적 이익을 획득하는(15:9, 19) 이방 왕들의 길로 나아갔다. 하나님의 종이 되는 길이 아니라 세속 군주가 되는 길에 들어선 것이다. 여기서부터 사무엘 이야기

1) 새번역에서는 "서른 살." 새번역에는 이 어구에 다음과 같은 난하 주가 있다. "히브리어 본문에는 나이를 밝히는 숫자가 없음. 칠십인역에는 1절(삼상 13:1) 전체가 없음. 여기 '서른 살'이라고 한 것은 칠십인역 후대 사본에 나와 있는 것임. '개역한글판'에는 '사십 세'."

2) 새번역에서는 "그가 이스라엘을 다스린 것은 마흔두 해였다." 새번역에는 이 구절에 다음과 같은 난하 주가 있다. "히브리어 본문의 '둘'(두)은 앞의 10단위가 빠져 있는 것임. 그가 대략 40년 동안 왕위에 있었던 것에 근거하여(행 13:21), 최근의 역본들을 따라 '마흔두 해'라고 함."

는 사울에 대하여 우려 섞인 평가를 내린다. 사울이 사무엘을 제치고 나서서 번제를 드렸던 일을 꾸짖고(13:8~15), 하나님의 명령을 자기 식대로 고쳐서 지키는 시행착오를 저질렀다는 것이다(15:4~9).

사무엘상 15장 11절의 첫 문장, 하나님이 사울을 세워 왕으로 삼았던 것을 후회한다는 말씀은 이런 배경에서 이해해야 한다. 사무엘상 15장에 들어서면 하나님은 사울에게 출애굽의 훼방자였던 아말렉을 징벌하라는 명령을 내린다. 아말렉을 징벌하되 아말렉의 모든 것을 다 쳐서 "진멸(헤렘, חרם, 15:3)"하라고 지시하신다. 싸움터에서 얻은 모든 것들을 다 죽이거나 없애버리라는 지시다. '헤렘'은, 겉으로는, 잔혹하다. 이 지시의 속내를 알아야 한다. 하나님이 사울에게 '헤렘'의 지시를 내린 데에는 두 가지 숨은 뜻이 있다. 하나는 전쟁을 통해 무엇인가를 탈취하려고 하지 말라는 것이고(참조, 15:19), 다른 하나는 전쟁터에서 사람의 능력을 과시하기보다는 하나님의 뜻을 수행하는 데 집중하라는 것이다(참조, 15:23). 하나님은 사울에게 아말렉과의 싸움에서 아말렉의 소유를 모두 다 "진멸하라(15:3)"고 시키셨는데, 사울은 그 싸움터에서 좋고 기름진 것들은 남기고 "가치 없고 하찮은 것(15:9)"은 진멸하는 방식으로 사울을 지켜보던 하나님의 마음을 아프게 했다. 하나님의 말씀을 수정하여 지켰던 것이다. 하나님은 사울에게 한 번 더 그가 하나님의 뜻을 펼치는 자임을 드러내는 기회를 주셨는데, 사울은 그 기대에 크게 못 미쳤다. 자기 능력과 판단을 앞세우는 세속 군주의 자태를 여전히 떨쳐내지 못했다.

하나님이 사울을 왕으로 세우신 것을 후회하게 된 것은 이 때문이다. 사울의 사람됨은, 사울의 통치는, 일종의 수정주의다. 사울은 하나님의 은총으로 왕이 되었지만, 하나님의 뜻을 이루는 하나님의 사람이 되는 길에 들어섰지만, 그 길을 걷는다고 하면서도, 세속 지도자의 관점에서 하나님의 뜻을 수정해서 지키는 자가 되고 말았다. 미완성의 신앙인으로 머물고 말았다는 뜻이다.

사울이 왕으로 세움을 받았다는 것은 그가 하나님의 은총을 입은 자인 것을 가리킨다. 은총을 받은 사람에게는 그에 걸맞은 책임이 따른다. 은총과 책임! 하나님의 사람이 된 자에게는 하나님의 은총에 책임 있게 응답해야 하는 과제가 주어진다. 그 과제를 제대로 실천하지 못하였을 때 하나님의 사람은 미완성의 신앙인에 머물고 만다. 웨슬리가 가르쳤던 거듭남(새로운 탄생)은 우리를 위하여 하신 하나님의 일과 우리 안에서 활동하시는 하나님의 일로 이루어져 있다.[3] 사울은, 웨슬리의 말로 하면, '미완성의 그리스도인(Almost Christian)'이다. '온전한 그리스도인(Altogether Christian)'이 되었어야 했는데, 그렇게 되지를 못했다. 감리교 신학자 마조리 수하키(Majorie Suchocki)가 이렇게 말했다.

> 하나님의 현존을 가정하는 것은 증명의 문제가 아니라, 오히려 실천의 문제다. 우리는 하나님의 현존에 대한 가정을 우리 삶의 모든 다른 것의 토대로 삼아야 한다. 그렇게 함으로써 하나님은 우리의 사고의 안식처가 된다. …… 우리가 먹든지 마시든지 혹은 일하든지 쉬든지, 우리는 신적 현존 안에서 그리고 신적 현존으로 말미암아 살아가야 한다. 그 결과 우리는 우리의 모든 행동을 하나님께 드리게 되며, 그 과정에서 하나님을 향한 우리의 사랑이 자라나게 된다. 또한 우리의 삶은 신적 현존을 반영하게 된다.[4]

3) 웨슬리 설교 19번 "하나님께로부터 난 자의 특권(The Great Privilege of Those that are Born of God)," 2. "칭의는 관계의 변화를 의미하며 거듭남은 본질의 변형을 의미한다. 하나님이 우리를 의롭다고 하신다면, 하나님은 우리를 위하여 그렇게 하신다. 거듭남에서 하나님은 우리 안에서 활동하신다. 칭의는 우리의 외적인 하나님 관계를 변화시켜 우리를 원수에서 자녀가 되게 한다. 거듭남을 통해 우리 영혼의 가장 깊은 내면이 변형됨으로써, 우리는 죄인으로부터 성도가 된다." 클라이버·마르쿠바르트, 『감리교회 신학』, 350.

4) 수하키, "기도의 완전," 69.

하나님은 살아 계시고 지금도 역사하신다는 하나님의 현존은 말과 이론으로 증명하는 것이 아니다. 그것은 실천의 문제다! 머리로 알고 입으로 따른다고 해서 하나님의 살아 계심이 입증되는 것이 아니다. 우리는 하나님의 현존 안에서 살아가는 사람이라는 것을 실천으로, 손과 발로 드러낼 때 '하나님을 향한 우리의 사랑이 자라나게 되고,' 우리 삶은 하나님의 현존을 드러내는 거울이 된다.

명목상의 신앙인

사무엘상 15장 11절은 "내가 사울을 왕으로 세운 것을 후회하노니(11aα절)"라는 말씀에 이어 "그가(사울이) 돌이켜서 나를 따르지 아니하며 내 명령을 행하지 아니하였음이니라(11aβ절)"로 이어진다. 사울이 하나님으로부터 돌이켰다(슈브, שוב)는 것을, 새번역에서는, 하나님에게서 "등을 돌렸다"고 말한다. 사울이 하나님을 배반하였다는 것이다. 배신하였다는 것이다. 배척하였다는 것이다.

하나님에게는 사울 왕에 대한 기대가 있었다. 사울 왕에 대한 기대가 무엇이었는가? 이스라엘 역사에서 왕정 제도는 원래 태어나서는 안 되는 제도였다. 가나안 땅에 정착한 이스라엘에게 하나님이 원래 기대하셨던 것은 하나님이 다스리시는 사회였다. 사무엘의 이야기는 사무엘이 그 하나님의 뜻을 훌륭하게 이루어냈음을 전한다. 사무엘이 블레셋을 무찌르고 에벤에셀에 세운 돌(7:12)이 그 단적인 증거다. "여호와께서 여기까지 우리를 도우셨다."고 사무엘이 고백하였을 때 "여호와의 손이 사무엘이 사는 날 동안에 블레셋 사람을 막으시매(7:13)"라고 하지 않았는가.

문제는 사무엘이 늙으면서 일어났다. 사무엘이 그 아들들을 이스라엘의 사사로 삼았지만(8:1) 기대에 훨씬 못 미쳤던 것이다. 이스라엘 장로들이 나서서 "우리에게 왕을 세워 우리를 다스리게 하소서(8:5)"라고 요청했던 것은 이 때문이다. 사무엘서 기자는 이런 요청을 이스라엘이 하나님을 "버려 자기들의 왕이 되지 못하게 함(8:7)"이라고 해석하였다(참조, 10:19). 왕을 세워 달라는 백성의 요구를 부정적으로 판단했던 것이다.

그럼에도 사무엘 이야기는 사울과 함께 시작되는 왕의 통치를 조심스럽게 피력한다. 한편에서는 사무엘이 무척이나 부정적인 어투로 왕의 제도를 경고하면서도(8:10~18), 다른 한편에서는 사울이 사무엘에 의해서 기름 부음을 받거나(9:1~10:16), 이스라엘 백성들에 의해서 왕으로 뽑히거나(10:17~24) 왕으로 검증되는(11:1~14) 이야기를 드라마틱하게 전한다. 이스라엘 사회에 들어서게 될 왕의 제도를 애증 어린 눈으로 바라보았다는 소리다. 사울은 우려 반, 기대 반 속에서 왕으로 세움을 받았다.

사울은 왕으로 세움을 받았다. 하나님이 사울을 왕으로 세웠다. 사무엘상 9~11장은 세 번에 걸쳐 사울이 왕으로 세움 받는 과정을 전한다. 그 하나가 사울이 잃어버린 암나귀를 찾아서 두루 다니다가 극적으로 사무엘을 만나서 기름 부음을 받는 이야기고(9:1~10:14), 다른 하나가 사무엘이 이스라엘 백성을 미스바로 모이게 해서 제비를 뽑아서 사울을 왕으로 삼는 이야기며(10:17~24), 나머지 하나는 사울이 암몬 사람을 쳐서 이긴 것을 보고 이스라엘 백성이 길갈에서 사울을 왕으로 삼는 이야기다(11:1~14).

흔히 비평적인 학자들은 사울 왕위 등극 이야기가 세 번이나 중복된 이유를 사무엘상 본문에 복잡하게 얽힌 자료층 탓으로 돌렸다. 본문의 형성사(통시적 해석)에 주목했기 때문이다. 그러나 사무엘상 9~11장을 공시적으로 대하면 이 세 이야기는 사울이 진정 왕의 재목인지를 세 번에 걸쳐 확인하려고 했던 이야기 기법이 된다. 우리도 무슨 큰일을 하려고 할 때에는 사전에 그 절차를 두 번, 세 번, 거듭 확인하지 않는가.

이 세 이야기는 모두 하나님이 사울을 왕으로 세워 주셨다는 점을 강조한다. 하나님이 사울을 이스라엘의 "지도자(10:1)"로 삼았다거나, 사울은 하나님이 "택하신 자(10:24)"라거나, 모든 백성이 "여호와 앞에서 사울을 왕으로(11:15)" 삼았다는 것을 이야기마다 지적한다. 사울이 암나귀를 찾아다니다가 우연히 사무엘을 만난 것이 아니라는 말이다(참조, 10:14~16). 사울이 다른 사람들보다 키가 커서(10:23) 왕으로 뽑힌 것이 아니라는 말이다. 사울이 용맹스런 전사여서(11:11) 왕으로 선출된 것이 아니라는 말이다. 하나님이 사울을 들어서 왕의 자리에 앉혔다는 것이다. 우리말 성경에서 "세워 주셨다"는 말은 '왕의 자리에 앉혔다,' '왕이 되도록 기름을 부어 주었다'는 뜻인 것을 다시 한 번 기억해야 한다. 그런데 사울이 아말렉과 벌인 싸움에서는 이런 하나님의 기대를 송두리째 저버린다.

사울이 하나님을 따르지 않았다(11aβ절)는 말은, 사울이 하나님에게서 등을 돌렸다(새번역)는 말은, 사울을 만나 따지러 가던 사무엘의 귀에 들린 다음과 같은 소식에서 그 뜻이 극명하게 밝혀진다. 사무엘이 하나님의 말씀을 듣고 밤새도록 부르짖다가 사울을 만나려고 아침 일찍 일어났을 때였다. 누군가가 사무엘을 찾아와서 이렇게 보고하였다.

> 어떤 사람이 사무엘에 말하여 이르되 사울이 갈멜에 이르러 자기를 위하여 기념비를 세우고 발길을 돌려 길갈로 내려갔다 하는지라(삼상 15:12b).

> 누군가가, 사울이 갈멜로 가서 승전비를 세우고 나서, 거기에서 떠나 계속 행진하여 길갈로 내려갔다고 전해 주었다(삼상 15:12b, 새번역).

사울이 아말렉을 무찌르고 갈멜로 가서 거기에 자기를 위한 기념비(승전비)를 세웠다. 여기 갈멜은 우리 귀에 친숙한 "갈멜 산(왕상 18:19)"이 아니라 유다 지파가 차지했던 산지에 있던 도성 "갈멜(수 15:55)"로 헤브론 남쪽

지역을 가리킨다.[5] 사울이 아말렉과 싸우고자 군사들을 모은 곳이 유다의 남단 "들라임(삼상 15:4; 참조, 수 15:24)"이었는데, 그 들라임 북쪽에 갈멜이 있던 것으로 추정된다. 길갈은 여호수아가 인도하던 이스라엘이 모압 땅 싯딤에서 요단 강을 건너 가나안으로 진출한 뒤 그 첫 발자국을 남겼던 곳이다. 기적적으로 요단 강을 건넌 이스라엘은 길갈에다가 열두 돌로 기념비를 세워서 하나님이 하신 일을 기억하고자 했다(수 4장). 길갈은 사울에게는 정치적인 고향이다. 이스라엘 백성이 나라를 새롭게 하자는 다짐으로 사울을 왕으로 선출했던 고장이 길갈이었다(삼상 11:14~15).

여호수아가 길갈에 세웠던 열두 돌은 하나님이 이스라엘을 위하여 요단 물을 마르게 해서 건너게 하신 것을 오래도록 기억하게 하는 수단이었다(수 5:23). 그 돌은 "땅의 모든 백성에게 여호와의 손(야드 야훼, יד יהוה)이 강하신 것을 알게(수 4:24)" 하는 표지였다. 여기에 사무엘상 15장 12b절이 밝히는 사울 왕의 경솔한 행동이 드러난다. 사울은 갈멜로 가서 자기를 위한 기념비·승전비를, 히브리어 원문에서는 '그를 위한 손(로 야드, לו יד)'을 세웠던 것이다.

사울은 자기를 위한 손을, 기념비·승전비로, 갈멜에 세웠다. 자기 솜씨를 내세웠다. 자기 업적을 내세웠다. 자기 능력을 내세웠다. 자기 치적을 내세웠다. 사울이 전쟁에서 승리했던 현장에 '자기를 위하여,' 하나님을 위하여가 아니라 자기를 위하여, 자기 손을 세웠다. 사무엘상 15장의 분위기는 사울을 나무라는 사무엘이다. 사무엘에게 항변하는 사울이다. 사울이 자기를 위한 기념비를 세웠다는 지적은 사무엘의 행적과도 크게 대비된다. 사무엘도 기념비를 세운 적이 있었다. 사무엘이 블레셋과 싸워 크게 이겼을 때다. 그러나 사울이 세운 기념비하고는 그 차원이 다르다. 사무엘

5) 유다 땅 헤브론 근처에 있는 산지로, 다윗의 아내가 되었던 아비가일이나(삼상 25:2~40; 30:5) 다윗의 용사 중 한 사람이 이 갈멜 출신이다(삼하 23:35).

이 무슨 기념비를 세웠는가? 누구를 위한 기념비를 세웠는가?

> 사무엘이 돌을 취하여 미스바와 센 사이에 세워 이르되 여호와께서 여기까지 우리를 도우셨다 하고 그 이름을 에벤에셀이라 하니라(삼상 7:12).

사무엘은 돌을 하나 가져다가 미스바와 센 사이에 세우고 고백했다. "여호와께서 여기까지 도우셨다!" 그러면서 "그 돌의 이름을 에벤에셀이라고 지었다(삼상 7:12, 새번역)." 사무엘과 사울의 차이를 눈여겨보아야 한다. 전쟁터에 신앙 고백을 남긴 사무엘과 아무 말 없이 기념비만 세운 사울의 차이를, 하나님을 위한 표지석을 세운 사무엘과 자기를 높이는 승전비를 세웠던 사울의 차이를, 눈여겨보아야 한다. 여기에는 돌과 손의 대립도 있다. 돌은 우리 일상에서 흔히, 우리 주변에서 쉽게, 얻을 수 있는 물질이다. 내 일상의 것으로 하나님의 은총을 되새기려고 하였다. 손은 이와 다르다. 손은 자기를 표시하는 수단이다. 여기에 우리가 해야 할 질문이 대두된다. 신앙인이 감당해야 할 책임이 무엇인가? 무엇이 은총을 입은 자가 수행해야 할 책임인가? '내가 이겼다'가 아니라 '하나님이 이기게 하셨다!'라고 해야 하지 않겠는가! 사울은 이 점에서 명목상의 신앙인(Almost Christian)이 되고 말았다.

사울이 처음부터 자기를 뽐내던 위인이었던 것은 아니다. 사무엘 이야기가 전하는 사울의 사람됨은 본래는 하나님 앞에서 자기를 작게 여기던 사람이었다. 그가 이스라엘의 왕으로 선출될 때 이렇게 고백한 적이 있다.

> 나는 이스라엘 지파의 가장 작은 지파 베냐민 사람이 아니니이까 또 나의 가족은 베냐민 지파 모든 가족 중에 가장 미약하지 아니하니이까 당신이 어찌하여 내게 이같이 말씀하시나이까(삼상 9:21).

사무엘이 미스바에서 제비뽑기 방식으로 왕을 뽑고자 했을 때도 베냐민 지파가 뽑히고 마드리의 가족이 뽑히고 기스의 아들이 뽑히자 사울은 "짐 보따리들 사이에(10:22)" 숨어 버리기까지 하였다. 사울이 암몬 사람을 쳐서 이겼을 때에도 사울은 "하나님의 영에게(11:6)" 감동된 자가 되어 사람들 앞에 나섰다. 사무엘이 서둘러 사울을 만난 뒤 꾸짖게 될 때 외쳤던 지적은 이런 배경에서 수렴된다.

> 사무엘이 이르되 왕이 스스로 작게 여길 그 때에 이스라엘 지파의 머리가 되지 아니하셨나이까(삼상 15:17a).

사울에게도 하나님의 선행 은혜가 역사하였다. 그가 하나님 앞에서 자기를 작게 여겼다고 하는 것은 회심에 걸맞은 믿음의 길에 사울이 들어섰다는 것을 암시한다. 그러나 사무엘상 15장이 펼친 사울 왕 이야기는 사울이 하나님의 사람이 되는 입구에 들어섰으나 하나님께 머무르기보다는 사람의 노력과 행동을 앞세우는 명목상의 신앙인으로 굳어지고 말았음을 보여 준다. 신앙인의 길에 나섰으나 하나님의 은총에 믿음으로 응답하는 삶으로 들어서지 못했다. 하나님이 사울을 세워서 왕이 되게 하신 것은, 웨슬리의 용어로 보면, 칭의(稱義)에 걸맞다. 칭의는 웨슬리에 따르면 하나님이 우리를 위해서 하신 일이다. 이제부터 사울은 거듭난 자 안에서 활동하시는 하나님의 일을 수행해야 한다.[6] 웨슬리는 하나님께서 우리를 위하

6) 웨슬리 설교 19번 "하나님께로부터 난 자의 특권," 2. "칭의는 관계의 변화를 의미하며 거듭남은 본질의 변형을 의미한다. 하나님이 우리를 의롭다고 하신다면, 하나님은 우리를 위하여 그렇게 하신다. 거듭남에서 하나님은 우리 안에서 활동하신다. 칭의는 우리의 외적인 하나님 관계를 변화시켜 우리를 원수에서 자녀가 되게 한다. 거듭남을 통해 우리 영혼의 가장 깊은 내면이 변형됨으로써, 우리는 죄인으로부터 성도가 된다." 클라이버·마르쿠바르트, 『감리교회 신학』, 350.

여(*pro nobis*) 행하신 것과 하나님께서 우리 안에서(*in nobis*) 행하기를 원하시는 것을 구분해 놓았다.[7] 사울은 하나님의 은총으로 왕의 자리에 오르면서 하나님과의 관계는 새로워졌으나, 하나님이 사울을 통해서 펼치시기를 원했던 하나님으로 인한 새로운 삶을 이루어내지 못했다.[8] 칭의의 은총을 누렸으면서도 성화로 나아가는 새로운 삶은 살지를 못했던 것이다.

형식상의 신앙인

하나님은 또 사무엘에게 사울이 "내 명령을 행하지 아니하였음이니라(삼상 15:11aβ절)."라고도 지적하셨다. 사무엘상 15장은 사울의 소명 기사다. 사울도 하나님의 명령을 이행하였다. 다만, 하나님의 명령을 자기 식대로 고쳐서 이행하였다. 하나님의 명령을 자기 눈높이에 맞춰 수정해서 실천하였다. 하나님이 사울에게 내린 명령은 아말렉을 쳐서 진멸하라는 지시였다(2~3절). 아말렉은 출애굽의 이스라엘을 급습하였던 대적이었다. 아말렉을 진멸하라는 하나님의 지시는 사울에게는 가나안 땅에서 완수해야 할 출애굽이었다. 그래서 "지금 가서 아말렉을 쳐서 그들의 모든 소유를 남기지 말고 진멸하되 남녀와 소아와 젖 먹는 아이와 우양과 낙타와 나귀를 죽이라(3절)."고 지시하였다. 하나님의 지시는 단호하다. 진멸하라는 것이었다. 그런데 이유는 드러나 있지 않으나 사울은 하나님의 지시를 세 측면에서 임의로 수정하였다.

우선 아말렉 도성을 치기 전 그 도성에 거주하던 겐 사람들에게 먼저 그 성을 떠나라고 경고하였다(6절). 출애굽의 이스라엘에게 친절을 베풀었던 겐 사람에게는 화(禍)를 내리지 않겠다는 뜻이었다. 우리는 겐 사람

7) 클라이버·마르쿠바르트, 『감리교회 신학』, 325.

8) 참조, 클라이버·마르쿠바르트, 『감리교회 신학』, 326~347, 348~361.

이 출애굽의 이스라엘에게 친절을 베풀었는지에 대해서는 잘 모른다. 이 구절을 빼면 성경은 거기에 대해서 아무 언급을 하지 않는다. 다만 겐 사람은 구약에서는 모세의 장인과 연관되어 기억되는 부족이다(참조, 민 10:29~32; 삿 4:11). 하나님이 내렸던 지시에는 겐 사람에 대한 언급이 없었다. 만약 사울이 겐 사람들을 인도주의적 관점에서 배려했다고 한다면, 그 배려의 대상에서 아말렉 도성의 노약자들은 어째서 빠뜨렸을까? 또 하나는 사울이 아말렉 사람을 치고 모든 백성을 다 진멸하면서도 정작 아말렉 왕만은 죽이지 않고 사로잡았다는 것이다(8절). 나머지 하나는 사울이 아말렉의 가축들을 진멸할 때 좋고 기름진 것들은 다 남기고 "쓸모없고 값없는 것들만 골라서(9절, 새번역)" 진멸하였다는 것이다. 그럼에도 사울은 사무엘을 만나자마자 "내가 여호와의 명령을 행하였나이다(13절)."라고 보고하였다. 그래서 사무엘이 사울에게 묻는다.

> 여호와께서 왕에게 기름을 부어 이스라엘 왕을 삼으시고 또 여호와께서 왕을 길로 보내시며 이르시기를 가서 죄인 아말렉 사람을 진멸하되 다 없어지기까지 치라 하셨거늘 어찌하여 왕이 여호와의 목소리를 청종하지 아니하고 탈취하기에만 급하여 여호와께서 악하게 여기시는 일을 행하였나이까 사울이 사무엘에게 이르되 나는 실로 여호와의 목소리를 청종하여 여호와께서 보내신 길로 가서 아말렉 왕 아각을 끌어 왔고 아말렉 사람들을 진멸하였으나 다만 백성이 그 마땅히 멸할 것 중에서 가장 좋은 것으로 길갈에서 당신의 하나님 여호와께 제사하려고 양과 소를 끌어 왔나이다 하는지라(삼상 15:17~21).

사무엘의 말은 질책이다. 사울의 말은 변명이다. 사무엘이 사울에게 네가 하나님의 명령을 하나님의 지시대로 수행하지 않았다고 지적하자 사울은 그렇게 된 사유가 백성들 때문이었다고 변명한다. 나는 "아말렉 왕

아각을 끌어 왔고 아말렉 사람들을 진멸하였으나 다만 백성이 그 마땅히 멸할 것 중에서 가장 좋은 것으로 길갈에서 당신의 하나님 여호와께 제사하려고 양과 소를 끌어 왔나이다(20~21절)."라고 둘러대었다. 이 변명은 사울이 저지른 잘못이 두 가지인 것을 암시한다. 하나는 사울이 하나님의 명령을 제대로 이행하지 못한 이유를 하나님께 예배할 제물로 삼기 위해서라고 둘러댄 것이다. 하나님 예배에 드리는 예물은 자기 힘으로 애써서 키우고 기른 것이어야 한다. 불로 소득은 하나님께 드리는 예물이 될 수 없다. 다른 하나는 백성들이 그렇게 하자고 우겼다는 것이다. 사울의 말을 따른다면 사울은 하나님의 말씀보다는 백성들의 여론에 귀를 기울였다. 이 변명에 대해서 사무엘이 어떻게 대처하였는가?

> 왕이 여호와의 말씀을 버렸으므로 여호와께서도 왕을 버려 왕이 되지 못하게 하셨나이다(삼상 15:23).

"왕이 여호와의 말씀을 버렸으므로!" 사울 왕이 하나님의 말씀을 버렸다는 사실을 어떻게 받아들여야 할까? 하나님의 은혜 안에 있으면서도 하나님의 은혜를 저버린 사울의 모습을 어떻게 이해해야 할까? 마르틴 루터가 강조했던 것처럼 사울은 '의인이면서 동시에 죄인(*simul justus et peccator*)'이었다고 설명해야 할까?[9] 사울의 내면에는 옛 사람과 새 사람의 갈등이라는 정체성의 충돌이 있었다고 여겨야 할까? 사울의 종교는 오늘날의 용어로 하면 실용주의다. 오늘날 우리 귀에 친숙한 표현으로 하면, 인본주의(人本主義) 신앙이다. 하나님이 먼저 사울을 찾아가셨다. 그래서 사울은 왕이 되는 은총을 입었다. 그렇다면 사울은 거기에 책임 있게 응답하는 신앙의 길을 걸어갔어야 했다. 그런데 사울은 그 길을 걷지 않았다.

9) 여기에 대해서는 클라이버·마르쿠바르트, 『감리교회 신학』, 359~361.

김용규가 쓴 『백만장자의 마지막 질문』이라는 책이 있다.[10] 고(故) 이병철 회장이 죽기 전 남긴 24개 질문에 대한 대답을 뒤늦게 작성하는 형식으로 삶의 의미를 되새겨 보고 있다. 그 백만장자의 질문 가운데 "종교란 무엇인가? 왜 인간에게 필요한가?"가 있다.[11] 그 질문에 김용규는 이렇게 대답하였다.

> 종교가 하는 일은 결국 신앙으로 사람들을 사로잡아 삶의 방향을 바꿔 주는 것이다. 타고난 본성을 따라 사는 '자기중심적 삶'에서 벗어나 가치를 좇아 사는 '가치 중심적 삶(기독교에서는 신 중심적 삶이라 한다.)'을 살도록 변화시키는 것이다. 물론 '삶의 방향전환'이 이뤄졌다고 해서, 모든 사람이 곧바로 도덕적으로 변하는 것은 아니다. 빛을 향해 돌아섰다 해도 그는 아직 어둠 속에 있을 수 있다. 이것이 종교인이라 해서 모두가 도덕적이지는 않은 이유다. 하지만 빛을 향해 돌아선 사람은 시간과 함께 차츰 어둠에서 벗어나 밝은 곳으로 나오게 마련이다.[12]

사울 왕은, 김용규의 표현을 빌리면, 하나님 중심적 삶을 이루지 못한 자기중심적 인생이었다. 그것을 웨슬리의 말로 하면, 사울은 형식상의 종교인(Almost Christian)이었다. 종교(religion, *religio*)를 뜻하는 말이 라틴어 '렐레게레(*relegere*, 어떤 것에 마음을 집중한다)'에서 왔다면 종교는 하나님에게 그 마음을 집중하는 것이지만, 그 말이 '결합하다,' '단단히 묶다'라는 뜻의 라틴어 '렐리가레(*religare*)'에서 파생되었다고 보면, 종교는 '하나님과 결합하는 것,' '하나님과 단절된 관계를 다시 회복하는 것'이 된다.[13] 그 어느

10) 김용규, 『백만장자의 마지막 질문』 (서울: Humanist, 2013).
11) 김용규, 『백만장자의 마지막 질문』, 236~255.
12) 김용규, 『백만장자의 마지막 질문』, 246~247.
13) 김용규, 『백만장자의 마지막 질문』, 241.

경우든 사울 왕의 모습은 종교인의 모습이 아니다. 그는 하나님에게 자기 마음을 집중하지 않았다. 그는 하나님과 결합된 인생을 살지 않았다. 하나님을 알고, 예배하는 것을 알고, 하나님의 뜻을 수행해야 한다는 것을 알았지만, 다 아는 것으로 그치고 말았다. 사울은 하나님 중심의 인생을 살지 못했다. "경건의 모양은 있으나 경건의 능력은 부인(딤후 3:5)"하는 자에 어울렸다. 형식상의 그리스도인(Almost Christian)이었던 것이다.

웨슬리의 설교 "올모스트 그리스도인(The Almost Christian, 웨슬리 설교 2번)"의 성경 본문은 사도행전 26장 28절이다. 사도 바울을 추궁하던 아그립바 왕이 바울의 전도를 받자 "네가 적은 말로 나를 권하여 그리스도인이 되게 하려 하는도다."라고 외쳤던 소리가 웨슬리가 따온 설교 본문이다. 사도행전에서 이 말은 아그립바 왕이 전도를 받자 '거의 그리스도인(Almost Christian)'이 되었다는 의미로 쓰였지만(그런 점에서 이 말의 용례는 긍정적일 수 있다), 웨슬리는 그 말을 뒤집어서 '하나님의 축복의 형식만을 소유하고 그 능력에 참여하지 않는' 자들을 가리켜 '올모스트 그리스도인'이라고 불렀다(여기에서 이 말의 쓰임새는 부정적이다).[14] 웨슬리는 이 명목상의 그리스도인이 신앙이 아예 없는 사람보다 더 위험하다고 보았다. 자신의 실제 상황을 잘못 알고 있기 때문이다.[15] 웨슬리는 감리교회의 신자들이 명목상의·미완성의·형식적인 그리스도인에서 진정한 그리스도인이 되기를 원했다. 그래서 그의 설교 "올모스트 그리스도인(The Almost Christian, 웨슬리 설교 2번)"에서 다음과 같이 묻는다.

---

14) 클라이버·마르쿠바르트, 『감리교회 신학』, 297~298.

15) 웨슬리 설교 2번, "미완성의 그리스도인(The Almost Christian)," I. 4, 웨슬리 설교 3번, "잠자는 자여 일어나라(Awake, Thou That Sleepest)," I. 6, 웨슬리 설교 9번, "노예의 영과 입양의 영(The Spirit of Bondage and of Adoption)," I. 8, 웨슬리 설교 11번, "성령의 증거 II(The Witness of the Spirit, Discourse II)," I. 2, 클라이버·마르쿠바르트, 『감리교회 신학』, 298, 각주 49.

> 하나님의 사랑이 당신의 마음에 부어지고 퍼져 있습니까? 당신은 "나의 하나님, 나의 전부"라고 외칠 수 있습니까? 당신은 하나님 이외에 아무것도 바라지 않습니까? 당신은 하나님으로 행복합니까? 하나님이 당신의 영광, 환희, 기쁨의 면류관입니까? "하나님을 사랑하는 자는 또한 그 형제를 사랑할지니라." 한 계명이 당신의 마음에 기록되어 있습니까? 그리고 당신은 당신의 이웃을 내 몸처럼 사랑합니까? 그뿐 아니라 당신은 하나님의 어린양이 당신의 죄를 거두어서 그것을 바다 깊숙이 돌처럼 던져 버리신 것을 믿습니까? 하나님의 어린양이 당신을 책망하여 불리하게 떨어뜨릴 증서를 소멸하고 그것을 없이 하여 자신의 십자가에 달아 버리셨음을 믿습니까? 당신은 실지로 그 피에 의한 속량, 즉 당신의 죄의 사면을 가지고 있습니까? 하나님의 영이 당신의 영에 대하여 당신이 하나님의 자녀 됨을 증거하고 있습니까?[16)]

온전한 신앙인

사무엘상 15장 11b절은 사울 왕의 처지를 개탄하는 사무엘의 아픔을 전한다. 사무엘이 근심했다. 사울이 미완성의·명목상의·형식적인 신앙인으로 그치고 말았다는 하나님의 지적을 들었기 때문이다. 그래서 사무엘이 밤새도록 하나님께 부르짖었다.

> 사무엘이 근심하여 온 밤을 여호와께 부르짖으니라(삼상 15:11b).

왜 사무엘이 부르짖었을까? 여기 '부르짖다(짜아크, זעק)'는 말은 통상 기도하였다는 뜻이다. 사무엘이 사울을 대신해서 회개 기도를 했다는 말인가? 아니면 미완성의·명목상의·형식적인 신앙인으로 그치고 만 사울을

16) 웨슬리 설교 2번, "미완성의 그리스도인," II. 9, 『존 웨슬리의 설교』, 36.

온전한 신앙인이 되게 해달라고 간구하였다는 말인가?

사무엘이 사울을 두고 근심한 것은 어렵게 시작된 왕정 사회가 하나님의 기대에 미치지 못했다는 평가를 받았기 때문이다. 사무엘의 심리 상태가 자괴감에 빠져들었다는 뜻이다. "그가 나에게서 등을 돌리고, 나의 명령을 따르지 않는다(15:11a, 새번역)."라고 하나님이 말씀하시자 사무엘이 심하게 가슴앓이를 하였다는 것이 그런 사실을 반증한다. 사무엘의 가슴앓이는 자기를 내세우는 사울 왕의 모습과 사울 왕에게 걸었던 하나님의 기대가 어떻게 차이 나는지도 암시한다.

미완성의·명목상의·형식적인 신앙인의 반대말은 온전한 신앙인이다. '올모스트 그리스도인(Almost Christian)'의 반대말은, 웨슬리에 의하면, '올투게더 그리스도인(Altogether Christian)'이다.[17] 사무엘이 근심하였다는 것은 사울이 왕으로서 실패하였다는 지적이다. 사울의 실패는 하나님의 사람이라고 해도, 지식에서 완전하지 않고, 실수로부터 완전하지 않고, 연약함으로부터 자유롭지 못하고, 유혹에 빠지지 않는 것에 대해서도 완전하지 않다는 것을 가리킨다. 웨슬리의 말대로 사람의 영혼이 육체에 머물러 있는 동안에는 그 누구도 이런 무지나 실수, 결함이나 유혹으로부터 완전하지 않다.

웨슬리는 그의 설교 "그리스도인의 완전(Christian Perfection, 웨슬리 설교 40번)"에서 그와 같은 경우를, 특히 구약 시대를 살았던 하나님의 사람들에게서 찾았다. 믿음의 사람, '하나님의 마음에 합한 사람'이던, 아브라함, 모세, 다윗 등이 다 실수하고 화내고 속이는 죄를 저질렀다는 것이다.[18] 사울 왕도 그런 경우에 속한다. 웨슬리는 여기에서 구약의 과제를 신약의 복음으로 푸는 해법을 제시한다. 그리스도인이 죄를 정복할 수 있는 것은

17) 웨슬리 설교 1번, "믿음으로 얻는 구원(Salvation by Faith)," III. 8.

18) 웨슬리 설교 40번, "그리스도인의 완전(Christian Perfection)," II. 7

순전히 '그리스도를 아는 지식'이 구약에 소개된 하나님의 사람들보다 더 크기 때문이다.[19)]

> 이런 것들을 적절하게 고려하는 자들은 다음 사실을 용납해야 합니다. 그리스도인의 특권은 유대인의 세대를 살았던 자들을 다루는 구약 성경의 기록으로는 지혜롭게 평가될 수 없습니다. 보십시오. 지금은 때가 차서 성령이 오셨고, 하나님의 크신 구원이 예수 그리스도의 계시로 사람들에게 주어졌습니다. 하늘나라가 이제 이 땅에 세워졌습니다. 옛 시대에 선포된 하나님의 영이 말씀하시기를 …… "그 중에 약한 자가 그 날에는 다윗 같겠고 다윗의 족속은 하나님 같고 무리 앞에 있는 여호와의 사자 같을 것이라(슥 12:8)." 하지 않았습니까.[20)]

사무엘의 꾸중을 들은 사울은 그 자리에서 잘못을 인정했다. 말하자면 회개하였다(삼상 15:24~25). 그러나 아쉬운 것은 그 회개가 그로 하여금 믿음의 문에 들어서는 계기로 작동하지 않았다는 데 있다. 하나님 앞에서 자신을 철저하게 낮춰야 하는 시간을 맞이하였음에도 사울은 "내 백성의 장로들 앞과 이스라엘 앞에서 나를 높이사 나와 함께 돌아가서 내가 당신의 하나님 여호와께 경배하게 하소서(15:30)."라고 간청할 뿐이었다. 사람들 앞에서 자신을 높여 달라고 간청한다. 그러면서 하나님을 가리켜 나의 하나님이 아니라 당신의(사무엘의) 하나님이라고 부른다.

사울은 칭의 다음 단계로 나아가는 믿음의 여정에서 주저앉고 말았다. '올모스트(almost)'에 머물렀다. 어떻게 해야 '올투게더(altogether)'가 되는가? 웨슬리는 마음을 다하고 힘을 다하고 뜻을 다하여 하나님을 사랑하고

19) 웨슬리 설교 40번, "그리스도인의 완전," II. 8.
20) 웨슬리 설교 40번, "그리스도인의 완전," II. 13.

이웃을 내 몸과 같이 사랑하는 삶, 곧 그리스도의 마음을 품어 "사랑과 희락과 화평과 오래 참음과 자비와 양선과 충성과 온유와 절제(갈 5:22~23)" 같은 성령의 열매들을 맺는 삶을 가리켜서 완전한 삶이라고 불렀다. 사울은 그 '올투게더'를 다 하지 못했다. 그래서 미완성에 머무르고 말았다.

사울의 실패는 우리 그리스도인에게는 반면교사(反面教師)가 된다. 그리스도인의 완전이 생전에 가능할까? 웨슬리에게 완전이란 하나님의 형상대로 지어진 인간이 '예수 그리스도 안에서 새롭게 창조되어' 모든 죄와 불의, 실수와 유혹, 악한 생각과 악한 성품에서 자유함을 얻은 상태다.[21] 하나님은 빛이시고 하나님에게는 어둠이 조금도 없으시기에(요일 1:5). "하나님께서 빛 가운데 계신 것과 같이, 우리가 빛 가운데 살아가면, 우리는 서로 사귐을 가지게 되고, 하나님의 아들 예수의 피가 우리를 모든 죄에서 깨끗하게(요일 1:7, 새번역)" 해주신다는 것이다.

웨슬리에게 그리스도인의 완전이란 하나님의 형상, 곧 의와 거룩함을 회복하는 도덕적인 성결이다.[22] 웨슬리는 이런 완전함을, 이런 성결을, 모든 죄와 불의에서 깨끗하게 되는 일을, 미래의 어느 날이나, 죽음 이후에 맞이하는 심판 날에 가서야 이룰 수 있다고 보지 않았다.[23] 그리스도인은 이 세상에서 완전을 이룰 수 있다. 우리를 온전케 하시는 하나님의 은혜로 모든 죄로부터, 모든 불의에서 구원을 받아, 모든 악한 생각과 악한 성품으로부터 자유롭게 되는 완전을 이루게 된다.[24] 모세가 다짐했던 "네 하나님 여호와께서 네 마음과 네 자손의 마음에 할례를 베푸사 너로 마음을 다하며 뜻을 다하여 네 하나님 여호와를 사랑하게 하사 너로 생명을 얻게 하실(신 30:6)" 것이라는 예언이, "하나님이여 내 속에 정한 마음을 창조하

---

21) 웨슬리 설교 107번, "완전에 대하여(On Perfection)," I. 7.

22) 웨슬리 설교 107번, "완전에 대하여," I. 1~7.

23) 김동환, 『목사 웨슬리에게 목회를 묻다』, 176.

24) 웨슬리 설교 40번, "그리스도인의 완전," II. 28.

시고 내 안에 정직한 영을 새롭게 하소서(시 51:10)"라고 부르짖었던 다윗의 기도가, "맑은 물을 너희에게 뿌려서 너희로 정결하게(겔 36:25)" 하실 것이라는 에스겔의 예언이, 지금, 여기, 이 땅에서, 우리에 의해서 성취되고야 만다는 것이다.[25] '그리스도인의 완전'은 지금 여기에서 살아가고 있는 우리의 이야기가 되어야 한다.[26] 여기에 웨슬리 신앙에 각인된 현재적 종말론이 있다. '그날'에 이루어질 종말을 기대하면서도 날마다 종말로 살아가는 현재적 종말론이 웨슬리의 성화에서도 드러나 있다. 그래서 웨슬리는 그의 설교 "새로운 탄생(웨슬리 설교 45번)"에서 이렇게 기도한다.

> 주님이시여, 이 모든 당신의 축복에 신생을 더하여 주시사, 나를 다시 태어나게 하옵소서. 당신이 무엇을 거절하시기 원하시든지 간에 이것만은 거절하시지 마시고, 나로 하여금 '위로부터 태어나게' 하옵소서. 당신이 좋게 생각하시는 모든 것, 즉 명예, 재산, 친구, 건강을 내게서 빼앗아 가시더라도 오직 이것만은 허락하게 하옵소서. 성령으로 태어나게 해주시고 하나님의 자녀로서 받아 주옵소서. 나를 '살아 계시고 영원하신 하나님의 말씀으로 인해 썩어질 씨로서가 아니라 썩지 않을 씨로서' 다시 태어나게 하옵소서. 그리하여 나를 '우리의 주시요, 구세주이신 예수 그리스도의 은혜와 그를 아는 지식 안에서 매일매일 성장하도록 하옵소서.'[27]

25) 웨슬리 설교 40번, "그리스도인의 완전," II. 29.

26) 김동환, 『목사 웨슬리에게 목회를 묻다』, 176.

27) 웨슬리 설교 45번, "새로운 탄생," IV. 4, 『존 웨슬리의 설교』, 139.

03

성령의 증거(민 11:24~30)*

여호와께서 모세에게 이르시되 이스라엘 노인 중에 네가 알기로 백성의 장로와 지도자가 될 만한 자 칠십 명을 모아 내게 데리고 와 회막에 이르러 거기서 너와 함께 서게 하라 내가 강림하여 거기서 너와 말하고 네게 임한 영을 그들에게도 임하게 하리니 그들이 너와 함께 백성의 짐을 담당하고 너 혼자 담당하지 아니하리라 …… 그 기명된 자 중 엘닷이라 하는 자와 메닷이라 하는 자 두 사람이 진영에 머물고 장막에 나아가지 아니하였으나 그들에게도 영이 임하였으므로 진영에서 예언한지라 한 소년이 달려와서 모세에게 전하여 이르되 엘닷과 메닷이 진중에서 예언하나이다 하매 택한 자 중 한 사람 곧 모세를 섬기는 눈의 아들 여호수아가 말하여 이르되 내 주 모세여 그들을 말리소서 모세

---

* "성령의 증거"는 웨슬리 설교 10번, 11번에 수록된 설교 제목으로, 모두 로마서 8장 16절, "성령이 친히 우리의 영과 더불어 우리가 하나님의 자녀인 것을 증언하시나니"를 성경 본문으로 삼았다. 김홍기의 해설에 따르면 이 설교는 각각 1746년과 1767년에 글로 출판되었다. 『존 웨슬리의 설교』, 76. 이 설교에서 웨슬리는 우리가 하나님의 자녀인 것이 이중적으로 확인된다고 말한다. 한편에서는 우리 양심을 통해서 확인되고, 다른 한편에서는 성령의 증거로 검증된다는 것이다.

가 그에게 이르되 네가 나를 두고 시기하느냐 여호와께서 그의 영을 그의 모든 백성에게 주사 다 선지자가 되게 하시기를 원하노라 모세와 이스라엘 장로들이 진중으로 돌아왔더라(민 11:16~17, 26~30).

"네게 임한 영을 그들에게도 임하게 하리니," 하나님의 영·하나님의 사람

민수기 11장은 모세가 짊어졌던 "백성의 짐을(17절)" 나누어 담당할 지도자 일흔 명을 세우는 이야기다. 이 이야기는 하나님이 모세에게 "이스라엘 노인 중에 네가 알기로 백성의 장로와 지도자가 될 만한 자 칠십 명을 모아 내게 데리고 와 회막에 이르러 거기서 너와 함께 서게 하라(16절)."고 하신 말씀으로 시작된다. 왜 하나님이 모세에게 그렇게 지시하셨을까?

시내 산을 떠나 바란 광야로 나아가던 이스라엘이 "기브롯 핫다아와(34절)"라고 불리게 된 곳에 닿았을 때에 큰 소동이 벌어졌다. "이스라엘 자손 가운데 섞여 살던 무리들이(4a절, 새번역)" 고기를 먹게 해달라고 아우성을 쳤다. "누가 우리에게 고기를 주어 먹게 하라(4b절)." 그 선동에 소동이 일어났다. 이스라엘 자손이 부화뇌동(附和雷同)하여 울면서 불평하였다.

모세가 그 소리를 듣고 하나님께 하소연한다. 이렇게 울며 보채는 이스라엘을 내가 어떻게 양육할 수 있겠습니까. 이 많은 백성들에게 먹일 고기를 내가 어디에서 얻을 수 있겠습니까. 모세는 자기 혼자서는 도저히 "이 모든 백성을 짊어질 수(14절, 새번역)" 없다고 하소연한다. '짊어진다(나싸, נשה)'는 말은 '나르다'라는 뜻이다. 모세는 하나님께 내가 어떻게 이 모든 백성을 다 짊어 나를 수 있겠느냐고 따진다. 저렇게 울부짖는 자들을 주께서 맹세하신 땅으로 데리고 가는 것은 자기로서는 벅찬 일이라고 외친다(12절).

하나님이 모세에게 이스라엘 장로들 가운데 백성의 지도자가 될 만한 사람 일흔 명을 모아서 회막으로 데리고 나오라고 지시하신 것은 이 때문이다. 모세가 걸머진 짐을 그들과 나누시겠다는 것이다. 이스라엘의 장로들 가운데 일흔 명을 뽑아서 모세가 졌던 짐을 나누어 지게 하시겠다는 것이다. '백성의 장로와 지도자 칠십 명'이 아니다. "백성의 장로와 지도자가 될 만한 자 칠십 명"이다. 새번역은 이 구절(16절)을 "이스라엘 장로들 가운데서, 네가 백성의 장로들 또는 그 지도자라고 알고 있는 사람들 일흔 명"으로 옮겼지만, 히브리어 구문은 "내게로 데리고 오라, 이스라엘의 장로들 가운데서(미지크네 이스라엘, מזקני ישראל), 백성의 지도자가 되리라고 네가 파악한 사람들을(아쉐르 야다타 키-헴 지크네 하암, אשר ידעת כי־הם זקני העם)"로 읽어야 한다. 지도자로 알려진 사람들을 추려서 데리고 오라는 것이 아니라 지도자가 될 만한 사람들을 추려서 데리고 오라는 것이다.

> 여호와께서 모세에게 이르시되 이스라엘 노인 중에 네가 알기로 백성의 장로와 지도자가 될 만한 자 칠십 명을 모아 내게 데리고 와 회막에 이르러 거기서 너와 함께 서게 하라 내가 강림하여 거기서 너와 말하고 네게 임한 영을 그들에게도 임하게 하리니(민 11:16~17a).

하나님은 모세에게 임한 영을 이스라엘 장로들 중에서 뽑힌 일흔 명에게도 임하게 하여 그들로 하여금 백성의 지도자가 되게 하려고 하신다. 모세가 하나님의 사람이었던 것은 모세에게 하나님의 영이 임했기 때문이다. 그래서 하나님은 회막에 강림하셔서 '모세 위에 있던 그 영을 나누어서(베에찰티 민-하루아흐 아쉐르 알레이카, באצלתי מן־הרוח אשר עליך),' '그들(칠십명의 장로들) 위에 두시겠다(베삼티 알레헴, בשמתי עליהם)'는 것이다(17a절). 그냥 '영(루아흐, רוח)'이 아니라 모세에게 임했던 "그 영(하루아흐, הרוח)"을 하나님이 이스라엘의 장로들에게 나누어주시겠다(아찰티…… 민-하루아흐, מן־הרוח ……אצלתי)는 것이다. 그래서 그들로 하여금 모세와 함께 "백성 돌보는 짐을(17절, 새번역)" 나누어지게 하시겠다는 것이다.

하나님의 영은 하나님의 사람들을 하나님과의 교제 안으로 인도한다. 하나님의 영을 그들에게 부어서 그들의 '삶의 방식과 유형을' 새롭게 한다.[1] 그래서 모세가 "백성의 장로들 가운데서 일흔 명을 불러 모아, 그들을 장막에 둘러 세웠다(24절, 새번역)."

> 모세가 나가서 여호와의 말씀을 백성에게 알리고 백성의 장로 칠십 인을 모아 장막에 둘러 세우매 여호와께서 구름 가운데 강림하사 모세에게 말씀하시고 그에게 임한 영을 칠십 장로에게도 임하게 하시니 영이 임하신 때에 그들이 예언을 하다가 다시는 하지 아니하였더라(민 11:24~25).

하나님이 모세에게 임한 영을 이스라엘의 장로들 가운데서 선발된 일흔 명에게 부어 주신다(문자적으로는 나누어주신다). 하나님의 영을 부어 주셔서 평범했던 인생을 비범한 인생이 되게 하신다. 자연인 인간을 하나님의 사람이 되게 하신다. 나이가 들어 노인(장로)이 되었던 자들이 하나님의 일을 수행하는 하나님의 도구로 변하게 하신다.

민수기 11장 16~17절, 24~25절은 구약에서 하나님의 영이 신앙 공동체에게 부어지는 최초의 장면이다.[2] 하나님이 하나님의 영을 개인에게 부어 주시거나 우주 만물을 하나님의 영으로 채우셔서 새롭게 하는 이야기는 민수기 11장 이전에도 나온다. 예컨대 사람은 흙으로 지어진 몸에

1) 클라이버·마르쿠바르트, 『감리교회 신학』, 251~252.

2) 동시에 민수기 11장은 사도행전 2장의 전조가 되는 구약의 오순절 사건에 견줄 수 있다. Roger D. Cotton, "The Pentecostal Significance of Numbers 11," *Journal of Pentecostal Theology* 10:1 (2001), 3~10.

하나님의 생기(영)가 채워지자 사람(생령)으로 살아가게 되었다(창2:7). 회막 기구를 제작하는 일을 위해서 부름 받은 브살렐에게도 하나님은 하나님의 영을 충만하게 하셨다(출31:3). 세상 만물은 창세기 1장 2절부터 하나님의 영의 지도를 받았다. 세상의 모든 피조물들은 다 하나님의 영을 호흡해야 살아갈 수 있다. 그러나 개개인이나 사물이 아닌 신앙 공동체의 무리에게 하나님의 영이 부어지는 사건은 민수기 11장에서 처음 만난다.[3)]

하나님의 영은 하나님과 하나님의 사람들과의 관계를 새롭게 한다. 지금까지 하나님은 한 사람 모세에게 하나님의 영을 부어서 하나님의 일을 담당하게 하셨다. 이제부터는 이스라엘의 장로들이 '새롭게 하시는 성령의 활동'으로 하나님과 새로운 관계에 들어선다.[4)] 이것을 웨슬리가 "성령의 증거 I, II(The Witness of the Holy Spirit I, II, 웨슬리 설교 10번, 11번)"라는 설교에서 했던 말로 하면 "성령이 우리가 하나님의 사람인 것을 증거한다."는 뜻이 된다.[5)] "성령이 친히 우리의 영과 더불어 우리가 하나님의 자녀인 것을 증언(롬 8:16)"한다는 것이다.

> 성령은 나의 영에게 "나는 하나님의 자녀이다."라고 증거하시고 이에 대한 증거를 주셨습니다. 그리하여 나는 곧이어 "아바 아버지여!"라고 외쳤습니다. 나는 이것을 (여러분들이 그랬듯이) 내가 어떤 성령의 열매를 생각하고 의식하기 전에 행한 것입니다. 이 증거를 받은 데서부터 사랑, 희락, 화평 등 성령의 모든 열매가 넘쳐흘렀습니다.[6)]

---

3) 예컨대 하나님의 영의 활동과 관련하여 다음 구절들을 살펴보라. 한 개인을 새롭게 하신다(시 51:12~14; 사 11:1~2; 61:1). 만물을 새롭게 하신다(시 104:30). 백성을 새롭게 하신다(사 44:3; 겔 11:19~20; 36:26~27; 37:6; 욜 2:28~29; 비교, 슥 4:6).

4) "새롭게 하시는 성령의 활동"에 대해서는 클라이버·마르쿠바르트, 『감리교회 신학』, 236~273을 보라.

5) 예를 들어 웨슬리 설교 10번, "성령의 증거 I(The Witness of the Holy Spirit I)," I. 7.

6) 웨슬리 설교 11번, "성령의 증거 II," III. 6, 『존 웨슬리의 설교』, 98.

하나님의 영은 사람의 사람됨을 새롭게 변화시킨다. 사람의 마음에 하나님의 영이 채워질 때 그 사람은 새로운 마음으로, 새로운 사람으로, 새로운 정체성으로 삶의 방식과 유형을 전혀 새롭게 펼친다. 증인이 되는 것이다. 하나님의 도구가 되는 것이다. 하나님의 사람이 하나님과 교제하는 삶을 사는 곳에서는 언제나 하나님의 영이 활동하신다. 하나님은 하나님의 사람 없이는 존재하지 않으신다. 하나님의 사람도 하나님의 영 없이는 존재하지 못한다.

"그들이 너와 함께 백성의 짐을 담당하고," 증언과 파송

하나님이 하나님의 사람을 세우시는 것은 사람을 통해서 일하시기 위해서다. 하나님의 사람은 우리를 위해서 일하신 하나님을 고백하는 자리에서 우리 안에서 일하시는 하나님을 간증하는 자리로 나아가게 된다.[7] 민수기 11장 17b절이 그것을 말한다. 하나님의 영을 받는다고 해서 특정 은사를 체험하는 것이 아니다. 하나님의 영을 받은 사람은, 신약의 용어로 말하면, 그리스도의 몸을 자라게 하는 소명을 감당해야 한다. 하나님이 모세가 천거한 일흔 명의 장로들에게 하나님의 영을 부어 주신 것은, 그래서 그들로 이스라엘 백성의 지도자가 되게 하신 것은, 그들에게 이스라엘 백

7) 웨슬리 설교 19번, "하나님으로부터 태어난 자들의 특권," 2, 『존 웨슬리의 설교』, 111. 여기에서 웨슬리는 이렇게 말한다. "칭의는 단지 관계적인 변화(relative change)를 의미하며 신생은 실제적인 변화(real change)를 의미합니다. 우리를 의롭다 하심으로써 하나님은 우리를 위해(for us) 어떤 것을 하시고, 우리를 새로 태어나게 하심으로써 하나님은 우리 안에서(in us) 일을 하십니다. 전자는 우리의 하나님께 대한 외적인 관계를 변화시키고 그로 인하여 원수였던 우리가 자녀들이 되는 것입니다. 후자로 말미암아 우리 영혼의 깊은 속이 변화되어 그로 인하여 죄인이었던 우리가 성도가 되는 것입니다. 전자는 하나님의 사랑에로, 후자는 하나님의 형상에로 우리를 회복시켜 줍니다. 전자는 죄책의식(guilt)을 제거하는 일이요, 후자는 죄(sin)의 능력을 제거하는 일입니다. 그러므로 양자는 시간적 관점에서는 함께 결합되어 있지만, 전적으로 구별되는 성질의 것입니다."

성을 돌보는 짐을 모세와 함께 지는 자로 파송하시기 위해서였다.

(내가 강림하여 거기서 너와 말하고 네게 임한 영을 그들에게도 임하게 하리니) 그들이 너와 함께 백성의 짐을 담당하고 너 혼자 담당하지 아니하리라(민 11:17b).

하나님의 영은 일하게 하시는 영이다. 하나님이 모세에게 임했던 영을 일흔 명의 지도자들에게도 임하게 하신 것은 "백성의 짐을 담당하는," 즉 짐을 져 나르는 직분을 감당하게 하기 위해서다. 먹거리 탓에 하나님의 은총을 잊어버린 이스라엘을 바로 키우고, 제대로 양육하고, 하나님의 사랑으로 품기 위해서다. 하나님의 영을 받은 이스라엘의 지도자는 모세와 더불어 그 이스라엘을 "양육하는 아버지(12절)"가 되는 길에 나서야 한다.

민수기 11장 17b절의 뜻을 바로 새기기 위해서는 그 배경이 되는 기브롯 핫다아와 이야기를 살펴보아야 한다(11:4~9, 31~35).[8] 시내 광야 시내 산을 떠나서 바란 광야로 향해 가던 행렬에 소동이 일어났다. 먹거리에 탐욕을 부리는 자들이 생겨났고(4a절), 그들이 투덜대는 소리에 이스라엘 자손도 덩달아 모세에게 "우리에게 고기를 주어 먹게 하라(4b절; 참조, 13, 18b, 20b절)."고 울부짖는 소동을 일으켰다.

만나와 메추라기는 하늘에서 비 같이 내린 양식(출 16:4)이었다. 출애굽한 이스라엘의 굶주렸던 배를 채워 주던 떡과 고기였다. 출애굽 신앙은 만나와 메추라기를 가리켜 하나님이 출애굽 한 이스라엘을 광야에서 먹이신 양식(출 16:32)이라고 회상한다. 그랬던 광야 식량이 시내 산을 떠나 기브롯 핫다아와로 불린 곳에 들어서는 민수기 11장에서는 비판과 원망의 대

8) 비교, 최종원, "소위 '불평' 이야기의 문맥 안에 있는 예언자적 현상에 관한 연구: 민수기 11장에 나타난 역사적인 상황화를 중심으로," 『구약논단』 22: 3 (2016), 105~136.

상이 되고 만다. 광야 길을 가면서 "눈에 보이는 것이라고는 이 만나밖에 없으니(6절. 새번역)"라고 투덜대는 상황이 벌어진 것이다. 만나를 먹는 것도 이제는 "입맛마저 떨어졌다(6절, 새번역)"며 먹기가 괴로울 지경이라고 아우성을 쳤다. 먹거리에 대해 탐욕을 품기는 "이스라엘 자손 가운데 섞여 살던 무리들(4절, 새번역)"이었지만, 정작 울며 불평하던 당사자는 이스라엘 자손이었다(4절).

이들의 탐욕과 불평과 아우성에는 환애굽(還애굽)의 정서가 서려 있다. "우리가 애굽에 있을 때에는 값없이 생선과 오이와 참외와 부추와 파와 마늘들을 먹은 것이 생각나거늘 이제는 우리의 기력이 다하여 이 만나 외에는 보이는 것이 아무 것도 없도다(5~6절)."라고 소리치지 않았는가. 출애굽의 여정을 완성하는 길에 나섰던 이스라엘이 시내 광야의 시내 산을 떠나자마자 먹거리가 형편없다는 핑계로 애굽에서의 생활을 그리워하는 망상에 사로잡혔다는 것이다.

출(出)애굽은 단순히 애굽 땅 떠나기가 아니다. 출애굽은 하나님의 뜻을 이루고자 나선 길이다. 매여 살던 고장을 떠나서 누리며 살아가는 마을로 나아가는 길이다. 땅의 사람으로 살던 자들이 하늘의 시민으로 살아가는 환경으로 나아가는 길이다. 그 길에 들어선 자는 누구나 광야를 거쳐야만 한다. 광야에서 하나님의 사람으로 다듬어져야 했다. 그런 길에 나섰던 이스라엘이 광야라는 극한 환경을 마주하자마자 그만 주저앉고 말았다. 애굽에서 매여 살았던 시절을 그리워하는 못난 모습을 드러낸 것이다.

하나님이 이스라엘을 광야 길로 인도하신 것은 이스라엘을 낮추시고 주리게 하셔서 이스라엘의 생존 방식은 "사람이 먹는 것으로만 사는 것이 아니라 주님의 입에서 나오는 모든 말씀으로 산다는 것을(신 8:3, 새번역)" 일깨워 주시기 위함이었다. 그러기에 민수기 11장에서 고기를 먹게 해달라고 울부짖는 이스라엘의 모습은, 복음서의 언어로 말한다면, "먼저 그의 나라와 그의 의를(마 6:33)" 구해야 한다는 주님의 기대에 반(反)하는 풍경이다. 그 풍경에는 "무엇을 먹을까 무엇을 마실까 무엇을 입을까(마 6:31)" 하며 걱정하는 이방인들의 정황이 고스란히 드러난다.

여기에서 우리는 일흔 명의 장로에게 하나님의 영이 부어지게 된 시점에 주목해야 한다. 하나님의 영이 이스라엘의 장로들 위에 임하게 된 계기가 기브롯 핫다아와에서 벌어진 혼란과 소동이었다는 데 주목해야 한다. 하나님의 백성 이스라엘이 먹거리 문제로, 탐욕의 문제로, 환애굽의 유혹 탓에, 신앙을 상실하는 죄악에 붙들리자 그런 상황을 타개하는 처방으로 하나님은 하나님의 영에 붙들린 사람을 세우시고자 한다. 기브롯 핫다아와에서 이스라엘은, 웨슬리가 했던 말로 하면, "'하나님께서 위로 향하여 부르신 그 부르심의 상을 얻으려고 목표를 향하여 달려가지'(빌 3:14) 않았기 때문에 이스라엘은 신앙을 잃고 용서의 하나님을 잃어버렸다."[9] 그 하나님을 잊어버린 자들에게 하나님의 품을 되찾게 하기 위해서 하나님은 하나님의 사람 일흔 명을 모세에게 붙여 주셨다. 하나님은 하나님의 영을 하나님의 사람에게 부어서 신앙 공동체 문제를 치유하신다.

초기 교회는 예수 그리스도가 부활, 승천한 후 오순절이 되어 성령(하나님의 영)이 임하는 사건을 체험한다. 고대 교회(이스라엘 종교)는 하나님의 공동체로 태어났던 이스라엘이 마주하였던 생존의 혼란(배고픔, 굶주림, 餓死)을 극복하고자 하나님의 영으로 세워진 지도자들을 맞이한다. 사도행전에서 처음에 성령을 받았던 자들이 백이십 명이었다면(행 1:15; 2:1), 민수기에서 모세에게 임했던 영을 나누어 받았던 자들은 칠십 명이었다.

하나님은 일흔 명의 지도자를 세워서 모세가 졌던 짐을 나누어 지도록 파송하신다. 그런데 지도자를 그냥 세우시지 않는다. 하나님은 일흔 명의 장로들이 이스라엘 백성의 짐을 지는 자로 파송되기 전에 먼저 하나님을

9) 웨슬리 설교 19번, "하나님께로부터 난 자의 특권," II. 7.

위한, 하나님을 향한, 하나님의 증인이 되는 자로 세운다. 민수기 11장 24~25절이 그것을 이야기한다.

> 모세가 나가서 여호와의 말씀을 백성에게 알리고 백성의 장로 칠십 인을 모아 장막에 둘러 세우매 여호와께서 구름 가운데 강림하사 모세에게 말씀하시고 그에게 임한 영을 칠십 장로에게도 임하게 하시니 영이 임하신 때에 그들이 예언을 하다가 다시는 하지 아니하였더라(민 11:24~25).

"영이 임하신 때에 그들이 예언을 하다가 다시는 하지 아니하였더라." 예언이 무엇인가? 왜 예언을 하다가 그쳤을까? 하나님의 영이 일흔 명의 장로들에게 임했을 때 '그들이 예언하였다(봐이트납베우, ויתנבאו).' 하나님의 영이 임한 동안에만 예언하였다. 예언은 하나님의 영이 부어 준 증언하는 능력이다. 예언(預言)의 뜻이 본디 맡겨 주신 말씀을 증언하는 말이 아니던가. 하나님이 이스라엘의 지도자가 되려는 자들에게 하나님의 영을 부어서, 하나님의 영을 호흡하게 해서, 그들의 눈과 귀가 열리게 해서, 하나님의 음성을 듣고 하나님의 부르심에 순종하여 사람들 앞에 나서게 하였다.

엘닷과 메닷

이제 본문의 관심은 엘닷과 메닷에게 쏠린다. 모세가 이스라엘의 지도잣감으로 선정한 이스라엘 장로 중에 엘닷과 메닷은 모세가 백성의 장로들을 장막에 둘러 세울 때에 그 자리에 나가지 않았다.

> 그 기명된 자 중 엘닷이라 하는 자와 메닷이라 하는 자 두 사람이 진영에 머물

고 장막에 나아가지 아니하였으나(민 11:26a).

민수기 11장 26a절에서 우리는 세 가지 사실에 주목해야 한다. 첫째, 엘닷과 메닷이라는 이름이다. 엘닷(엘다드)과 메닷(메다드)에는 히브리어 '야디드(ידיד, 사랑하는 자)'의 어근(y-d-d)이 포함되어 있다. 엘다드(엘+야디드/예디드)는 하나님이 사랑한다는 뜻이고, 메다드(헬라어역 구약에서는 모다드)는 하나님의 사랑을 받는다는 뜻이다.[10] 이 두 사람의 이름씨가 예사롭지 않다. 하나님이 사랑하는 사람(엘닷)이거나 하나님의 사랑을 받는 사람(메닷)이기 때문이다. 둘째, 일흔 명의 장로들 가운데 엘닷과 메닷만 실명(實名)으로 거론된다. 이 두 사람을 뺀 나머지 장로들은 그냥 "일흔 명의 장로들"이라고만 불린다.[11] 셋째, 엘닷과 메닷 이 두 사람은 자기 진영에 머물러 있으면서 모세가 모이라고 지시했던 장막으로 나가지 않았다. 그 이름씨를 보아서는 이스라엘 사회에서 인정받는 신앙인이었지만, 그들은 이스라엘의 장로 일흔 명이 참가하는 공동체 행사에는 나가지 않았다. 이 두 사람은 결과적으로 주변인(outsider)이 되고 말았다. 공식 모임에 참석하지 않았기 때문이다. 그런데도 그들에게 하나님의 영이 임했다.

그들에게도 영이 임하였으므로 진영에서 예언한지라(민 11:26b).

장막으로 나가지 않았던 엘닷과 메닷에게도 하나님의 영이 임했다. 소

10) Pamela T. Reis, "Numbers XI: Seeing Moses Plain," *Vetus Testamentum* 55:2 (2005), 225.

11) 유대인 학자들 가운데는 민수기 11장 26절의 엘닷(엘다드)을 창세기 10장 26절의 알모닷(알모다드 = 알+모데드, the one who does not count)으로 보기도 한다. 창세기 10~11장에서 알모닷은 셈의 자손 벨렉의 후손으로 아브라함의 조상이 된다. 즉 민수기 11장 26~27절에서 엘닷과 메닷은 일흔 명의 장로들로 거론된 자들보다는 그 위상이 좀 더 귀한 자들로 보아야 한다는 것이다. Fred Blumenthal, "Eldad and Medad," *Jewish Bible Quarterly* 36:2 (2008), 88~92, 특히 91.

외된 자, 숨어 있는 자, 열외된 자도 하나님은 찾아가셔서 하나님의 영으로 채워 주셨다. 여기에 하나님의 마음이 있다. 하나님은 하나님의 사랑을 받는 자들의 마음이 하나님의 영으로 채워지기를 바란다.

이런 이야기를 들은 적이 있다. 인생을 사는 데에는 다섯 가지 끈이 필요하다는 것이다. 매끈, 발끈, 화끈, 질끈, 따끈. 듣고 보니 나름대로 의미가 있다. 잘 생기고(매끈), 의욕이 넘치고(발끈), 성격 좋고(화끈), 참을성 있고(질끈), 마음이 좋아야(따끈) 인생살이에 성공한다는 소리이지 않은가. 그러나 이 다섯 가지만 있으면 과연 인생이 다 성공할까? 어느 모임에서 이런 이야기를 나누었더니 이런 대답이 돌아왔다. 거기에 후끈을 첨부하라고. 맞다. 후끈해야 한다. 뜨거워져야 한다. 뜨거워져야 움직인다. 웨슬리의 경우가 그랬다. 우리 귀에 친숙한 1738년 5월 24일 웨슬리에게 있었던 일이 그것을 대변한다.

> 저녁에 나는 매우 내키지 않은 채로 올더스게이트가(街)에 있는 한 집회에 갔다. 한 사람이 로마서에 대한 루터의 서문을 읽고 있었다. 9시 15분 전쯤에 인도자가 하나님께서 그리스도에 대한 믿음을 통해서 마음속에 일으키시는 변화를 설명하고 있는 동안, 나의 마음이 이상하게 뜨거워지는 것을 느꼈다. 나는 구원을 위해 오직 그리스도만을 진실로 믿는다고 느꼈다. 그리고 그리스도께서 나의 죄를 없애 주셨을 뿐만 아니라 죄와 죽음의 법에서 나를 구원하셨다는 확신이 들었다.[12)]

1738년 5월 24일 이전에도 웨슬리는 목회자였다. 올더스게이트 체험 이전에도 웨슬리는 신학자였고 그리스도인이었고 선교사였다. 그러나 이 날이 있기 전까지 웨슬리는 어떻게 해야 하나님의 율법을 제대로 지킬 수

12) 1738년 5월 24일 웨슬리 일기. 샌더스, 『웨슬리가 말하는 그리스도인의 삶』, 47.

있을지를 오랫동안 고민하고 있었다. 그런데 그날 웨슬리가 루터의 말을 들으면서 "율법의 행위를 하는 것과 율법을 성취하는 것은 매우 다른 별개의 일이다."라는 것을 깨닫게 되었다.[13] 율법을 성취하는 유일한 방법은 믿음밖에 없다고 확신하게 되었다. 믿음이란 하나님의 은총에 대한 담대한 확신임을 마음에 뜨겁게 느꼈던 것이다. 그러자 웨슬리를 괴롭혀 오던 오랜 고민이 사라지게 되고 그때부터 웨슬리의 영성은 새로운 방향으로 나아가기 시작했다.

웨슬리 학자들 사이에는 1738년 5월 24일의 체험을 웨슬리 회심으로 보아야 하는지에 대해서 의문이 있다. 분명한 것은 웨슬리가 1738년 5월 24일에 그의 마음이 이상하게 뜨거워지는 체험을 하고 난 뒤에는 많은 웨슬리 학자들이 이구동성으로 지적하듯이 웨슬리의 신앙이 머리에서 가슴으로 이동하였다는 것이다. 웨슬리에게 올더스게이트 체험은 복음의 진리를 '웨슬리의 마음에 적용시켰던 이정표'였다는 것이다.[14] 웨슬리가 올더스게이트 체험을 한 지 18일이 지난 1738년 6월 11일에 옥스퍼드 대학 대학교회의 강단에 서서 외쳤던 설교가 "믿음으로 얻는 구원(Salvation by Faith, 웨슬리 설교 1번)"이었다는 것은 의미심장하다. 이것을 가리켜 오래전 웨슬리 학자 서그덴(E. H. Sugden)은 "바로 이날 존 웨슬리는 복음주의 부흥운동의 첫 번째 나팔소리를 울렸다."라고 해석하였다.[15]

민수기 11장이 전하는 엘닷, 메닷 이야기도 이런 맥락에서 읽을 수 있다. 엘닷, 메닷은 각각 하나님이 사랑하는 자, 하나님의 사랑받는 자였지만, 그들은, 이유는 모르지만, 수동적이었다. 그래서 다 모이라고 공지된 시간에, 공지된 장소로 나가지 못했다. 하지만 그랬던 자들에게도 하나님의 영

13) 샌더스, 『웨슬리가 말하는 그리스도인의 삶』, 77, 82.

14) 샌더스, 『웨슬리가 말하는 그리스도인의 삶』, 87.

15) E. H. Sugden, *Wesley's Standard Sermon* (London: Epworth, 1921), 35, 샌더스, 『웨슬리가 말하는 그리스도인의 삶』, 89에서 중인.

이 임했을 때 그들은 예언자가 될 수 있었다. 하나님의 영이 임할 때 엘닷과 메닷은 모두 다 후끈한 사람이 되어, 가슴이 뜨거워진 사람이 되어, 무력한 일상에서 벗어나 하나님의 소리를 대언하는 예언자가 될 수 있었다.

엘닷과 메닷에게 일어난 일은 예수께서 부활하신 후, 즉 "안식 후 첫날 저녁 때에" "유대인들을 두려워하여 모인 곳의 문을(요 20:19)" 닫았던 예수의 제자들도 연상시킨다. 유대인들로부터는 아웃사이더였던 제자들에게, 예수가 부활하신 그 순간에도 꽁꽁 숨어 있던 제자들에게, 두려워하며 떨고 있던 제자들에게, 예수께서 찾아가셔서 무엇이라고 말씀하셨는가? "예수께서 오사 가운데 서서 이르시되 너희에게 평강이 있을지어다(요 20:19b)!" 그러고 나서 예수께서 하신 말씀이 무엇이었는가? "그들을 향하사 숨을 내쉬며 이르시되 성령을 받으라(요 20:22)."

엘닷과 메닷 이야기는 하나님의 영이 우리를 붙들어 주실 때, 하나님의 영이 우리 안에 살아 계실 때, 우리 삶도 하나님의 일을 수행하는 도구가 될 수 있다는 것을 일깨워 준다. 예수의 제자들이 그랬고 존 웨슬리가 그랬다. 이것을 사도 바울의 말로 풀면 다음과 같다. "예수를 죽은 자 가운데서 살리신 이의 영이 너희 안에 거하시면 그리스도 예수를 죽은 자 가운데서 살리신 이가 너희 안에 거하시는 그의 영으로 말미암아 너희 죽을 몸도 살리시리라(롬 8:11)."

회막에서 진영으로, 진중에서 예언하나이다

엘닷과 메닷 위에 하나님의 영이 임하자 그들이 예언하는 모습을 한 소년이 보고 놀라서 급히 모세에게 와서 전한다. 이스라엘 신앙에서는 하나님의 영이 임한다는 증거로 예언하는 일을 꼽았다. 이스라엘의 지도자 사울도 하나님의 영이 임했을 때 예언한 적이 있다(삼상 10:10). 사울의 경우 그 예언은 다른 예언자들과 함께 있을 때 일어났다(삼상 10:10~12). 민수기 11장 25절에서도 예언하는 자들은 함께 장막(회막)에 모여 있던 자들이었다. 장막에 모여든 자들 위에 하나님의 영이 강림하자 그들이 저마다 예언하는 놀라운 일을 체험하였다. 그랬기에 소년의 눈에는 엘닷과 메닷이 자기 진중에서 예언하는 일이 범상하지 않았다. 성소가 아니라, 예언자들이 모여 있는 곳이 아니라, 자기 진중에서 예언하는 일이 벌어졌다는 사실이 소년의 눈에는 크게 낯설었다.

> 한 소년이 달려와서 모세에게 전하여 이르되 엘닷과 메닷이 진중에서 예언하나이다 하매 택한 자 중 한 사람 곧 모세를 섬기는 눈의 아들 여호수아가 말하여 이르되 내 주 모세여 그들을 말리소서(민 11:27~28).

엘닷과 메닷이 어디에서 예언하였는가? "진중에서(밤막하네, במחנה)" 예언하였다. 엘닷과 메닷이 거주하려고 친 천막에서 예언하였다. 소년이 전한 소식에 여호수아도 놀라서 모세에게 가서 주장한다. "내 주 모세여 그들을 말리소서(28절)." 본문에 등장하는 소년과 여호수아의 입에서 나오는 말은 예언이란 장막에서 해야 한다는 통념을 대변한다. 하나님이 주신 말씀은 성막에서, 성소에서 해야 한다고, 하나님의 말씀을 대언하는 일은 세속이 아닌 거룩한 곳에서 해야 한다고 생각하고 있었다. 그랬기에 엘닷과 메닷이 그런 짓을 하지 못하게 해달라고 나서서 말린 것이다. 본문에 소개된 소년이나 여호수아는 성소라서 예언하는 것이 아니라 예언하는 자리가 성소가 된다는 것을 알지 못했다.

이스라엘에서 처음 왕의 자리에 오르는 사울도 하나님의 영이 임하자 예언한 적이 있다(삼상 10:10~12). 선지자의 무리가 사울을 영접하자 하나님의 영이 사울에게 임하고 사울이 그 선지자의 무리 중에서 예언을 하였다. 사울을 알고 지내던 사람들이 그런 사울을 보고서 하게 된 말이 무엇인가? 사울도 선지자가 되었느냐! 예언한다는 것은 선지자가 되는 것이다. 하나님의 영이 임하자 하나님의 말씀을 외치기 시작했다. 그런데 엘닷과 메닷이 선지자가 된 곳이 어디인가? 엘닷과 메닷이 어디에서 하나님을 위한 증인이 되었는가? 자기 진영에서! 자기 집에서! 자기 삶의 현장에서! 교회가 아닌 자기 일터에서!

엘닷과 메닷이 성소가 아닌 자기 진영에서 예언하게 된 이야기는 웨슬리의 감리교회가 일으켰던 부흥 운동을 파악하는 일에도 도움이 된다. 성소 밖에서 예언하였던, 하나님의 말씀을 외쳤던, 엘닷과 메닷은 교회 강단이 아닌 교회 밖 야외에서, 신도가 아닌 군중에게 설교하였던 웨슬리와 휫필드를 떠올리게 한다. 엘닷과 메닷에게 나타났던 일을 소년과 여호수아가 나서서 막으려고 했던 것도 교회가 아닌 교회 밖에서 진행되던 야외 설교가 그리 쉬운 것만은 아니었음을 짐작하게 한다. 그런 단적인 경우가 웨슬리에게도 있었다.

웨슬리는 한 지역에서만 설교하지 않았다. 웨슬리는 이 마을에서 저 마을로 옮겨 다니면서 집회를 열고 집회에 모여든 군중을 상대로 구원의 메시지를 전하는 순회 설교를 하였다. 웨슬리가 펼쳤던 순회 설교는 웨슬리 주변으로 군중이 모여들게 했지만, 때로는 극심한 반대에 부딪치거나 소동에 휘말리는 경우를 낳기도 했다. 1743년 10월 웬즈버리(Wednesbury)라는 곳에서는 이런 소동이 있었다.

> 말을 해보려는 시도는 헛된 일이었다. 사방에서 나는 소음이 바다가 노호하는 것 같았기 때문이었다. 그들이 나를 잡아끌어서 마침내 번화가에 이르렀다. 큰 집의 문이 열려 있는 것이 보이기에 나는 들어가려고 시도했다. 그러나 한 남자가 내 머리카락을 휘어잡고서 다시 폭도의 한가운데로 밀어넣었다. ……

> 나는 내 목소리를 들을 수 있는 사람들에게 계속해서 말을 했다. 그렇지만 고통스럽거나 피곤하지 않았다. 그 도시 서쪽 끝에서 반쯤 열린 문을 보았을 때, 나는 그곳을 향해 걸었고, 어쩌면 들어갈 수도 있었을 것이다. 그러나 상점 안에 있던 한 신사는 폭도들이 그 집을 완전히 무너뜨려 버릴 것이라고 말하면서 나의 진입을 허용하지 않았다. 하지만 나는 문 앞에 서서 물었다. "여러분들은 내 말을 기꺼이 듣겠습니까?" 많은 사람들이 소리쳤다. "싫다, 싫어! 그놈의 머리를 내리쳐 죽여라. 그를 때려 눕혀라. 즉시 그를 죽여라." 다른 사람들은 이렇게 말했다. "아니다, 먼저 그의 말을 들어보자." 나는 질문하기 시작했다. "내가 무슨 악한 일을 저질렀습니까? 여러분 가운데 어느 누구를 내가 말이나 행실로 부당하게 취급했습니까?" 그리고 이십오 분 이상 계속해서 말을 이어갔다.[16]

웨슬리는 야외 설교, 순회 설교에서 하나님의 영의 도우심을 체험하였다. 자기를 반대하던 자들이 돌아서고, 자기에게 비아냥거리던 자들이 회개하며, 자기를 비판하던 자의 마음을 사랑으로 충만케 하시는 하나님의 은혜를 체험하였다. 웨슬리는 1749년 10월 볼튼(Bolton)에서 있었던 일을 이렇게 회상하였다.

> 이제 적절한 때가 되었다고 믿으면서, 나는 사람들이 가장 빽빽한 곳으로 걸어서 내려갔다. 이제 그들은 아래쪽의 모든 자리를 채웠다. 나는 의자 하나를 달라고 요청했다. 바람은 잔잔해졌고 온통 평온하고 고요했다. 나의 마음은 사랑으로 충만했고, 나의 눈은 눈물로 범벅이 되었고 내 입은 논증으로 가득하였다. 사람들은 놀랐다. 그들은 수치스러워했다. 그들은 녹아내렸다. 그들

16) Wesley's journal, October 1743, in *The Works of John Wesley,* ed. Frank Baker and Richard P. Heitzenrater (Nashville: Abingdon, 1976~), 20:99, 샌더스,『웨슬리가 말하는 그리스도인의 삶』, 49~50에서 중인.

은 모든 말을 집어삼켰다. 얼마나 놀라운 방향 전환인가![17)]

"그들은 녹아내렸다!" 믿음을 통해서 은혜로 얻는 하나님의 구원을 체험하는 자들이 교회 밖에서 쏟아졌다. 웨슬리가 전하는 복음을 듣고 싶어 하는 자들이 폭발적으로 늘어나서 감리교 설교자들을 요청하였다. 18세기 영국 사회에서 감리교도는 웨슬리처럼 야외 설교하는 자들을 가리키는 명칭으로 굳어졌다. 휫필드와 웨슬리가 시도했던 야외 설교·순회 설교가 감리교회 운동을 영적 각성의 대 부흥 운동으로 이끄는 동력이 되었던 것이다. 그것을 감리교 신학자 클라이버와 마르쿠바르트는 이렇게 평가한다.

> 여기서 사람들은 하나님의 교훈에 순종함으로써, 그때까지 복음의 설교를 교회에서 하는 것으로 제한하였던 한계를 극복했으며, 또 그때까지 교회에서는 다양하게 거부되었던 동일한 메시지가 수많은 비교회적인 사람들의 삶을 결정적으로 변화시키는 동력이 되고 있음을 체험할 수 있었다. 바로 이 점에서 웨슬리는 성령의 활동과 확증을 보았다. 옥외로 나갔던 이 단계(1739년 2월 4일)가 선교 운동과 각성 운동으로서의 감리교회 신앙 운동의 출생 시점이다.[18)]

웨슬리가 교회 안이 아닌, 교회 밖에서 설교하게 되었던 날은, 클라이버와 마르쿠바르트에 의하면, '감리교회 신앙 운동의 출생 시점'이다. 왜 1739년을 감리교 운동의 시발점으로 꼽았을까? 그해 런던의 교회들이 웨슬리를 교회 밖으로 쫓아냈고 웨슬리는 휫필드를 따라서 야외 설교에 나섰기 때문이다.[19)] 엘닷과 메닷 이야기는 하나님의 영이 역사하는 자리를

---

17) Wesley's journal, October 1749, 샌더스, 『웨슬리가 말하는 그리스도인의 삶』, 51에서 중인.
18) 클라이버·마르쿠바르트, 『감리교회 신학』, 256.

성막 안에서 성막 밖으로 나아가게 한다. 엘닷과 메닷 이야기는 부활하신 주님이 제자들에게 찾아가 하셨던 말씀과도 이어진다. "너희에게 평강이 있을지어다 아버지께서 나를 보내신 것 같이 나도 너희를 보내노라(요 20:21)." 부활의 주님이 그 제자들을 어디로 보내는가? 갈릴리로 보낸다! 부활의 현장은 예루살렘이었다. 그러나 부활하신 주님을 증언하는 곳은 갈릴리다.

하나님이 그의 영을 그의 모든 백성에게 주시어

여호수아가 나서서 엘닷과 메닷이 자기 진영에서 예언하는 일을 말려 달라고 모세에게 요청하자 모세가 그 제안을 단박에 뿌리치면서 말한다. "네가 나를 두고 시기하느냐(민 11:29a)."

여호수아는 특정한 사람이, 특정한 곳에서만 하나님의 일을 이루는 도구가 되어야 한다고 착각하였다. 그래서 말렸다. 엘닷과 메닷은 지명된 사람이었으면서도 모세가 모이라고 했던 장막에 나가지 않았던 자들이다. 엘닷과 메닷이 예언하게 되었던 곳도 일흔 명의 장로들이 모여 하나님의 영이 임하기를 기다리던 장막이 아니라 세속 속의 진영이었다. 그래서 말렸다. 부정(不淨)하다는 것이다. 거룩함을 훼손한다는 것이다.

19) "1784년보다 더 중요한 해는 1739년이었다. 당시는 런던의 교회들이 웨슬리에게 교회 문을 닫았고, 웨슬리는 휫필드를 따라 브리스톨에서 이미 조지아에서 실행했던 것을 행하고 야외에서 설교했을 때였다. 그가 그리스도를 위하여 최초의 인공위성 스푸트닉(Sputnic) 호나 돈키호테같이 굉장한 순회 사역에 착수했을 때 그의 선언문은 허비에게 보낸 편지에 쓴 글, 즉 '세계는 나의 교구다'였다. 그때 그 기간 동안에 일어난 문제들, 즉 치안판사들, 군중들, 지역 성직자들의 적대감이 발생했던 것은 그런 사람들에게는 그 교구가 그들의 세계였기 때문이었다. 그리고 당시에 새로운 교구의 경계선은 또 다른 의회 조례를 요구했고, 경직된 교회 기구는 복음 전도를 수행하거나 교회 밖의 군중을 목회적으로 돌볼 수 있는 능력이 없었다." Gordon Rupp, "The Future of the Methodist Tradition," *The London Quarterly and Holborn Review* 184 (1959), 266, 샌더스, 『웨슬리가 말하는 그리스도인의 삶』, 360에서 중인.

여호수아를 향한 모세의 꾸지람은 하나님은 온 세상을 사랑하신다는, 하나님의 사랑은 하나님의 형상대로 창조된 모든 인간에게 열려 있으며 그 어느 누구도 이 사랑에서는 결코 제외되지 않는다는 웨슬리의 보편적인 구원 사상을 떠올리게 한다.[20] 죄인이 하나님의 사랑을 받는다면 그것은 은혜 중의 은혜(요 1:16)라는 웨슬리 설교 1번 "믿음으로 얻는 구원(Salvation by Faith)"을 떠오르게 한다.[21] 여호수아를 향한 모세의 말은 꾸지람으로 그치지 않았다. 여호수아에게 모세는 하나님의 마음을 전한다. 엘닷과 메닷이 자기 진영에서 예언하지 못하게 해달라는 요청에 모세가 이렇게 답한다.

> 모세가 그에게 이르되 …… 여호와께서 그의 영을 그의 모든 백성에게 주사 다 선지자가 되게 하시기를 원하노라(민 11:29).

하나님은 그의 모든 백성이 다 선지자가 되기를 원하신다. 하나님은 하나님의 영을 모든 백성에게, 모든 사람들에게 다 주시기를 원하신다. 엘닷과 메닷에게 일어났던 일은 웨슬리의 삼위일체적인 하나님의 은혜를 드러낸다.[22] 엘닷·메닷이 나서기 전에 주어지고(선행적 은혜), 엘닷·메닷을 부르셔서 이스라엘의 지도자로 인정해 주시고(의롭다고 인정하시는 은혜), 엘

---

20) 여기에 대해서는 클라이버·마르쿠바르트, 『감리교회 신학』, 114~275, 특히 114~115.

21) "만일에 이 죄인이 하나님의 자비를 발견한다면, 그것은 은혜 위에 은혜입니다(요 1:16). 하나님께서 새로운 축복으로 가장 큰 은혜, 곧 구원을 우리에게 주신다면 우리는 하나님께 말로 다 할 수 없는 이 선물에 대하여 감사하다는 말 외에 다른 말을 할 수 없습니다. 이것은 실로 '우리가 아직 죄인이었을 때에 그리스도께서 우리에게 대한 자기의 사랑을 확증하심'으로 된 것입니다(롬 5:8). '은혜를 인하여 너희들이 믿음으로 말미암아 구원을 얻었느니라(엡 2:8).' 은혜는 구원의 원천이요, 믿음은 구원의 조건입니다." 웨슬리 설교 1번, "믿음으로 얻는 구원(Salvation by Faith)," 3. 『존 웨슬리의 설교』, 13~14.

22) 하나님의 은혜에 대한 삼위일체적인 이해는 클라이버·마르쿠바르트의 것이다. 클라이버·마르쿠바르트, 『감리교회 신학』, 115.

닷·메닷으로 하나님의 일을 수행하게 하는, 선지자가 되게 하는(성결케 하는 은혜) 하나님의 영의 역사를 읽을 수 있다. 이 은혜의 단계마다 하나님의 영이 역사한다. 세상을 창조하실 때 일하셨던 하나님의 영(창 1:2)은 사람을 새롭게 변화시킬 때에도 역사하신다. 그래서 모세는 "여호와께서 그의 영을 그의 모든 백성에게 주사 다 선지자가 되게 하시기를 원하노라(민 11:29)."고 말하였다.

우리를 위해 행하신 하나님의 은혜는 우리 안에서 행하시는 하나님의 은혜로 나아간다. 거기에서 하나님의 사람은 하나님의 영에 충만하여 하나님의 형상을 온전히 회복하게 된다. 그렇게 되지 못할 때 우리는 웨슬리의 말대로 '그리스도인이 다 된 것처럼 보일지라도(Almost Christian) 온전한 그리스도인(Altogether Christian)이 아니며 결국 멸망의 자식이' 되고 말 따름이다.[23] 웨슬리의 구원 설교 3부작(웨슬리 설교 1번, "믿음으로 얻는 구원," 2번, "미완성의 그리스도인," 3번, "잠자는 자여 일어나라")이 웨슬리 설교 4번("성경적 기독교," Scriptural Christianity)에 가서는 신앙이란 교리 체계가 아니라 "무리가 다 성령이 충만하여(행 4:31)" 성령 충만한 마음과 삶이라는 각성에 이르게 된다. 웨슬리가 그의 설교 "성경적 기독교"에서 설교 본문으로 삼았던 사도행전 4장 31절은 그 전승의 뿌리가 민수기 11장 29절에 닿는다. 민수기 11장에서 시작된 하나님의 영의 전승사가 요엘서 2장 28~29절을 거쳐 사도행전에 이르게 되었다. 하나님은 하나님의 영을 그의 모든 백성에게 주시기를 원한다. 세상의 모든 자들이 다 하나님의 마음을 품고 하나님의 뜻을 이루는 하나님의 형상이 되기를 원한다.

> 그 후에 내가 내 영을 만민에게 부어 주리니 너희 자녀들이 장래 일을 말할 것이며 너희 늙은이는 꿈을 꾸며 너의 젊은이는 이상을 볼 것이며 그 때에 내가

23) 웨슬리 설교 1번, "믿음으로 얻는 구원," III. 8.

또 내 영을 남종과 여종에게 부어 줄 것이며(욜 2:28~29).

하나님은 특정한 한두 사람이 아닌 이스라엘 백성 모두가 다 선지자가 되기를 원하신다. 선지자가 된다는 것은 증인이 된다는 뜻이다. 이스라엘 백성 모두가 다 하나님을 위한, 하나님의 증인이 되기를 기대하신다.

요엘서의 증언은 웨슬리 설교 72번 "값없이 주시는 은총(Free Grace)"의 토대가 된다. 이 설교는 예정론에 대한 웨슬리의 반박을 담고 있다.[24] 웨슬리는 로마서 8장 32절, "자기 아들을 아끼지 아니하시고 우리 모든 사람을 위하여 내주신 이가 어찌 그 아들과 함께 모든 것을 우리에게 주시지 아니하겠느냐."를 성경 본문으로 삼아서 1740년 브리스톨에서 설교하였다. 이 설교의 골자는 '구원은, 하나님의 사랑의 은총은, 모든 자에게 값없이 주어졌고, 모든 자를 위하여 주어졌다.'는 것이다. 구원의 은총은 '모든 자에게 값없이, 모든 자를 위해서 값없이(free in all, free for all)' 하나님이 주셨다는 것이다.[25] 오직 선택받은 자만이 그리스도의 속죄의 은총을 받는(참조, 엡 1:4) 것이 아니라 예수 그리스도는 모든 자를 위해서, 우리 모두의 속죄함을 위해서, 십자가의 죽임을 당하셨다는 것이다.

세상에는 두 종류의 사람이 있다. 구원받은 사람과 구원받지 못한 사람. 세상에는 왜 구원받는 자가 있고 왜 멸망 받는 자가 있는가? 웨슬리는 이렇게 말한다. 생명을 택한 자는 삶을 얻고 사망을 택한 영혼은 죽게 되리라.[26] 하나님이 베푸신 은총에 바르게 응답하는 자는 구원의 길을 걷지만, 그렇지 못한 자들은 멸망의 길을 갈 수밖에 없다. 흔히 이것을 두고 신인협력 사상이라고 부르지만 그런 표현은 옳지 않다. 김홍기는 인신 협력이

24) 웨슬리 설교 72번, "값없이 주시는 은총(Free Grace)"에 대한 김홍기의 해설, 『존 웨슬리의 설교』, 177~179.

25) 웨슬리 설교 72번, "값없이 주시는 은총," 3, 4.

26) 웨슬리 설교 72번, "값없이 주시는 은총," 29.

아닌 신인 협력으로 읽어야 한다고 주장했다.[27] 인간이 먼저 하나님을 찾는 것이 아니라 하나님이 먼저 인간을 찾아오셨다는 것이다. 그 하나님의 은총에 응답하고 믿음의 길을 걷는 책임을 다할 때 그는 '구원의 완성을 향한 순례'에 들어서게 된다는 것이다. 그러나 그보다는 존 캅이 규정했던 대로 은총과 책임으로 부르는 것이 더 적절하다. 하나님이 베푸신 의롭다 하신 은총에 하나님의 사람은 책임 있게 부응해야 한다. 하나님의 소원이 여기에 있다. 부활하신 예수가 그 제자들에게 걸었던 기대가 여기에 있다. 하나님은 그 영을 모든 사람들에게 부으셔서 그들로 하여금 다 하나님의 증인이 되게 하신다. 하나님의 은총으로 하나님의 사람이 된 자들은 누구나 다 하나님이 해답인 것을, 예수가 해답인 것을, 성령의 능력으로 담대하게 증언해야 한다.

27) 김홍기, 『구원의 완성을 향한 순례』, 17.

04

은혜의 수단(렘 32:16~25)*

내가 매매 증서를 네리야의 아들 바룩에게 넘겨 준 뒤에 여호와께 기도하여 이르되 슬프도소이다 주 여호와여 주께서 큰 능력과 펴신 팔로 천지를 지으셨사오니 주에게는 할 수 없는 일이 없으시니이다 주는 은혜를 천만인에게 베푸시며 아버지의 죄악을 그 후손의 품에 갚으시오니 크고 능력 있으신 하나님이시요 이름은 만군의 여호와시니이다 주는 책략에 크시며 하시는 일에 능하시며 인류의 모든 길을 주목하시며 그의 길과 그의 행위의 열매대로 보응하시나이

---

* "은혜의 수단(The Means of Grace)"은 웨슬리 설교 16번에 수록되어 있는 설교 제목으로 이 설교의 성경 본문은 말라기 3장 7a절, "너희가 나의 규례를 떠나 지키지 아니하였도다."다. 웨슬리는 하나님이 하나님의 사람에게 하나님의 은혜를 기대하며 기다리는 수단으로 크게 기도, 성경공부, 성찬식을 꼽았다. "은혜의 수단"이란 용어는 웨슬리가 창안한 말은 아니다. 웨슬리 당시 영국 성공회가 사용하던 전통적인 용어 가운데 하나다. 웨슬리는 마음의 종교를 내세우면서 "은혜 받는 방법"을 무시하는 신비주의적 체험을 경계했다. 가령 모라비안 교도들은 우리는 하나님을 직접 만나야 하고 그 만남은 전적으로 하나님의 주도권에 달려 있다고 주장하면서 완전한 믿음의 확신이 올 때까지는 조용히 기다려야 한다고 보았다. 그러다 보니 예배에 참석하지 않게 되고, 기도에 소홀하였고, 성경공부를 멀리하고, 성만찬을 가볍게 대했다. 이에 대해 웨슬리는 "영적 감각들이 생기를 가지게 될 때에 은혜의 수단을 통하여 우리에게 가까이 다가오시는 하나님을 파악할 수 있다."고 가르쳤다. 여기에 대해서는 Runyon,『새로운 창조』, 150~161, 특히 155.

다 주께서 애굽 땅에서 표적과 기사를 행하셨고 오늘까지도 이스라엘과 인류 가운데 그와 같이 행하사 주의 이름을 오늘과 같이 되게 하셨나이다 주께서 표적과 기사와 강한 손과 펴신 팔과 큰 두려움으로 주의 백성 이스라엘을 애굽 땅에서 인도하여 내시고 그들에게 주시기로 그 조상들에게 맹세하신 바 젖과 꿀이 흐르는 땅을 그들에게 주셨으므로 그들이 들어가서 이를 차지하였거늘 주의 목소리를 순종하지 아니하며 주의 율법에서 행하지 아니하며 무릇 주께서 행하라 명령하신 일을 행하지 아니하였으므로 주께서 이 모든 재앙을 그들에게 내리셨나이다 보옵소서 이 성을 빼앗으려고 만든 참호가 이 성에 이르렀고 칼과 기근과 전염병으로 말미암아 이 성이 이를 치는 갈대아인의 손에 넘긴 바 되었으니 주의 말씀대로 되었음을 주께서 보시나이다 주 여호와여 주께서 내게 은으로 밭을 사며 증인을 세우라 하셨으나 이 성은 갈대아인의 손에 넘기신 바 되었나이다(렘 32:16~25).

예레미야의 시대, 율법과 복음 사이

본문으로 읽은 예레미야 32장 16~25절은 예레미야의 기도다. 선지자 예레미야가 하나님께 질문하는 형식으로 고백하는 기도다(32:17~25). 기도는 하나님의 은총에 참여하는 통로다. 기도는 우리를 하나님과 연결시켜 주는, 웨슬리의 말로 하면, 은총의 수단이다. 기도로 우리는 하나님의 현존 앞에 서고, 기도로 하나님은 우리의 실존 속에 들어오신다. "육체가 공기 없이 한순간도 살 수 없는 것과 마찬가지로, 영혼이 기도 없이는 한순간도 살아갈 수 없다."[1] 이 기도문 앞에는 다음과 같은 구절이 있다.

---

1) 웨슬리는 사도 바울이 말한 "쉬지 말고 기도하라"에 대해서 이렇게 주석하였다. "쉬지 말고 기도하라는 하나님의 명령은 영혼 속에 하나님의 생명을 유지하기 위한 은총의 필연성에 근거한 것으로서, 육체가 공기 없이 한순간도 살 수 없는 것과 마찬가지로, 영혼이 기도 없이는 한순간도 살아갈 수 없다. 우리가 하나님을 생각하든지 그에게 말하든지, 하나님을 위해 일하든지 고

> 내가 매매 증서를 네리야의 아들 바룩에게 넘겨 준 뒤에 여호와께 기도하여 이르되(렘 32:16).

예레미야의 기도(32:17~25)를 새기기 위해서는 그 앞에 나오는 구절(32:16)에 주목해야 한다. 예레미야 32장 16절은 예레미야가 언제 하나님께 기도하였는지, 기도의 정황을 소개한다. 예레미야가 땅(아나돗의 밭)을 산 뒤 그 매매 증서를 바룩에게 넘겨주고 난 뒤 기도하였다는 것이다.

예레미야가 살았던 시대는 남왕국 유다가 쇠잔해 가던 무렵이다. 바벨론 왕 느부갓네살의 침략으로 유다 왕국이 패망에 이르던 무렵이 예레미야의 시대다. 느부갓네살의 1차 침공(주전 597) 때 유다 왕국은 느부갓네살에게 무릎을 꿇었다. 유다 왕국의 왕 여호야긴이 포로로 사로잡혀 바벨론으로 끌려갔다. 여호야긴의 뒤를 이어 왕의 자리에 올랐던 시드기야는 친 바벨론과 반 바벨론 사이를 오락가락하다가 느부갓네살의 2차 침공을 받아 비참한 최후를 맞는다. 유다 왕국이 역사의 무대에서 사라지게 된 것이다(주전 587/6).

예레미야의 공생애는 바로 이 시기, 유다 왕국 최후의 10년(주전 597~587)과 맞물린다. 예레미야는 자기 조국이, 조국의 성전이 바벨론의 침공으로 무참하게 무너지는 현장을 목도했다. 그 당시 예레미야의 귀에 들리던 소리는 두 갈래였다. 하나는 유다 왕국의 승리를 기원하는 목소리였고, 다른 하나는 유다 왕국의 패망을 일러 주는 목소리였다. 왕국의 승리를 염

통받든지, 하나님의 사랑과 오직 하나님을 기쁘시게 하려는 소원 외에 어떤 다른 대상도 갖고 있지 않을 때. 모든 것은 기도가 된다. 기독교인이 행하는 모든 것은, 먹고 잠자는 중에도, 그것을 단순하게 행하고 하나님의 질서에 따라 자신의 선택에 의해 그것에 첨가하거나 감함 없이 행할 때, 기도가 된다." John Wesley, *A Plain Account of Christian Perfection,* Q. 38, § 5, *The Works of John Wesley,* ed., Thomas Jackson, 3rd ed. vol. 11 (London: Wesleyan Methodist Book Room, 1872; reprinted Grand Rapids: Baker, 1979), 438, 마조리 수하키, "기도의 완전,"『웨슬리 신학 다시보기』, 67에서 중인.

원하던 자들은 유다 백성들이었다. 출애굽의 하나님을 앙망하면서, 해방의 하나님·전능하신 하나님이 유다 왕국을 지키신다는 신념에 매달려 있었다(렘 28:1~4, 10~11). 유다 왕국의 패망을 일러 주는 소리는 하나님이 예레미야에게 하신 말씀이었다(렘 28:12~14). 유다 백성들이 바랐던 것은 복음이다. 무작정 해방되기를 고대하였다. 그러나 예레미야가 외쳐야 했던 것은 추방이다. 예레미야의 손에 들린 율법의 잣대로 재보았더니 유다 백성에게 남은 것이라고는 "바벨론 왕의 멍에를 메는(렘 27:11)" 것밖에 없었다. 예레미야의 시대는, 말 그대로, 율법(율법에 따른 추방)과 복음(복음이 주는 해방) 사이였던 것이다.

시대적으로 예레미야는 율법과 복음 사이의 길을 걸었다. 예레미야 당시 유다 왕국과 유다사회가 하나님 앞에서 불의(不義)했고 세상살이에서 부정(不正)했기 때문이다. 예레미야는 유다 왕국의 멸망과 바벨론 땅으로의 추방을 하나님이 유다 백성에게 내리신 심판이라고 목청 높여 외쳤다. 복음과 율법 사이의 길을 걷다가 예레미야는 동족들로부터 심하게 배척받았다. 율법과 복음 사이의 길을 걷다가 예레미야는 여러 번 체포되고 구금되면서 심한 조롱을 받았다.

예레미야 32장은 바로 이런 맥락에서 예레미야가 개인적으로 걸어야 했던 또 하나의 길을 소개한다. 관습과 순종 사이의 길이다. 예레미야가 하나님께 기도하던 때는 그가 왕궁 근위대 뜰 안에 갇혀 있던 기간이었다(2절). 숙부의 아들 하나멜이 근위대 뜰 안에 구금되어 있던 예레미야를 찾아와서 이렇게 요청하였다. "너는 베냐민 땅 아나돗에 있는 나의 밭을 사라 기업의 상속권이 네게 있고 무를 권리가 네게 있으니 너를 위하여 사라(8절)."

예레미야는 베냐민 땅 아나돗의 마을에 살던 제사장 힐기야의 아들이다(1:1). 유다 관습에 따르면 원래 땅 소유주가 그 땅을 제대로 보존할 처지가 못 된다면 그 땅을 사거나 지켜야 할 책임은 그 소유주와 가장 가까운 친척에게 있었다. 예레미야의 숙부의 아들이 예레미야에게 와서 자기 땅을 사달라고 부탁하는 것은 이런 유다의 관습에서는 지극히 정당한 요구였다. 그러나 당시는 전시(戰時)였다. 바벨론 제국이 쳐들어와서 유다 왕국을 패망의 늪으로 거칠게 몰아가던 시절이었다. 나라가 패망하기 직전이었다. 게다가 예레미야가 사야 할 아나돗의 밭은 바벨론 군대가 예루살렘으로 진격해 오는 길목에 위치하고 있었다. 제정신이라면, 아무리 동족의 관습이라고 해도, 지금 그 땅을 돈 주고 사서 가문의 유업을 지켜 줄 형편이 아니었다. 곧 다른 나라에게 빼앗기고 말 땅인데, 그런 고장을 구태여 돈을 주고 사서 보존해야 할 필요가 어디 있었겠는가.

그렇지만 하나님은 예레미야에게 "네 숙부 살룸의 아들 하나멜이 네게 와서 말하기를 너는 아나돗에 있는 내 밭을 사라 이 기업을 무를 권리가 네게 있느니라(7절)." 하거든 그 밭을 사라고 말씀하셨다(6~7절). 그래서 예레미야가 하나님의 말씀을 따라서 절차대로 그 밭을 샀다. 그러고는 여러 증인이 보는 앞에서 그 매매 증서를 바룩에게 넘겨주어 보관하게 했다(9~15절). 예레미야를 돕던 서기관 바룩은 예레미야가 작성한 토지 매매 계약서를 오래도록 보관해야 할 책임을 맡았다. 사람의 경험으로는 아무 소용도 없게 될 상거래였지만, 예레미야는 값을 치르고 아나돗의 그 밭을 샀다.

예레미야의 기도, 은총의 수단

예레미야 32장 17~25절은 그때 품었던 예레미야의 심정을 전해 준다. 예레미야는 토지 매매 계약서를 법과 규례대로 작성하여 봉인한 뒤에 기도를 드렸다(렘 32:16). 그런데 그 기도의 들머리가 "슬프도소이다!"다

(렘 32:17).

새번역 성경은 예레미야 32장 17절의 첫마디를 "아, 주 하나님, 보십시오."라고 옮겼다. 히브리어 본문에서 이 구절은 '아하 아도나이 야훼(אהה אדני יהוה)'로 시작되고 그 뒤를 "보소서(힌네, הנה)."라는 구절이 잇고 있다. 새번역의 "아, 주 하나님, 보십시오."는 히브리어 원문을 직역해 놓았다. 히브리어 "아하!"를 우리말 "아!"라는 감탄사로 옮겨 놓았다. 개역개정의 "슬프도소이다 주 여호와여"는 예레미야 32장 17~25절을 탄원 기도로 읽어 가게 한다. 조국이 이방인에게 송두리째 넘어가는 급박한 정황인데도 국토의 한구석을 값을 치르고 사야만 했던 예레미야의 처지를 암시하고 있다.

예레미야의 기도는 크게 셋으로 구성된다. 하나는 하나님이 그들에게 하신 일을 회상하는 장면이고(17~22절), 다른 하나는 그들이 하나님께 했던 일을 되돌아보는 장면이며(23절), 나머지 하나는 지금 그들이 당면하고 있는 현실이다(24~25절). 이 세 단원을 이끄는 글말의 주어는 서로 다르다. 첫 단락의 주어는 주 하나님이시다. 둘째 단락을 이끄는 문장은 그들의 행실이다. 셋째 단락의 주관심사는 이 도성이다. 나라의 형편이 절박했던 시간에 하나님께 드렸던 기도문의 주어·주체가 하나님(17~22절) → 그들(23절) → 성(城, 24~25절)으로 이어지고 있다. 오늘의 현실을 토로하기 전에(24~25절) 먼저 오늘의 문제가 어디에서 비롯되었는지를 참회하고(23절), 그런 참회 기도를 드리기 전에 먼저 오늘이 있기까지 행하셨던 하나님의 역사를 묵상하는 방식이다(17~22절).

이 세 단락에 배정된 구절 수를 각각 세어 보라. 하나님이 하신 일에는 여섯 절이, 그들이 한 짓에는 한 절이, 도성이 당면한 현실에는 두 절이 배정되어 있다. 무슨 뜻인가? 예레미야는 그 무엇보다도, 그 어떤 것보다도, 하나님이 누구이신지를, 하나님이 여태껏 어떻게 행하셨는지를 먼저 깊이 묵상하는 데 초점을 둔다.

기도는 은총의 수단이다. 하나님을 묵상하게 하고, 하나님의 세계에 들어서게 한다. 웨슬리는 하나님의 사람에게는 바른 믿음(orthodoxy), 바른 행동(orthopraxy), 바른 체험(orthopathy)이 있어야 한다고 보았다.[2] 바르게 아는 것만으로는 안 된다. 바르게 처신하는 것으로 그쳐서는 안 된다. 바르게 체험해야 한다. 하나님을 안다고만 하지 말고, 하나님을 이야기하는 것으로 그치지 않고, 성령 안에서, 성령으로 말미암아, 하나님을 느끼고 의식하고 체험해야 한다. 그러기 위해서는 기도해야 한다. 기도로 하나님의 세계에 들어서야 하고 기도로 하나님의 현존에 참여해야 한다.

예레미야의 기도는 신학적이다. 하나님(神)에 대한 배움(學)을 풀이한다. 예레미야의 하나님은 창조주 하나님이다. "큰 능력과 펴신 팔로 천지를" 지으신 하나님이다(17절). 그 창조주 하나님은 전능하신 주님이시다. "주께서 큰 능력과 펴신 팔로(17a절)," "할 수 없는 일이 없으시니이다(17b절)," "능력 있으신 하나님이시요(18b절)," "만군의 여호와시니이다(18b절)," "주는 책략에 크시며(19a절)," "하시는 일에 능하시며(19a절)," "인류의 모든 길을 주목하시며(19a절)"라고 거듭 설명한다. 크다, 능하다, 강하다는 형용사가 그 기도문을 채우고 있다.

그 전능하신 창조주 하나님이 어디에 계시는가? 지금 이곳에 계신다! 예레미야가 고백하는 하나님은 세상을 지으시고 난 뒤에 저 높은 하늘로 물러나 계시는 분이 아니라 지금도 창조주 하나님으로서 이 세상의 대소사를 주관하시는 분이다. 유다 왕국이 직면한 정치 사회적 소용돌이도, 유다 사회가 당면한 기근과 재난도, 하나님의 솜씨를 드러낸다. 온 세상은, 온 자연은, 창조주 하나님을 증언하는 텍스트다. 웨슬리도 "우리 주님의 산상설교 III(Upon our Lord's Sermon on the Mount III, 웨슬리 설교 23번)"에서

2) Runyon, 『새로운 창조』, 206.

이렇게 전했다.

> …… 우리 주님이 여기에서 우리를 깨우쳐 주시고 우리에게 예를 들어 말씀하신 가르침은 이것입니다. 하나님은 모든 사물 안에 계십니다. 모든 피조물은 다 창조주를 들여다보게 하는 거울입니다. 이 거울을 사용하셔야 합니다. 그 어느 것도 이신론자들이 우기듯이 하나님과 동떨어져 있는 것은 없습니다. 참으로 마음을 다해서 살펴보십시오. 하늘과 땅 그리고 그 안에 있는 것들은 모두 다 하나님이 그의 손으로 지으시고 채우셨습니다. 하나님이 그 모든 것들을 내밀한 현존으로 붙들고 계시기에 그것들이 존재합니다. 하나님은 창조 세계의 구석구석에 두루 계시면서 그 안에 있는 모든 것들에게 다 생기를 불어넣어 주시는 하나님이십니다. 그런 점에서 하나님은 우주의 영혼이십니다.[3)]

예레미야는 저곳이 아니라 이곳에 계시는 전능하신 창조주를 이제 언약의 주님으로 고백한다. 만군의 하나님은 언약에 신실하신 주님이시다. 언약은 하나님과 이스라엘 사이를 설명하는 표현이다. 언약이라는 틀에서 이스라엘은 하나님의 동반자가 되고, 하나님은 이스라엘의 보호자가 된다. 언약과 비슷한 말로 서약, 계약, 조약이 있다. 이 모든 말들은 다 '함께한다'는 뜻이다. 함께하기 위해서는 언약 맺은 자들끼리 서로 신의를 지켜야 한다. 신의를 다하지 못할 때 그 관계는 망가진다. 관계가 망가지면 그 책임은 관계를 훼손한 자가 져야 한다. 하나님과 이스라엘 사이를 망가뜨린 것은 이스라엘이 저지른 죄악이다. 이스라엘은 하나님과 맺은 언약을 깨뜨려 버렸다. 그래서 예레미야가 읊조리게 된다.

3) 웨슬리 설교 23번 "우리 주님의 산상설교 III(Upon our Lord's Sermon on the Mount III)," I. 11. 이 설교의 성경 본문은 마태복음 5장 8~12절이다.

> 주는 은혜를 천만인에게 베푸시며 아버지의 죄악을 그 후손의 품에 갚으시오니 크고 능력 있으신 하나님이시요 이름은 만군의 여호와시니이다 주는 책략에 크시며 하시는 일에 능하시며 인류의 모든 길을 주목하시며 그의 길과 그의 행위를 열매대로 보응하시나이다(렘 32:18~19).

예레미야는 지금 하나님을 사람이 행한 대로 보응하시는 분이라고 알린다. 예레미야 32장에 나오는 예레미야의 기도(17~25절)가, 예레미야가 그 숙부의 아들에게 "기업 무를 권리(7절)"를 행사한 이야기가, 새 언약(31:31~34)과 영원한 언약(32:37~41) 사이에 수록되어 있는 점에 주목해야 한다. 세상에서 성사되는 상거래가 신의를 바탕으로 이루어지듯이 유다 백성도 하나님 앞에서 지켜야 할 신의가 있다는 것을 암시한다는 것이다. 유다 백성이 하나님께 지켜야 할 신의를 다하지 못했다면 그들이 하나님과 주고받았던 약속은 깨지고 만다. 하나님과 맺은 언약이 그런 식으로 파손된다면 그 책임은 당연히 유다 백성이 져야 한다. 유다 왕국이 바벨론의 느부갓네살 군대에게 시달리고 있는 것은 이 때문이다. 그래서 예레미야는 자기 시대의 정황을 패망이라고 써 놓고 그것을 심판이라고 읽었다.

언약 규정에서만 보면 예레미야는 하나님을 두려워할 수밖에 없다. 그 두려움은, 웨슬리가 외쳤던 설교 "종의 영과 자녀의 영(The Spirit of Bondage and Adoption, 웨슬리 설교 9번)"에 따르면, 종의 믿음을 반영한다.

> "율법 아래(고전 9:20)" 있으며 "두려움과 노예의 영(롬 8:15)" 아래에 있는 사람의 이 모든 투쟁이 로마서 7장에서 한 깨어 있는 인간 속에서 일어난다고 사도 바울에 의하여 아름답게 묘사되어 있습니다. 그는 말합니다. "내가 전에는 율법 없이 살았었다(롬 7:9)." …… 그러나 계명이 들어오자 죄는 살아나고 나는 죽었습니다(롬 7:9, 10). 그 영적 의미에서 계명이 하나님의 능력으로 나의

> 마음에 왔을 때에 나의 타고난 죄가 발동을 하고 파동을 일으켰고 타올라, 그래서 나의 모든 미덕이 죽어 버렸습니다. "나를 생명으로 인도해야 할 계명이 도리어 나를 죽음으로 인도한다는 것을 나는 깨달았습니다. 다시 말하면 죄가 계명을 통하여 기회를 얻어 나를 속이고 또 그 계명으로 나를 죽인 것입니다(롬 7:10, 11)." 그것은 부지중에 내게 덮쳐 와서 나의 모든 희망을 도둑질해 갔고 그리고 분명하게 생명의 한복판에서 내가 죽음 가운데 있다는 것을 보여 주었습니다. "그러므로 율법 자체는 거룩합니다. 그리고 계명도 거룩하고 옳고 선합니다(롬 7:12)." 나는 더 이상 이 계명을 탓하지 않고 자신의 마음의 부패를 탓합니다.[4)]

여기에서 예레미야는 하나님을 단순히 보응하시는 하나님으로만 고백하지 않는다. "주는 은혜를 천만인에게 베푸시며 아버지의 죄악을 그 후손의 품에 갚으시오니(32:18)!" 죄악에 따른 징벌보다도 은혜 베푸시는 주님을 더 깊이 상고한다. 예레미야에게 하나님은 이스라엘이 신실하지 못했다고 해서 이스라엘을 그냥 버리시는 분이 아니다. 세상이 하나님께 불신실하였지만, 하나님은 그런 세상마저도 용서하시고 사랑하시고 자기 품에 품으신다는 것이다. 세상은 하나님의 신실하심 덕분으로, 하나님의 선하심으로 지탱되는 세상이다.

예레미야의 기도가 옛 언약과 새 언약 사이에 자리 잡고 있는 뜻이 여기에 있다. 예레미야가 토지 매매 증서를 바룩에게 넘기고 기도드린 까닭이 여기에 있다. 옛 언약에 따르면 이스라엘은 칼과 기근과 재앙과 전염병으로 죽거나 전리품이 되거나 끌려간 곳에서 죽고 다시는 돌아오지 못하는 벌을 받는다. 새 언약에 따르면 하나님은 "그들의 악행을 사하고 다시

4) 웨슬리 설교 9번, "종의 영과 자녀의 영," II. 9, 『존 웨슬리의 설교』, 66. 이 설교의 성경 본문은 로마서 8장 15절이다.

는 그 죄를 기억하지(31:34)" 않는 하나님의 법을 "그들의 마음 판에 새겨 기록하여(31:33, 새번역)" 하나님은 그들의 하나님이 되고 그들은 하나님의 백성이 될 것이다(31:31~33). 이스라엘의 살 길은 옛 언약이 아니라 새 언약이다. 새 언약에서 이스라엘에게 살 길이 열린다. 히브리어 '베리트(ברית, 언약)'는 야훼 하나님이 그의 백성에게 신실하겠다고 자기 스스로 떠안는 거룩한 부담이다. 구약의 언약(베리트)은 세상 사람들이 주고받는 계약이나 나라끼리 맺는 동맹과는 그 성격이 다르다. 이 새 언약의 지평을 웨슬리의 표현으로 옮기면, 하나님을 두려워하던 예레미야가 하나님을 사랑하는 예레미야로 나서는 순간이다. 율법 아래 있기보다는 은혜 안에 있으려고 하는 순간이다.[5] 웨슬리가 인용했던 사도 바울의 말로 이 순간을 표현하면 "이제는 내가 사는 것이 아니요 …… 이제 내가 육체 가운데 사는 것은 나를 사랑하사 나를 위하여 자기 자신을 버리신 하나님의 아들을 믿는 믿음 안에서 사는 것이라(갈 2:20)."가 된다.[6] 하나님을 두려워하는 믿음에서 하나님을 사랑하는 믿음으로 나아가는 것이다.[7] 예레미야에게는 종의 믿음이 아니라 아들의 믿음이 있었던 것이다.

율법에 담긴 하나님의 마음

이스라엘이 하나님과 맺은 언약의 소중함을 알았기에 예레미야는 율법을 지키지 않고 율법에 순종하지 않는 유다 백성을 호되게 꾸짖었다(7:1~11; 26:1~6). 예레미야는 그 누구보다도 하나님의 은총에 바르게 응답하는 하나님의 사람을 찾았다. 그 하나님의 은총을 이스라엘이 경험하였

5) 웨슬리 설교 9번, "종의 영과 자녀의 영," III. 1.

6) 웨슬리 설교 9번, "종의 영과 자녀의 영," III. 4.

7) Stanley J. Rodes, *From Faith to Faith: John Wesley's Covenant Theology and the Way of Salvation* (Eugene, OR: Pickwick Publications, 2013), 121~129.

던 출애굽의 은혜에서 되새겼다. 애굽을 떠나 가나안에 당도하기까지 하나님은 이스라엘에게 출애굽의 은총을 베푸신 하나님이시고(20~21절), "젖과 꿀이 흐르는 땅"을 주신 하나님이시다(22절).

> 주께서 애굽 땅에서 표적과 기사를 행하셨고 오늘까지도 이스라엘과 인류 가운데 그와 같이 행하사 주의 이름을 오늘과 같이 되게 하셨나이다 주께서 표적과 기사와 강한 손과 펴신 팔과 큰 두려움으로 주의 백성 이스라엘을 애굽 땅에서 인도하여 내시고 그들에게 주시기로 그 조상들에게 맹세하신 바 젖과 꿀이 흐르는 땅을 그들에게 주셨으므로(렘 32:20~22).

하나님이 무엇을 행하셨는가? 하나님이 누구를 어디에서 인도하셨는가? 하나님이 이스라엘에게 주신 것이 무엇인가? 예레미야는 이스라엘 역사를 하나님의 구속사로 읽고 있다. 역사는 하나님이 일하시는 현장이다. 이 하나님 이야기를 웨슬리의 말로 읽으면, 세상 창조에 나타난 하나님, 언약에 신실하신 하나님, 사람을 새롭게 하시는 하나님이 된다. 쓰여 있기는 다양하지만, 읽기는 하나같이 하나님의 사랑이다.

예레미야는 천지를 지으신 하나님으로부터 시작해서 이스라엘 역사에서 만났던 하나님을 하나님의 구속사로 고백한다. 예레미야의 고백을 한마디로 요약하면 유다 백성에게 닥친 세상사는 모든 것이 다 창조주 하나님, 구원의 하나님의 뜻대로 되었다는 고백이다. 예레미야는 지금 세상은 하나님의 뜻이 펼쳐지는 무대라고 고백하고 있다.

구약 성경에서 토라·율법은 하나님의 인카네이션(incarnation)이다. 애굽 땅을 벗어나 광야를 헤쳐 가기까지 구름 기둥과 불 기둥으로 하나님의 현존을 보았던 이스라엘은 가나안 땅에 들어서면서부터는 하나님이 주셨던 말씀만을 따르게 된다. 신명기가 그것을 대변한다. 가나안 땅에서 이스라엘은 토라를 지키는 길에 들어서야 한다. 하나님의 명령을 지키는 것이 이스라엘의 의로움이다(신 6:25). 토라 지키기가 생명에 이르는 길이라는 것이다.

출애굽의 이적과 기사로 함께하셨던 하나님은 가나안 땅에 들어서는 이스라엘에게는 하나님의 말씀만 남기셨다. 가나안 땅에 들어선 이스라엘은 그때부터는 하나님의 말씀을 삶의 길로 삼아야 한다. 그 말씀이 바로 토라·율법이다. 토라는 하나님의 성육신이다. 이스라엘은 가나안 땅에 들어서기 전에는 하나님이 하시는 일을 눈으로 볼 수 있었지만, 가나안 땅에 들어서고 난 뒤부터는 하나님이 주신 말씀을 읽고 듣고 지키며 따르며 살아야 했다. 그러나 예레미야의 눈에 비친 유다 사회의 현실은 그렇지를 못했다. 예레미야가 율법·토라의 프리즘으로 자기 시대의 이스라엘을 들여다보았을 때 그의 눈에 들어온 광경은 주의 율법에 순종하지 않는 이스라엘이었다.

> 그들이 들어가서 이를 차지하였거늘 주의 목소리를 순종하지 아니하며 주의 율법에서 행하지 아니하며 무릇 주께서 행하라 명령하신 일을 행하지 아니하였으므로 주께서 이 모든 재앙을 그들에게 내리셨나이다(렘 32:23).

그들은 "주의 목소리," "주의 율법," "주께서 행하라 명령"하신 것을 따르지 않았다. 왜 하나님의 말씀을 무시했는가? 율법이 은총인 것을 몰랐기 때문이다. 율법은 애굽에서 구원받고 약속의 땅에 들어선 이스라엘을 위해서 주신 말씀이다. 토라는 가나안 땅에 들어가 살면서 하나님의 명령을 수행하려는 이스라엘을 향한 하나님의 약속이다. 율법·토라는 은총으로 구원받은 자들에게 주어졌다. 아무에게나 율법이 주어진 것이 아니다. 하나님은 하나님의 백성에게 율법·토라를 주셨다.

전통적으로 기독교 신앙은 율법을 크게 두 범주로 수용한다. 한편으로 율법은 우리 죄를 정죄하지만, 다른 한편으로 율법은 우리를 그리스도에게로 인도한다는 것이다. 웨슬리는 구약의 율법을 이렇게만 보지 않았다. 웨슬리에게 율법은 하나님의 백성을 거룩하게 만드는 은혜의 수단이다. 웨슬리는 그 어느 종교 개혁자들보다도 뜨겁게 율법을 설교하였다. 웨슬리 표준설교를 44편으로 볼 경우, 그 설교집 가운데 1/3이 율법에 관한 설교였다.[8)] 예컨대 웨슬리는 그가 전했던 설교 "율법의 기원, 본질, 속성 그리고 용도(The Original, Nature, Properties, and Use of the Law, 웨슬리 설교 34번)"에서 이렇게 말했다.

> 이 율법은 존귀하시고 거룩하시며 영원부터 영원까지 계시는 분의 썩지 않은 모습입니다. 사람은 누구도 그 본체를 보지 못했고, 볼 수가 없습니다. 그런데 하나님이 사람과 천사들에게 그 모습을 드러내 보여 주셨습니다. 그것은 베일을 벗은 하나님의 얼굴입니다. 하나님은 자신의 모습을 그의 피조물들이 감당할 수 있을 만큼만 보여 주셨습니다. 하나님이 그 모습을 보여 주신 것은 생명을 주시기 위함입니다. 결코 사람들을 죽음으로 내몰기 위해서가 아닙니다. 하나님을 보고 생명을 얻게 하기 위해서입니다. 율법은 사람들에게 드러낸 하나님의 마음입니다. 그렇기에 이 율법은 사도가 그 아들에 대해서 하셨던 말씀으로도 바꿔서 설명됩니다. "이는 하나님의 영광의 광채시요 그 본체의 형

---

8) 웨슬리 표준설교 44편은 크게 두 단락으로 이루어져 있다. 전반부는 구원의 은총을 설교하고, 후반부는 구원의 은총을 입은 자가 실천해야 할 율법을 설교한다. 웨슬리 설교 21번부터 33번까지가 "우리 주님의 산상설교에 관하여(Upon our Lord's Sermon on the Mount)"라는 제목으로 마태복음 5~7장을 시리즈로 설교한다. 거기에 웨슬리 설교 34번 "율법의 기원, 본질, 속성 그리고 용도(The Original, Nature, Properties, and Use of the Law)"와 웨슬리 설교 35번과 36번 "믿음으로 세워진 율법(The Law Established through Faith I, II)"까지 포함하면 웨슬리는 종교 개혁자들과는 달리 율법이 예수 그리스도의 전형이라고, 예수 그리스도는 율법의 인카네이션(incarnation)이라는 입장을 드러낸다.

상이십니다."[9]

웨슬리도 율법주의의 위험을 잘 알고 있었다. 율법주의가 초래할 바리새파적 행동을 크게 경계하였다. 그러나 웨슬리는 율법의 명령을 하나님의 약속으로 읽었다. 율법을 하나님의 본성의 사본(a transcript of the divine nature)으로 보았다.[10] 율법에는 "거룩하고 의로우며 선(롬 7:12)"한 하나님의 본성이 담겨 있다. 하나님의 사람이 하나님을 기쁘시게 하는 삶을 살기 위해서는 이 율법을 따라야 한다.

웨슬리의 구약 읽기에 관한 시각은 그가 열세 번에 걸쳐 시리즈로 설교한 "우리 주님의 산상설교에 대하여(웨슬리 설교 21~33번)"에 고스란히 담겨 있다. 웨슬리는 마태복음 5~7장의 산상수훈에 대한 설교에서 모세를 통해 전달되었던 율법의 명령을 하나님이 하나님의 사람에게 주셨던 약속으로 읽는다. 예를 들어 웨슬리가 마태복음 5장 17~20절을 성경 본문으로 정한 "산상설교 V(Upon our Lord's Sermon on the Mount V, 웨슬리 설교 25번)"를 읽어 보면 웨슬리가 율법으로 복음을 읽고, 복음으로 율법을 해석하고 있음을 알게 된다.

> …… 율법과 복음은 서로 상반되는 사이가 아닙니다. 복음의 자리를 마련하기 위해서 율법을 폐기 처분할 필요는 없습니다. 이 둘 중 어느 것도 서로 상대방에 대해서 우월하다고 말할 수 없습니다. 율법과 복음은 서로 완벽하게 조화를 이룹니다. 그렇습니다. 달리 말한다면 율법을 구성하는 말이나 복음을

9) 웨슬리 설교 34번, "율법의 기원, 본질, 속성 그리고 용도," II. 3. 웨슬리가 이 설교에서 거론하는 사도는 사도 바울이다. 그러나 웨슬리가 "이는 하나님의 영광의 광채시요 그 본체의 형상이시다."고 하면서 헬라어로 표기한 구문(*apaugsma tes doxes, kai character tes hupostaseos autou*)은 히브리서 1장 3절에서 따온 구절이다.

10) 웨슬리 설교 34번, "율법의 기원, 본질, 속성 그리고 용도," II. 6.

> 구성하는 말이나 결코 다르지 않습니다. 그것들을 계명으로 간주한다면, 그들은 모두 율법의 일부가 되고, 그것들을 약속으로 본다면 그것은 복음의 일부가 됩니다. 그러기에 네 마음을 다하여 주 너의 하나님을 사랑하라는 말씀은, 그것을 계명으로 대하면 율법의 일부가 되지만, 그것을 약속으로 대한다면, 복음의 필수적인 조항이 됩니다. 복음은 약속의 형식으로 선포되었던 율법의 계명과 결코 다르지 않습니다. 따라서 심령이 가난하다거나 마음이 청결하다처럼 하나님의 거룩한 법에 수록된 것들은 무엇이든지 복음의 빛에서 보면 하나같이 다 위대하고 소중한 약속들입니다.[11]

예수는 "내가 율법이나 선지자를 폐하러 온 줄로 생각하지 말라 폐하러 온 것이 아니요 완전하게 하려 함이라(마 5:17)."고 하셨다. 거기에 기초해서 웨슬리는 복음을 '약속의 방식으로 되풀이 된 율법의 명령'으로 읽었다.[12] 구약의 율법은, 웨슬리의 말로 하면, 명령인 동시에 복음이다. 웨슬리에게 율법과 복음은 쌍방 통행이다. 율법은 복음으로 가는 길을 열어 주고 복음은 끊임없이 율법을 바르게 실천하도록 이끌어 준다.[13] 웨슬리는 하나님의 구원은 믿음으로 얻는 것이지 결코 선행과 공적으로 얻는 것이 아니라는 것을 분명히 했다. 그 토대 위에서 웨슬리는 구약의 율법을 하나님이 값없이 주신 은총으로 품었다. 율법은 우리에게 하나님을 사랑하고, 이웃을 사랑하라고 명령한다. 우리에게 겸손해지라고, 거룩하라고 명령한다. 웨슬리는 율법에서 복음으로 나아갔고, 복음에서 율법으로 거슬러 올라갔다. 율법 속에 복음이 있고, 복음 속에 율법이 있다는 것을 주님의 산상수훈에서 깨우치고자 했다. 율법은 하나님의 은총으로 구원을 얻는

11) 웨슬리 설교 25번, "우리 주님의 산상설교 V," II. 2.
12) 샌더스, 『웨슬리가 말하는 그리스도인의 삶』, 248.
13) 웨슬리 설교 25번, "우리 주님의 산상설교 V," II. 3.

이스라엘(그리스도인)이 '하나님을 보고 살게' 하려고 하나님이 보여 주신 '하나님의 마음'이었다는 것이다.[14)]

이스라엘은 하나님의 은총에 제대로 응답하지 못했다. 하나님의 마음을 제대로 읽지 못했다. 출애굽의 은총을 받은 자들이 가나안 땅에 들어서서는 바른 실천(orthopraxy)을 하지 못했다. 하나님의 목소리에 귀를 기울이지 않았다. 하나님의 말씀을 따르지 않았다. 하나님 신앙을 온전히 이루지 못했다.

예레미야가 걸은 길, 수행(修行)

예레미야의 기도는 "슬프도소이다"로 시작했다. 이제 그 기도가 "보옵소서"로 끝을 맺는다. 하나님을 묵상하고(17절), 하나님이 하신 일을 되새겨보고(18~22절), 사람들이 저지른 짓을 되돌아보며(23절) 찬양하고 고백하고 참회하던 기도가 그 막바지에 이르러서는 오늘의 아픔을 조아리며 하나님께 간구한다(24~25절). 그 간구의 머리말이 "보옵소서"다.

> 보옵소서 이 성을 빼앗으려고 만든 참호가 이 성에 이르렀고 칼과 기근과 전염병으로 말미암아 이 성이 이를 치는 갈대아인의 손에 넘긴 바 되었으니 주의 말씀대로 되었음을 주께서 보시나이다 주 여호와여 주께서 내게 은으로 밭을 사며 증인을 세우라 하셨으나 이 성은 갈대아인의 손에 넘기신 바 되었나이다 (렘 32:24~25).

세상은 하나님의 뜻이 펼쳐지는 무대다. 예루살렘 도성이 바벨론 군대의 침공으로 무너지게 된 것도 하나님이 그렇게 되리라고 말씀하셨기 때

14) 웨슬리 설교 34번, "율법의 기원, 본질, 속성 그리고 용도," II. 6.

문이다. 그러나 예레미야가 이렇게 조아리는 간구는 하나님을 향해 질문을 던지기 위해서다. '유다 왕국이 이렇게 패망하도록 역사의 추를 쥐고 계시는 주 하나님이 왜 제게는 적군의 군대가 쳐들어와서 짓밟게 될 땅을 굳이 돈 주고 사라고 하십니까.'라고 따지기 위해서다.

예레미야는 지금 하나님께 따지고 있다! 그렇기에 "슬프도소이다"로 시작해서 "보옵소서"로 끝나는 예레미야의 기도는 그 분위기가 탄식이다. 탄원이다. 하나님의 사람으로 살고자 하지만, 하나님의 뜻을 따르려고 하지만, 때로는 도저히 수긍할 수 없는 하나님의 말씀 앞에 서 있을 때가 있다고 솔직하게 털어놓는다.

예레미야의 간구 속에는 하나님의 사람이 삭혀야 할 쓰라림이 있다. 지금 당장 이해가 되지 않았으면서도, 종내 하나님의 말씀대로 아나돗의 밭을 사야 했던 예레미야의 고뇌가 담겨 있다. 예레미야는 적지 않은 돈을 주고 아나돗의 밭을 샀다. 예레미야 32장 9절 이하는 당시 예레미야가 그 숙부의 아들 하나멜과 이룬 토지 매매 과정을 자세히 소개한다. 땅을 파는 자, 땅을 사는 자, 토지 매매를 확인하는 증인들, 매매 계약서를 보관하는 방법 등 주전 6세기 당시 유다 왕국의 사람들이 주고받았던 토지 매매 과정이 소개되어 있다. 예레미야는 은 십칠 세겔을 치르고 그 밭을 샀다(9절). 본문이 말하는 은덩이 17세겔의 가치를 요즈음 시세로만 읽어서는 안 된다. 고대 이스라엘에서 종 한 사람의 값은 은 30세겔이었다(출 21:32). 그러니까 은 17세겔은 종의 값의 절반쯤에 해당하는 적지 않은 가격이다. 대수롭게 볼 수 없는 가격이다. 예레미야는 그 값을 치르고 친족의 밭을 사라는 하나님의 말씀을 지키고자 했다. 가장 암담했던 순간에 종교적 의무를 다했다. 가장 답답했던 시절에, 하나님의 말씀을 실천하였다.

신앙은 지식·앎·관습에 근거하는 것이 아니다. 신앙은 지성을 뛰어넘는 자리에서 형성된다. 말씀을 향해서 순종할 때, 말씀에 대하여 순종할 때 신앙이 자란다. 지성에서 영성으로 가는 과정에서 신앙이 형성된다. 지성은 내가 붙드는 것이다. 영성은 나를 붙드는 것이다. 이것을 웨슬리의 용어로 표현한다면, 신앙은 수행(修行)이어야 한다. 의인(義認)에서 의인(義人)으로, 의인(義人)에서 성화(聖化)로, 성화에서 영화(榮化)로 나아가는 수행이어야 한다. 용서받아 새 사람이 되고, 그리스도를 닮아 성화하고, 하늘나라로 가기 전 이 땅에서 그리스도의 완전을 이루어 가는 수행이어야 한다.

모 신문사 기자 5명이 공동으로 우리 시대 명사 40명의 인생 여정을 스케치한 결과를 책으로 내놓았다. 들춰 보니까 발레 무용가 강수진, 영화감독 강제규, 시인 김용택, 소설가 신경숙, 첼리스트 장한나, 교수 최재천처럼 우리 귀에 친숙한 사람들의 인생 여로가 소개되어 있었다. 어렵고 힘든 순간을 무엇에 의지해서 어떻게 극복하여 오늘의 내가 되었는지를 고백하고 있었다. 그들의 이야기를 인터뷰하고 나서 그 결과를 책으로 묶으면서 기자들이 붙인 책 제목이 자못 도전적이었다. 『길을 잃은 순간 여행은 시작된다』는 것이다.[15] 길을 잃은 순간 어떤 여행이 시작되는 것일까? 우리 그리스도인들의 삶에 이런 제목을 붙여 본다면, 그것이 암시하는 교훈은 무엇일까?

예레미야는 세상에서 길을 잃은 순간 하나님을 따르는 여행을 시작하였다. "슬프도소이다"로 시작해서 "보옵소서"로 끝나는 예레미야의 기도야말로 예레미야가 걸어야 했던 내적 방황을 암시한다. 예레미야도 사람이었기에 이해할 수 없는 하나님의 말씀 앞에서 때로는 방황하였다. 그러나 예레미야는 그 혼란스러웠던 순간에도 자기 주머니를 털어서 하나님의 뜻을 실천하고자 했다. 그 결단이 예레미야를 예레미야가 되게 하였다.

15) 민동용 외,『길을 잃은 순간 여행은 시작된다』- 그 순간 방황하지 않았다면 지금의 나는 이곳에 없다 (서울: 블루엘리펀트, 2013).

신앙은 수행이다. 내 것을 내려놓고 주님의 것을 붙드는 훈련이다. 내 주장을 내려놓고 주님의 가르침을 따르는 실천이다. 내 주장대로 살기보다는 주님의 가르침대로 살아가는 수행이다. 이 훈련이 있어야, 이 수행이 있어야, 하나님의 사람은 비로소 참 하나님의 사람으로 다듬어진다. 주전 6세기 초에 예레미야가 걸었던 길이 바로 그런 길이었다. 예레미야가 걸었던 그 길이야말로 내 것을 내려놓고 주님의 것을 따르는 길이었다.

하나님은 오늘도 신앙수행에 들어서 있는 자들을 하나님의 사람으로 다듬어 가신다. 주목할 것은 예레미야가 이 기도를 마치자 예레미야의 귀에 들린 하나님의 말씀이다.

> 너희가 말하기를 황폐하여 사람이나 짐승이 없으며 갈대아인의 손에 넘긴 바 되었다 하는 이 땅에서 사람들이 밭을 사되 베냐민 땅과 예루살렘 사방과 유다 성읍들과 산지의 성읍들과 저지대의 성읍들과 네겝의 성읍들에 있는 밭을 은으로 사고 증서를 기록하여 봉인하고 증인을 세우리니 이는 내가 그들의 포로를 돌아오게 함이니라 여호와의 말씀이니라(렘 32:43~44).

무슨 소리인가? 예레미야가 실천하였던 토지 매매 사건은 따지고 보면 하나님이 이루실 그 땅의 회복에 관한 상징적인 메시지였다는 것이다. 예레미야는 자기도 모르는 사이에 하나님의 섭리를 보여 주는 상징적인 행동을 하였다. 입으로 외치는 예언이 아니라 몸으로 보여 주는 예언을 하였다. 소리치며 깨닫게 하는 말이 아니라 보고 되새김으로 깨닫게 하는 행동을 보여 주었다. 지금은 유다 백성이 갈대아 사람들의 손에 잡혀 포로로 끌려가지만, 시간이 지나면 하나님이 그 포로들을 고향으로 돌아오게 하실 것인데, 그 회복을 예고하는 상징적인 조처로 예레미야로 하여금 베냐민 땅 아나돗에 있는 작은 밭을 사도록 하였다.

나라가 패망하기 직전 적군의 발에 곧 짓밟히게 될 위치에 있는 땅을 정식 매매 계약을 통해서 사야만 했던 일은 상식적으로는 어처구니없는 일이었다. 그렇지만 예레미야가 자기 판단을 내려놓고 하나님의 뜻을 자기 삶으로 펼치는 자리에 들어섰을 때 하나님은 예레미야의 그 작은 동작을 통해서 하나님이 이루실 큰 역사를 온누리에 예고하셨다. 기억하자. 내가 지금은 어렵고 곤란한 자리에 있다고 해도, 내 삶의 작은 동작이 하나님의 뜻을 실행하는 몸짓이 된다면, 그 작은 동작은 하나님의 크신 일을 가리키는 도구가 될 수 있다.

한국 최초의 개신교회 교인 중 이수정이란 사람이 있다. 1882년 임오군란 뒤 일본으로 파견되었던 수신사 중 한 사람이다. 이수정은 일본으로 건너간 뒤 동경에서 복음을 접하게 된다. 우연히 얻은 한문 성경을 읽다가 기독교 신앙의 원리를 스스로 깨우친다. 1883년 5월 11일 공개적으로 기독교 신앙을 고백하고 세례를 받았다. 그가 고백한 신앙 고백이 한문 575자로 기록되어 남아 있는데 요한복음 15장을 읽다가 깨달은 이치가 거기에 담겨 있다.[16] 그 고백 중에 이수정은 이런 말을 한다. "신인상감지리(神人相感之理)!"

> 너희가 내 안에 거하고 내 말이 너희 안에 거하면 무엇이든지 원하는 대로 구하라 그리하면 이루리라 너희가 열매를 많이 맺으면 내 아버지께서 영광을 받으실 것이요 너희는 내 제자가 되리라(요 15:7~8).

"너희가 내 안에 거하고 내 말이 너희 안에 거하면!" 예레미야의 기도를 새겨 가다가 요한복음 15장을 떠올리게 된 까닭이 여기에 있다. 예레미

16) 이덕주·조이제,『한국 그리스도인들의 신앙고백』(서울: 한들, 1997), 20~24; 왕대일,『기독교 경학과 한국인을 위한 성경해석』, 248~249.

야가 하나님의 말씀 안에 거하였을 때 하나님은 예레미야의 삶을 하나님의 뜻을 이루는 도구로 삼으셨다. 예레미야의 작은 실천을 통해서 영광을 받으셨다. 예레미야가 실천한 삶은 하나님이 예레미야의 조국의 땅을 회복시켜 주신다는 작은 상징이었다. 바로 여기에 오늘을 사는 우리 그리스도인이 드려야 할 기도가 있다. 오늘 우리가 이루는 작은 수행이 하나님의 크신 일을 가리키는 상징이 되게 하옵소서! 오늘 우리가 감수하는 용서와 사랑, 희생과 인내가 십자가 위에 자기 몸을 제물로 드렸던 하나님의 마음을 보여 주는 표지판이 되게 하옵소서!

맺음말

웨슬리로 읽은 구약·구약으로 읽은 웨슬리

지금까지 우리는 웨슬리 신앙을 구약의 언어로 읽을 수 있을까에 대해 살펴보았다. 웨슬리를 알면 무엇이, 얼마나, 어떻게, 왜 달라지는지를 묻고 확인하였다. 웨슬리 신학의 관점에서 구약 성서라는 신앙 공동체의 경전을 들여다보았고, 구약의 말씀을 가지고 웨슬리의 유산을 재구성하는 시론(試論)을 펼쳤다. 시론, 시험할 시(試), 말할 론(論), 문자 그대로 여태까지 아무도 발을 들여놓지 않은 그 영역에 들어서서 구약의 눈으로 웨슬리를, 웨슬리의 눈으로 구약을 실험 삼아 읽었다. 한자어 '시(試)'에는 '시험하다, 시험 삼아 해보다, 맛보다, 간을 보다, 조사하다, 탐구하다' 등 다양한 뜻이 들어 있다. 말 그대로 『구약과 웨슬리』는 시론, 프롤레고메나(prolegomena)이다. 더 본격적인 깨우침을 갈무리하기 위한 들머리다. 구약의 깊은 세계를 웨슬리가 펼쳤던 삼위일체적인 하나님의 은총-선행(先行)은총, 칭의(稱義)의 은총, 성화(聖化)의 은총-으로 간을 보았고, 웨슬리의 맑은 세계를 창조에서 새 창조에 이르는 구약의 하나님 이야기로 탐색하였다.

성서 해석 학자들 사이에서는 오랫동안 품고 갈무리해 온 물음이 하나 있다. "전제 없는 주석이란 가능한가?"라는 물음이다. 주석이란 무엇보다도 본문의 소리를 듣는 작업이기에, 이 말만 가지고 판단한다면, 주석 작업에는 주석하는 자가 지녔던 그 어떤 사전 지식도 개입할 여지가 없다. 그러나 주석은 주석하는 사람의 글말로, 주석하는 사람의 심성으로, 주석하는 사람의 경륜으로 펼쳐지기에 전제 없는 주석이란 가능하지 않다. 구약을 웨슬리로, 웨슬리를 구약으로 해석하는 작업도 마찬가지다. 내가 배우고 익히고 체험하고 새긴 구약의 세계에서 웨슬리를 주석하였으며, 내가 깨우친 웨슬리의 설교, 웨슬리가 남긴 글말, 웨슬리의 유산에서 구약의 가르침을 해석하였다.

전통적으로 성서 해석학은 본문이 무엇을 의미했느냐는 질문과 본문이 무엇을 의미하느냐는 질문을 탐구의 양대 축으로 삼았다. 본문이 무엇을 의미했느냐는 질문은 해석의 대상으로 삼은 텍스트의 역사성을 확인하는 작업이고, 본문이 무엇을 의미하느냐는 질문은 해석의 대상이 된 텍스트가 오늘의 독자들과 나누는 소통과 울림을 수렴하는 작업이다. 이런 관점에서 볼 때 구약학자가 웨슬리를 해석·주석했다는 것은 오늘의 웨슬리를 점검하고자 어제의 웨슬리를 배우고 익혔다는 뜻이 되고, 웨슬리를 어제의 웨슬리가 아닌 오늘의 웨슬리로 새겨 가고자 웨슬리가 남긴 신학적 유산을 구약 신학의 관점에서 묻고 불리고 풀어 갔다는 뜻이 된다.

이제 지금까지 다루고 살핀 웨슬리와 구약을 정리해 보자. 웨슬리 신학은 그 기조에서 구약 성서와 잘 어우러진다. 웨슬리가 '하늘 가는 길,' '하나님의 나라로 가는 길'로 간주하였던 성경은 구약과 신약으로 이루어져 있고, 웨슬리는 신약과 더불어 구약에서 '하나님의 육성(*vox Dei*)'을 듣고자 정진하였다. 비록 웨슬리의 성경 읽기가 구약에서 신약으로, 유대교에서 기독교로 나아가는 세대주의적 역사관을 반영하고 있지만, 그래서 표면적으로는 구약보다는 신약과의 소통에 훨씬 더 많이 열중하고 있지만, 웨슬리는 구약에서 '고대 교회(웨슬리는 유대교를 이렇게 불렀다)'만을 향한 하나님의 역사를 깨닫지 않았다. 웨슬리는 웨슬리의 시대 당시 이성과 합리성의 이름으로 기독교를 이신론이나 마르시온주의 등으로 포장하였던 조류에 맞서 구약의 가르침을 "믿음으로 세워진 율법(웨슬리 설교 35, 36번)"으로, 구약 성경을 그리스도인에게 주어진 "은총의 수단(웨슬리 설교 16번)"으로 역설하였다.[1)]

웨슬리는 구약을 혐오하지 않았다. 아니, 그 반대였다. 종교 개혁 이후 교회는 구약과 신약의 관계를 대체로 율법과 신약으로 구분하는 이분법적 태도를 취했지만, 웨슬리는 그렇게 하지 않았다. 웨슬리에게 율법은 '하나님의 본성의 복사본(a transcript of the divine nature)'이었다.[2)] 웨슬리 『표준설교집』의 차례도 율법에 대한 웨슬리의 시각을 반영한다. "믿음으로 얻는 구원(웨슬리 설교 1번)," "믿음으로 얻는 칭의(웨슬리 설교 5번)," "믿음으로 얻는 의(웨슬리 설교 6번)" 등으로 시작한 웨슬리의 설교는 "은총의 수단(The Means of Grace, 웨슬리 설교 16번)"을 지나 중후반부에 접어들면서 "주님의 산상설교에 대한 시리즈 설교(웨슬리 설교 21~33번)"를 거쳐 "믿음으로 세워지는 율법(웨슬리 설교 35, 36번)"으로 치닫는다.

웨슬리의 시각에서 구약의 율법에 담긴 에토스(ethos)는 믿음으로 의로워진 자에게 제시하는 의롭게 되기 → 거룩하게 되기 → 하나님 닮기 → 하나님의 성품에 참여하기(신화, *theosis*)라는 이정표다. 웨슬리는 칭의 → 중생 → 성화 → 영화로 나아가는 구원의 완성을 개인적 의로움으로 축소시키지 않았다. 교회의 정체성을 웨슬리가 세상과 동떨어진 고독한 종교(solitary religion)가 아닌 세상을 아우르는(사회를 성화시키는) 사회적 종교(social religion)에서 찾았던 것도 구약 예언자들의 정서와 잘 어울린다.[3)]

1) 웨슬리 설교 16번, "은총의 수단(The Means of Grace)," III. 9; 웨슬리 설교 36번, "믿음으로 세워지는 율법 II," II. 6.

2) 웨슬리 설교 34번, "율법의 기원, 본질, 속성 그리고 용도(The Original, Nature, Properties, and Use of the Law)," II. 6.

3) Wesley, *Preface to 1739 Hymns and Sacred Poems,* 김동환, 『목사 웨슬리에게 목회를 묻다』,

율법의 에토스는 사회적 차원을 지닌다. 구약의 예언자들이 주장했던 것처럼, 정의와 공평의 실현은 창조성의 회복에 달려 있고, 창조성의 회복은 정의와 공평이 실현된다. 하나님을 사랑하고 이웃을 사랑하라는 율법의 복음은 그리스도인이 이룩해야 할 성화의 수단이 되기에 충분하다는 것이다.

웨슬리가 보여 준 구약 독법(舊約讀法), 즉 신약의 말글로 구약의 글말을 확증하는 방식은 웨슬리 신앙의 터전이 되고 웨슬리 사상의 기둥이 되었다. 웨슬리는 구약의 정음(正音)을 신약의 복음(福音)에서 되새겼고, 주님의 산상설교에 담긴 율법의 약속을 풀어 가다가 율법의 정음을 은총의 복음으로 새겨들었다. 생각해 보라. 구약 성경에서 십계명(출 20:1~17)이 처음 주어지던 자리가 어디인가? 구약에서 최초로 만나는 도덕법(언약 법전, 출 21:1~23:19)이 수록되어 있는 곳이 어디인가? 십계명은, 율법은, 토라는 출애굽의 은혜를 체험한 자들에게 주어졌다. 출애굽(구원·해방)이라는 하나님의 은총을 입은 자들에게 십계명·율법이 주어졌다. 이것을 웨슬리의 표현으로 옮기면 하나님의 은총으로 의로워진 자는 거룩한 삶을 살아야 한다가 된다.

웨슬리 신학의 토대는, 구약학자의 시각에서 볼 때, 창조주 하나님에 대한 깊은 묵상이다. 웨슬리 신학은 창조 → 타락 → 속죄를 신학의 중추 신경으로 삼는 개신교 신학에 대한 대안이 된다. 웨슬리는 예수 그리스도의 십자가를 그의 신학의 기초로 세우면서도 만물을, 자연을, 창조 세계를 하나님의 은총(선행 은총)으로 간주하였다. 웨슬리에게 창조 세계는 성경과 더불어 하나님의 계시를 품은 책이다. 웨슬리에게 깊은 영향을 끼쳤던 동방 교회의 신학 전통에 따라서 웨슬리 신학을 부른다면 웨슬리 신학의 기둥은 '창조를 향한 열정(Passion for Creation)'이 되고, 하나님의 선행적 은혜 → 의롭게 하는 은혜 → 변혁시키는 은혜 → 성화하는 은혜로 정리되는

200에서 중인.

웨슬리의 구원론은 창조주 하나님이 지으시고 품으시며 새롭게 하시는 창조 세계의 보존을 향한 영성 신학(The Creation-Honoring Spirituality)이 된다.[4)]

웨슬리에게 창조주 하나님은 세상을 창조하신 뒤 저 높은 곳으로 물러나 혼자서 외롭게 계시는 신이 아니다. 웨슬리가 가르친 창조주 하나님은 이곳에, 이 낮은 곳에, 이 세속에 거(居)하시면서 이 땅에 있는 온갖 피조물들이 다 [여기에는 동식물을 비롯하여 물과 불 같은 원소(元素)들도 다 포함된다!] 하나님의 실재와 현존에 참여하는 삶(생명)을 누리기를 기대하신다.[5)] 웨슬리가 고백하는 주 하나님은 사람을 포함한 모든 피조물들이 다 궁극적으로, 종말론적으로, 이 땅에서 하나님을 알고, 하나님을 체험하고, 하나님이 통치하시는 생명을 누리는 은총의 수여자가 되기를 바라신다.

웨슬리의 사색은 그 뿌리가 히브리 사상에 닿아 있다. 예컨대 시편 기자는 "여호와께서는 모든 것을 선대하시며 그 지으신 모든 것에 긍휼을 베푸시는도다(시 145:9)."라고 외쳤다. 이사야는 "그 때에 이리가 어린 양과 함께 살며 표범이 어린 염소와 함께 누우며 송아지와 어린 사자와 살진 짐승이 함께 있어 어린 아이에게 끌리며 암소와 곰이 함께 먹으며 그것들의 새끼가 함께 엎드리며 사자가 소처럼 풀을 먹을 것이며 젖 먹는 아이가 독사의 구멍에서 장난하며 젖 뗀 어린 아이가 독사의 굴에 손을 넣을 것이라."고 외쳤다(사 11:6~8). 하나님이 창조하시는 새 하늘과 새 땅에서는 "이리와 어린 양이 함께 먹을 것이며 사자가 소처럼 짚을 먹을 것이며 뱀은 흙을 양식으로 삼을 것이니 나의 성산에서는 해함도 없겠고 상함도 없으

---

4) 비교, Meister Eckhart, *Passion for Creation: The Earth-Honoring Spirituality of Meister Eckhart*, 메튜 폭스 해제 주석, 김순현 옮김, 『마이스터 엑카르트 설교, 마이스터 엑카르트는 이렇게 말했다, 대지를 품어 안은 엑카르트의 영성』(왜관: 분도출판사, 2006).

5) 웨슬리 설교 88번, "우주적 구원(The General Deliverance)," III. 6; 웨슬리 설교 113번, "새로운 창조(The New Creation)," 17.

리라(사 65:25)."는 것이다.

웨슬리의 하나님은 온 세상을 사랑하는 구원의 주님이다. 피조물의 청지기(사람)가 값없이 주시는 은총을 통해서 하나님의 형상을 회복하기를 기대하시면서도 그 값없이 베풀어 주시는 은총이 사람에게만이 아니라 온 누리에 미치기를 고대하신다. 이 사랑의 하나님, 이 은총의 하나님, 이 구원의 하나님을 찰스 웨슬리(Charles Wesley)는 "이 땅에 있는 우리의 하늘을 기대하라(Anticipate Our Heaven Below)"는 찬송으로 풀었다.[6)]

웨슬리는 하나님의 구원을 창조 신앙의 지평에서 펼쳐 나간다. 창조주 하나님은 사람을 지을 때 하나님의 형상대로, 하나님의 모양대로 창조하셨다. 인생은 본래 하나님의 품 안에 거하는 존재였다는 것이다(창 2:4~25). 그랬던 인생이 탐욕과 교만과 죄악 등에 매여서 하나님의 품 밖에 나가서 살게 되었던 것을(창 3:24) 하나님의 품 안으로 다시, 의롭게, 새롭게, 바르게 들어서게 하려고 창조주 하나님이 구원의 하나님으로, 성부 하나님이 성자 하나님(예수 그리스도)으로 이 땅에 오셨다.

인생은 그가 하나님의 품을 떠나 있었던 순간에도 하나님의 은총 아래 있었다. 창세기의 아브라함 이야기가 바로 이런 진리를 드러낸다. 창세기의 틀은 족보다. 족보상 아브라함은 당연히 하나님의 사람이어야 한다. 노아 → 셈 → 데라 → 아브람으로 이어지는 족보를 타고 났기 때문이다(창 10:1, 21~32; 11:10~26). 그러나 창세기는 아브람이 아브라함이 되었어야 하는 과정을 보여 준다. 아브람은 태어남으로 하나님의 사람이 된 것이 아니라 하나님의 말씀을 믿음으로 의로운 자로 여겨졌다(창 15:6). 의인(義認)의 은총을 입어 의인(義人)이라는 신분을 얻은 아브람이 그다음에는 그의

6) Randy L. Maddox, "'Anticipate Our Heaven Below': The Emphatic Hope and Abiding Tone of Charles Wesley's Eschatology," *Proceedings of the Charles Wesley Society* 17 (2013), 11~34, http://divinity.duke.edu/faculty/randy-I-maddox에서 이 글을 구해 읽을 수 있다.

성품과 행실마저 실제로 변화되어 하나님 앞에서 '완전한 사람(聖人)'이 되는 길을 걸어야 했다. "나는 전능한 하나님이라 너는 내 앞에서 행하여 완전하라(창 17:1)."라고 하시지 않았는가! 그 성화의 은총에서 아브람이 아브라함으로 불리게 되고 마침내 기다리던 아들이 태어나는 감격을 누리게 된다(창 21:1~7).

구원의 완성을 향한 여정은 오경이 전하는 모세의 일대기에서도 드러난다. 히브리 사람으로 종살이하던 자들이 자유를 얻고 애굽 땅을 벗어나 광야를 통과하기까지(출 1~18장) 이스라엘이 경험한 하나님은 역사(歷史)의 무대에서 역사(役事)하시는 하나님이다. 출애굽의 이스라엘은 시내 광야 시내 산에 당도한(출 19:1~3) 뒤부터 하나님의 현존을 말씀하시는 하나님으로 체험한다. 이스라엘을 위해서 일하셨던 하나님(출 1~18)이 이스라엘 안에서 말씀하시는 하나님으로 부각된다(출 19~40). 이런 맥락에서 출애굽 공동체는 언약 공동체(출 19:1~24:18) → 성막 공동체(출 25~31, 35~40) → 예배 공동체(레 1~10) → 정결 공동체(레 11~16) → 성결 공동체(레 17~26) → 약속의 땅으로 나아가는 하나님의 군대(민 1:1~10:10)로 다져진다.

여기에서 우리는 시내 산 전승 단락(Siani Pericope, 출 19:1~민 10:10)에 주목해야 한다. 시내 산 단락은 출애굽을 경험한 자들을 언약 백성으로 다진 후에 그들에게 성막을 짓는 미션을 부여하고 있다. 출애굽기의 후반은 그 미션에 대한 청사진(출 25~31)과 그 청사진을 구현하는 미션(출 35~40)으로 구성된다. 하나님과 언약을 맺은 자들에게 성막을 짓게 하고 그 성막을 통해 이루어지는 하나님과의 코이노니아를 기대한다. 하나님이 사람들 속에 거하시려고 하신다. 하나님의 임재가 하늘에 계신 하나님 → 시내 산 위에 강림하신 하나님 → 시내 산 아래 성막으로 내려오시는 하나님 → 지성소에서 모세와 만나시는 하나님 → 제단에서 이스라엘과 만나시는 하나님으로 가까워지고 있다. 이 하나님의 오심을 맞이하고자 이스라엘은 하나님을 위한 장소·시간을 세속 속에 구별하는 일에, 웨슬리 신학의 용어로 하면, '능동적으로 참여(impartation)'한다. 출애굽의 구원·해방·인도가, 역시 웨슬리 신학의 표현으로 하면, '수동적으로 전가되는 변화(imputation)'였다면, 시내 산에 당도한 뒤부터 이스라엘은, 우리를 의롭게 하시고, 거듭나게 하시고, 거룩하게 하시는 하나님의 은총에 적극 부응해야 한다.[7)]

구원의 완성을 향한 여정에서 구원의 하나님은 성령 하나님으로 이스라엘 안에서 일하신다. 창조주 하나님이 구원의 주님이 되고자 이스라엘 가운데 거하시고, 그 이스라엘이 하나님의 사람으로 하나님의 뜻을 증언하고 하나님의 일을 실천하도록 하나님의 영이 강림하신다. 그 실례가 민수기의 엘닷과 메닷 이야기였다(민 11:24~30). 이스라엘의 구원을 위해서 일하셨던 하나님은 이스라엘 안에서 일하시고자 성령 하나님으로 이스라엘과 함께하신다.

구약이 전하는 약속의 땅으로 가는 길은 하나님의 은총에 책임 있게 응답하는 이스라엘이 되는 길이다. 하나님은 혼자 계시지 않는다. 하나님은 이스라엘을 위하여, 이스라엘 안에서, 이스라엘과 함께 계신다. 구약의 역사서는 약속의 땅에 들어선 이스라엘에게 그들이 걸어가야 할 또 하나의 길이 있음을 일깨워 준다. 약속의 땅에서 이스라엘은 하나님을 위하여, 하나님 안에서, 하나님을 향하여 나아가야 했다. 하나님을 사랑하고, 하나님의 뜻을 좇고, 하나님의 사람다운 삶을 구현하는 이스라엘이 되어야 했다.

약속의 땅 가나안에서 이스라엘은 하나님의 사람으로 살아가기라는 과제를 떠안았다. 가나안 땅은 이스라엘에게는 일종의 리트머스 시험지였다. 가나안 땅에서 이스라엘은 하나님의 은총에 부응해서 하나님의 뜻

7) '전가된 의(imputation, 수동적 의미)'와 '나누어준 의(impartation, 능동적 의미)'에 대해서는 Runyon, 『새로운 창조』, 128; 김홍기, 『존 웨슬리의 구원론』, 20을 보라.

이 가나안 사회 속에 실현되는 소명을 이루었어야 했다. 이스라엘은 그 소명을 감당하지 못했다. 하나님의 은총에 책임 있게 응답하지 못하면서 그들은 가나안 땅에서 추방되는 길을 걷게 된다. 감리교 신학자 존 캅이 '은총과 책임'이라고 해석하였던 웨슬리 신앙의 구도가 여기에 드러난다.[8] 이스라엘의 왕국 시대는 해방에서 성화로 가는 길이 아닌, 해방에서 추방으로 가는 길이 되고 말았다(왕하 17:7~23; 24:3, 19~20).

웨슬리는 하나님의 은혜로 다시 태어난 자들이 하나님의 사람으로 자라가는 과정에 대해서 긍정적이었다. 아니, 낙관적이었다. 웨슬리 신학의 기조를 두고 '은총의 낙관주의'라고 하지 않는가! 그렇다면 무엇이 칭의 → 성화 → 영화로 이어지는 구원의 완성을 어렵게 하는가? 구약의 역사서에 소개되는 이스라엘의 왕들이나 구약의 성문서가 다루는 인생들이 그 경우에 해당된다. 가령 이스라엘 역사에서 최초로 왕의 자리에 올랐던 사울은 웨슬리의 표현으로 하면 "미완성의 그리스도인(Almost Christian)"이다(웨슬리 설교 2번). 왕'이기(being)'보다는 왕 '되기(becoming)'에 신실했어야 할 사울이었지만, 사울은 그러지를 못했다. 하나님의 생각보다 자기 생각을 앞세웠다. 하나님의 마음보다는 백성들의 마음을 앞세웠다. 하나님의 방식보다는 세상의 방식을 앞세웠다. 욥이 던졌던 질문이나 전도자가 전도서에서 외쳤던 소리도 바른 신앙의 기준은 내가 보고, 느끼고, 당하는 체험이 아니라 하나님의 세계에 참여하는 체험에서 터득된다는 진리를 일깨워 주었다. 잠언은 욥기와 전도서에 대한 응답이다. 잠언은, 웨슬리 학자 테오도르 러니언의 말로 표현하면, 하나님의 사람에게는 창조 세계에 드러난 하나님의 뜻을 삶의 기준으로 삼는 바른 체험(orthopathy)이 있어야 바른 신앙(orthodoxy), 바른 실천(orthopraxy)을 이루게 된다고 보았다.[9] 이

8) Cobb, *Grace and Responsibility,* 21~25.

9) Runyon, 『새로운 창조』, 213~233.

것을 다시 마르쿠바르트의 말로 바꾸면,[10] 잠언은 이 땅에서 살아가는 자들을 하나님과 하나님의 백성과 하나님의 세계와 연결시키는 처방이다.

구약의 역사서와 예언서에서 하나님이 만군의 주 하나님으로 불리는 이치도 이것과 맞닿는다. 구약의 역사서와 예언서에서 두드러지는 하나님 호칭은 만군의 주님이다. 용사이신 하나님(divine warrior)이다. 만군의 하나님은 이스라엘에게 하나님의 파트너가 되기를 기대하셨다. 이스라엘이 하나님의 백성이 되고, 하나님의 군대가 되고, 하나님의 증인이 되기를 기대하셨다. 테오도르 러니언의 말을 빌려 이야기하면,[11] 하나님은 이스라엘의 왕국 시대라는 시공간을 하나님과 이스라엘의 동역(同役, sunergia, *perichoresis*)이 어우러지는 환경이 되기를 기대하셨다. 랜디 매닥스가 지적했던 대로 하나님의 은혜 없이는 우리가 구원받을 수 없지만, 우리가 참여하지 않으면 하나님의 구원도 이루어지지 않는다.[12] 하나님은 이스라엘이 하나님의 본질에 적극 동참하는 자가 되기를 기뻐하셨다는 것이다.[13]

왕국 시대를 살았던 이스라엘은 그 정치 경제 사회 문화 종교에서 하나님의 구원의 완성을 이루기에는 턱없이 부족했다. 예언자들은 그래서 분노하였다. 예언자들의 입말에 오르내리는 하나님은 분노의 하나님, 진노의 하나님이다. 하나님의 분노의 이면에는 하나님의 아픔이 새겨져 있다.

10) 마르쿠바르트, "기독교적 회심: 우리의 삶을 하나님과 연결하기," 127~144.

11) Runyon, 『새로운 창조』, 77.

12) Maddox, *Responsible Grace,* 19, 이후정, "존 웨슬리와 신인협력론의 현대적 의미," 216.

13) "두렵고 떨리는 마음으로 자기의 구원을 이루어 나가십시오. 하나님은 여러분 안에서 활동하셔서, 여러분으로 하여금 하나님을 기쁘게 해 드릴 것을 염원하게 하시고 실천하게 하시는 분입니다(빌 2:12~13, 새번역)." 하나님과 이스라엘의 어우러짐(*perichoresis*)이란 개신교 신앙 전통에서는 낯설다. 자칫 하나님의 사람이 되는 조건으로 믿음보다 행함을 앞세우는 것으로 비쳐질 수 있다. 웨슬리 학자들은 대체로 '하나님은 사람과 더불어 일하신다(sunergia)'는 웨슬리 생각의 뿌리가 초기 동방 교회의 신학에 기인한다고 본다. 그러나 구약학자의 시각에서 보자면 그 같은 생각의 기초는 구약 신앙이다. 비교, Runyon, 『새로운 창조』, 77~78, 이후정, "존 웨슬리와 신인협력론의 현대적 의미," 212~226.

무엇보다도 하나님의 구원의 은총을 입은 이스라엘 사회가 하나님의 기대를 경제 사회적으로 이루어내지 못했다는 사실에 하나님은 크게 아파하셨다. 주전 8~6세기의 이스라엘 사회는 오늘날의 용어로 말하면 부익부빈익빈(富益富貧益貧) 사회였다. 야훼 하나님의 뜻을 땅의 종교(바알과 아세라)의 욕망으로 포장하였다. 이사야가 "그들에게 정의를 바라셨더니 도리어 포학이요 그들에게 공의를 바라셨더니 도리어 부르짖음이었도다(사 5:7)."라고 소리치지 않았던가.

예언자들의 비판에는 가진 자들에게 퍼부었던 웨슬리의 쓴소리가 오버랩된다.[14)] 이것을 가리켜 웨슬리 학자 더글라스 믹스는 하나님의 구원의 은총 속에 있던 자들이 하나님의 경제를 붕괴시키고 말았다고 통탄하였다.[15)] 예언자의 신앙에서 하나님의 사람이 감당해야 할 제자직의 핵심은 경제적으로 평등한 사회를 구현하는 일이었다. 웨슬리가 말했던 '자비의 실천'이 이루어졌어야 했다. '경제인 하나님'을 따라서 '하나님의 경제인'이 되었어야 했는데[16)] 그때, 그곳에 있던 이스라엘은 그렇게 하지를 못했다.

구약의 예언자들은 이런 하나님의 아픔에 크게 공감하였다. 그 공감의 빛에서 예언자들은 그때까지 이스라엘 사회를 주도하였던 시온 언약의 정당성을 되새겼다. 이스라엘 왕국 시대의 표상은 다윗에게 기름을 부어 왕으로 삼으신 하나님이다. 구약의 시편 기자는 다윗 왕조의 정당성을 "너는 내 아들이라 오늘 내가 너를 낳았도다(시 2:7)."라는 제왕시에서 찾았다. 다윗 왕조는 하나님이 세워 주신 집이었다(삼하 7:8~13). 예언자들은 이런 맥락에서 하나님이 다윗과 맺으셨던 언약의 정당성을 되돌아보았다. 하나

14) 웨슬리 설교 85번, "부(富)의 위험성(The Danger of Riches)," 이 설교의 성경 본문은 시편 62편 10b절, "재물이 늘어도 거기에 마음을 두지 말지어다."다.

15) 더글라스 믹스, "성화와 경제," 103~126.

16) 더글라스 믹스, "성화와 경제," 122~125.

님이 다윗과 맺으셨던 약속의 비중을 하나님이 모세와 맺으셨던 언약의 저울에 달아 보았다. 거기에서 깨달았다. 하나님의 은총이 이스라엘 사회에서 지속 가능하기 위해서는 이스라엘은 모세가 전해준 율법대로 바르게 살지 않으면 안 된다. 나누고, 베풀고, 섬기고, 제대로 처신하지 않으면 안 된다.

하나님이 다윗과 맺으셨던 언약에는 아무 조건이 없었다. 하나님이 모세와 맺으셨던 언약에는 "너희가 내 말을 잘 듣고 내 언약을 지키면(출 19:5a)"이라는 단서 조항이 하나 붙어 있다. 단순한 단서 조항이 아니다. 언약 문서의 기조를 성공과 실패로 가름하는 기준이다. 예언자들은 바로 이 시내 산 언약의 정신에서 왕국 시대의 왕, 백성, 사회가 부르짖었던 해방·구원·자유를 향한 갈망의 허구성을 비판하였다. 하나님의 분노가 문제가 아니라 타락하고 부패해서 하나님의 평등 경제를 구현하지 못한 이스라엘이 문제였다는 것이다. 시온 언약을 시내 산 언약에서 갱신하고자 했던 것이다.

예레미야가 걸었던 예언자의 길이 여기에서 의미가 있다. 예레미야는 역사적으로, 사회적으로, 실존적으로, 가장 힘들고 어려웠던 시기에 하나님의 사람으로 살았다. 예레미야는 신앙은 앎을 뛰어넘는다는 사실을 온몸으로 수행하였다. 우리가 살펴보았던 아나돗의 밭을 돈 주고 사야 했던 예레미야의 삶이 그런 경우다(렘 32:6~15). 그 알지 못했던 하나님의 세계에 예레미야는 기도로 접속하였다(렘 32:16~25). 기도는 하나님의 은총에 참여하는 통로다. 하나님의 세계에 들어서는 방식이다. 웨슬리의 말로 하면 은총의 수단이다. 기도로 하나님의 사람은 하나님과 연결된다. 감리교 신학자 마조리 수하키가 말했듯이 "하나님의 현존은 증명의 문제가 아니라 실천의 문제다."[17]

17) 수하키, "기도의 완전," 69.

이스라엘 역사의 포로기는 유다 백성에게는 사도 바울이 체험했던 다메섹 도상과도 같다. 웨슬리가 경험하였던 올더스게이트의 체험과도 같다. 하나님을 머리로 알던 신앙에서 하나님을 가슴으로 체험하는 신앙으로 변혁되는 계기가 유다 백성에게는 바벨론 포로기였다. 거기에서 오랫동안 품었던 신정론에 대한 해답이 풀린다. 이사야 56~66장은 하나님 신앙의 지평을 신정론이 아닌 종말론의 영역으로 펼쳐 나갔다. 다윗 왕조가 무너지고 없던 자리에서 하나님의 통치가 시작되고 있음을 조망하였다. 그러나 그날은 아직 오지 않았다. 웨슬리도 "구원받았다(You are saved)는 말은 (죽어서 우리 영혼이 하늘나라 간다는 말처럼) 멀리 떨어져 있는 것이 아니라 지금 여기에서 값없이 주시는 하나님의 은총으로 얻은 축복이다."라고 설교한 적이 있다.[18] 하나님의 사람은 이미(already) 온 하나님의 나라를 누리면서도 아직(not yet)은 와야 될 하나님의 나라를 기다리는 종말관이 있어야 한다.

예언자들은 '그날'을 향한 소망으로 그들의 말글을 정리한다. '그날'을 조망하면서 하나님의 통치에 대한 소망을 다시 세우고, 그날에 이루어질 하나님의 성전에서 인종과 계층과 성별을 뛰어넘는 하나님의 나라가 도래한다고 선포한다(사 56:1~7). 우리가 섬겨야 할 그들이 있음을 깨닫고, 하나님의 종이 되어 '하나님의 다리'를 건설하는 자들이 되어야 한다고 외친다. 사람과 사이에만 그런 다리가 건설되는 것이 아니다. 사람과 만물 사이에, 사람과 동식물 사이에, 사람과 온 창조 세계 사이에 그런 다리가 놓여진다. "그 때에 이리가 어린 양과 함께 살며 …… 어린 아이가 독사의 굴에 손을 넣을 것이라(사 11:6, 8)."라고 하지 않았는가.

구약의 가르침은 창조에서 시작하여 새 창조로 나아간다. 구약 신학을 여는 장(場)은 창조론이고 구약 신학을 마감하는 장은 종말론이다. 웨슬리

18) 웨슬리 설교 43번, "성경적 구원의 길(The Scripture Way of Salvation)," I. 1.

의 구원론은 그 출발이 아닌 그 완성에 비중을 둔다. 오직 믿음에서 시작하여 성화에서 완성되는 구원의 여정에서 웨슬리는 존 캅이 지적했듯이 종교 개혁 지도자들 가운데서는 유일하게 동물 학대를 반대하였다.[19] 웨슬리는 동물 복지를 신앙적 돌봄으로, 기독교적인 도덕의 문제로 각인시켰다.[20] 18세기 인물이던 웨슬리에게 어떻게 이런 사상계가 가능할 수 있었을까? 웨슬리가 구약의 창조 신앙을, 그 창조 신앙의 정당성을, 새 창조의 종말론으로 수렴했기 때문이다. 본래 하나님이 지으신 세상은, 그 속에 있는 것들은 모두 다 하나님이 보시기에 좋았던 대상이었지 않은가.[21]

하나님의 현존은 온 세상 안에 두루 미친다. 창조 세계는 만물을 위한 집(오이코스)이요, 만물은 창조 세계에서 살아가는 한 가족(오이쿠메네)이다. '그날'에 창조 세계는 에덴의 기쁨을 회복하게 되리라! 웨슬리는 사람, 동물, 식물, 우주의 온갖 것들이 다 그 가족의 일원으로 그리스도 안에서 생명을 누리게 해야 한다고 보았다.[22] 하나님의 구원의 완성을 새 창조로 이어갔던 웨슬리의 판단 속에는 하나님 앞에서 의롭게 되고 새롭게 되어 사회 속에서 성결과 성화를 이루는 자는 환경의 돌봄이로 동식물을 품어야 한다는 실천 조항이 자리 잡고 있다. 웨슬리의 말글에서 구약의 예언자들의 종말론을 듣게 되는 것은 이 때문이다. 어제의 웨슬리가 오늘의 웨슬리로 그치지 않고 내일의 웨슬리로 우뚝 서 있는 것이다.

19) 웨슬리 설교 88번, "우주적 구원(The General Deliverance)," II. 6.

20) Cobb, *Grace and Responsibility*, 53~54.

21) 웨슬리 설교 114번, "하나님의 섭리에 대하여(On Divine Providence)," 8.

22) 웨슬리 설교 82번, "영적 예배(Spiritual Worship)," II. 3.

참고문헌

• 웨슬리관련 자료

1차 자료

Wesley, John. *A Farther Appeal to Men of Reason and Religion, Part II* in *The Appeals to Men of Reason and Religion and Certain Related Open Letters*, ed. by Cragg, Gerald R. *The Works of John Wesley*. Oxford Edition. Oxford: Clarendon, 1975~.

______. *Explanatory Notes upon the New Testament*. 16th ed.; Nashville: Barbee and Smith, 1894; Electronic resource. The 3rd edition, corrected. Bristol: Grabham and Pine, 1760~62; Farmington Hills, Mich.: Cengage Gale, 2009.

______. *Explanatory Notes upon the Old Testament*. Bristol: William Pine, 1765; Electronic reproduction. Farmington Hills, Mich.: Cengage Gale, 2009.

______. *Sermons on Several Occasions*. PDF file. Christian Classics Ethereal Library. http://www.ccel.org/ccel/wesley/sermons.html 1-1281, Mich.: Grand Rapids. 웨슬리설교는 UMC의 GBGM(General Board of Global Ministries)의 홈페이지 (https://www. umcmission.org)나 웨슬리안성결디지털도서관(Wesleyan-Holiness Digital Library)에서 pdf사본을 다운로드 받아서 읽을 수 있다 (https://www.whdl.org > John Wesley's Sermons > Download free PDF: Sermons on Several Occasions [John Wesley]).

______. *The Bicentennial Edition of the Works of John Wesley*. Nashville: Abingdon, 1984. vol. 1. *Sermons 1*. ed. by Outler, Albert C. Nashville: Abingdon, 1984.

김홍기. 『존 웨슬리의 설교』. 서울: 땅에 쓰신 글씨, 2001.

한국웨슬리학회. 『웨슬리 설교전집』 전 7권. 서울: 대한기독교서회, 2006.

2차 자료

김동환.『목사 웨슬리에게 목회를 묻다, 웨슬리 디비니티 목회의 이론과 실천적 성찰』. 서울: kmc, 2014.

김진두.『웨슬리와 우리의 교리, 초기 메도디스트 교리연구』. 서울: kmc, 2009.

김홍기.『존 웨슬리의 구원론: 구원의 완성을 향한 순례』. 서울: 성서연구사, 2007.

서예은.「웨슬리안 성서해석학의 이론적 기초- 구약성서해석학의 경우」. 감리교신학대학교대학원 2018 박사학위논문. 서울: 감리교신학대학교, 2018.

오광석. "독일 뷔템베르그 경건주의와 존 웨슬리."『한국기독교신학논총』 65(2009), 107~133.

이환진. "에프렘(Ephrem Syrus)의 창세기와 존 웨슬리."『신학과 세계』 84(2015), 62~115.

이후정. "닛사의 그레고리의 '완전' 이해,"『세계의 신학』 15(1992.6.), 27~46.

______. "랜디 매닥스 박사의 '웨슬리 신학과 통전적 구원론'에 대한 논찬."「웨슬리 신학과 통전적 구원론, 웨슬리회심 280주년 제31회 신학공개강좌 자료집」. 2018년 5월 17일. 감리교신학대학교 백주년기념관 중강당, 33~35.

______. "웨슬리와 마카리우스의 성령체험." 랜디 매닥스 엮음. 이후정 옮김.『웨슬리 신학 다시보기: 현대교회의 도전』. 서울: 기독교대한감리회 홍보출판국, 2009, 259~280.

______. "존 웨슬리와 신인협력론의 현대적 의미."『신학과 세계』 94(2018), 209~242.

조경철. "존 웨슬리의 성서이해와 감리교적 성서해석의 정신."『신학과 세계』 49(2004), 25~51.

Arnett, William M. "John Wesley and the Bible," *Wesleyan Theological Journal* 3:1 (1968), 3~9.

______. *John Wesley, Man of One Book*. Ph.D. dissertation, Drew University, Madison, NJ., 1954.

Bonino, Jose Miguez. "라틴 아메리카의 웨슬리: 신학적, 역사적 성찰." 랜디 매닥스.『웨슬리 신학 다시보기』, 221~238.

Carder, Kenneth L. 랜디 매닥스. "웨슬리를 알면 무엇이 달라지는가?"『웨슬리 신학 다시보기』, 23~41.

Casto, Robert M. "Exegetical Method in John Wesley's Explanatory Notes upon the Old Testament: A Description of his Approach, Use of Sources, and Practice." Ph. D.

Dissertation. Duke University, 1977.

Cobb, John B. Jr. *Grace and Responsibility: A Wesleyan Theology for Today*. Nashville: Abingdon, 1995.

Collins, Kenneth J. 이세형 역.『존 웨슬리의 신학: 거룩한 사랑과 은총』. 서울: kmc, 2012.

_______. "The Influence of Early German Pietism on John Wesley." *The Covenant Quarterly* 48:4(1990), 23~42.

Gonzalez, Justo L. *Christian Thought Revisited: Three Types of Theology*. revised. 이후정 옮김.『기독교사상사』. 재판. 서울: 콘콜디아, 2002.

Hartley, John E. "Old Testament Studies in the Wesleyan Mode." *Wesleyan Theological Journal* 17:1(1982), 58~76.

Jones, Scott J. *John Wesley's Conception and Use of Scripture*. Nashville: Abingdon/Kingswood, 1995.

Kevan, Ernest F. *The Grace of Law: A Study in Puritan Theology*. Grand Rapids: Baker, 1965. 임원택 역.『율법, 그 황홀한 은혜』. 서울: 수풀, 2006.

Klaiber, Walter., Marquardt, M. *Gelebte Gnade: Grundriss einer Theologie der Evangelisch-methoditischen Kirche*, Stuttgart: Christliche Verlagshaus, 1993, 개정판, 2006. 조경철 옮김,『감리교회 신학』. 서울: kmc, 2007.

Lindberg, Cater. 이은재 역.『경건주의 신학과 신학자들』. 서울: 기독교문서선교회, 2009.

Maddox, Randy L. "Anticipate Our Heaven Below: John Wesley's Precedent for Reclaiming Wholistic Salvation. 이 땅에 있는 우리의 하늘을 기대하라: 통전적 구원을 되찾기 위한 존 웨슬리의 선례."「웨슬리 신학과 통전적 구원론- 웨슬리회심 280주년 기념 제31회 신학공개강좌 자료집」, 감리교신학대학교, 2018, 6~24.

_______. "'Anticipate Our Heaven Below': The Emphatic Hope and Abiding Tone of Charles Wesley's Eschatology," *Proceedings of the Charles Wesley Society* 17(2013), 11~34.

_______. "Anticipating the New Creation: Wesleyan Foundation for Holistic Mission." *Asbury Journal* 62(2007), 49~66.

_______. *Responsible Grace: John Wesley's Practical Theology*. Nashville: Abingdon/Kingswood, 1994.

_______. ed., *Aldersgate Reconsidered*. Nashville: Kingswood, 1990.

_______. ed., *Rethinking Wesley's Theology for Contemporary Methodism*. 이후정 옮김.『웨슬리 신학 다시보기』. 서울: 기독교대한감리회 홍보출판국, 2000.

Marquardt. Manfred. "기독교적 회심: 우리의 삶을 하나님과 연결하기." 랜디 매닥스.『웨슬리 신학 다시보기』, 127~144.

McEwan, David B. "The Living and Written Voice of God: John Wesley's Reading, Understanding, and Application of Scripture." *Wesleyan Theological Journal* 46:1(2011), 106~119.

Meeks, M. Douglas. *God the Economist: The Doctrine of God and Political Economy.* 홍근수·이승무 옮김.『하느님의 경제학, 신론과 정치경제학』. 서울: 한울, 1998, 102~129.

______. "성화와 경제: 청지기직에 관한 웨슬리적 전망." 랜디 매닥스.『웨슬리 신학 다시보기』, 103~126.

Munn, Sherill F. "Old Testament Studies in a Wesleyan Mode: A Response to the Paper Presented by Dr. John Hartley." *Wesleyan Theological Journal* 17:1(1982), 77~84.

Narinskaya, Elena. *Ephrem a 'Jewish' Sage. A Comparison of the Exegetical Writings of St. Ephrem the Syrian and Jewish Traditions.* Studia Traditionis Theologiae: Explorations in Early and Medieval Theology 7. Turnout: Brepols, 2010.

O'Brien, Paul. *Sources of Authority in The Theological Writings of John Wesley*. STM Thesis. Westminster Theological Seminary. Baltimore, Md., 1957.

Oswalt, John N. "Wesley's Use of the Old Testament in his Doctrinal Teachings." *Wesleyan Theological Journal* 12(1977), 39~53.

Outler, Albert C. *John Wesley's Sermons: An Introduction*. Nashville: Abingdon, 1991.

______. "Methodism's Theological Heritage: A Study in Perspective." in Minus, Paul M. Jr. ed. *Methodism's Destiny in an Ecumenical Age*. Nashville: Abingdon, 1969.

______. ed., *John Wesley.* New York: Oxford University Press, 1980.

______. Heitzenrater, Richard P. eds. *John Wesley's Sermons: An Anthology.* Nashville: Abingdon, 1991.

Rodes, Stanley J. *From Faith to Faith: John Wesley's Covenant Theology and the Way of Salvation*. Eugene, OR: Pickwick Publications 2013.

Runyon, Theodore H. *New Creation, John Wesley's Theology Today*. 김고광 옮김.『새로운 창조』. 서울: 기독교대한감리회 홍보출판국, 1999.

Sanders, Fred. *Wesley on the Christian Life: The Heart Renewed in Love*. 이근수 옮김.『웨슬리가 말하는 그리스도인의 삶』. 서울: 아바서원, 2015.

Sangster, W. E. *The Path to Perfection.* New York: Abingdon-Cokesbury Press, 1943.

Schlimm, Matthew. "Defending the Old Testament's Worth: John Wesley's Reaction to the Rebirth of Marcionism." *Wesleyan Theological Journal* 42:2 (2007), 28~51.

Suchocki. Marjorie. "기도의 완전." 랜디 매닥스.『웨슬리 신학 다시보기』. 61~80.

Thompson, Richard P. "Inspired Imagination: John Wesley's Concept of Biblical Inspiration and Literary-Critical Studies." in Callen, Barry L. Thompson., Richard P. eds. *Reading the Bible in Wesleyan Ways: Some Constructive Proposals*. Kansas City, Mo.: Beacon Hill, 2004, 57~79.

Thorsen, Donald A. D. "Interpretation in Interactive Balance: The Authority of Scripture for John Wesley." in *Reading the Bible in Wesleyan Ways*, 81~83.

______. *The Wesleyan Quadrilateral: Scripture, Reason, Tradition, and Experience as Model for Evangelical Theology*. Grand Rapids: Zondervan, 1990.

Turner, George A. *The Vision Which Transforms*. Kansas City, Mo.: Beacon Hill, 1964.

Wall, Robert W. "Facilitating Scripture's Future Role Among Wesleyans." in *Reading the Bible in Wesleyan Ways*, 107~120.

______. "Toward a Wesleyan Hermeneutic of Scripture." in *Reading the Bible in Wesleyan Ways,* 39~55.

Wang, Tai-il. "Reading the Composition of the Pentateuch in a Wesleyan Tradition." Paper Presented at 10th Oxford Institute of Methodist Theology Studies, Oxford, England, 1997 (Archives, https://oxford-institute.org).

Wood, Arthur Skevington. *Revelation and Reason: Wesleyan Responses to Eighteenth Century Rationalism*. The Wesley Fellowship, 1992.

• 구약관련 자료

류호준. "아가서의 신학적 주제와 구조."『아가, 어떻게 설교할 것인가』. 서울: 두란노아카데미, 2009, 21~34.

안근조.『지혜말씀으로 읽는 욥기』. 서울: 한들출판사, 2007.

______.『하나님의 지혜 초청과 욥의 깨달음』. 서울: 킹덤북스, 2012.

왕대일.『구약성경의 종말론, '그 날'을 향한 소망』. 서울: 한국성서학연구소, 2017.

______.『구약성서 이해 열 마당』. 서울: 도서출판 새길, 2003.

______.『구약신학』. 서울: 감신대성서학연구소, 2002, 2003, 2010; 서울: 대한기독교서회, 2014.

______. 『구약주석 새로 보기』. 서울: 감신대성서학연구소, 2005.
______. 『기독교경학(經學)과 한국인을 위한 성서해석』. 서울: 대한기독교서회, 2012.
______. "시내산 전승단락(출 19:1~민 10:10)의 맥락에서 본 레위기 11~15." 「기독교사상」 394호(1991), 121~133.
______. "시편, 길(路)을 잃어야 길(道)이 시작된다." 김덕중 안근조 이사야 엮음. 『구약성서의 경건, 구약성경의 영성』. 서울:kmc, 2014, 407~442.
______. 『시편사색, 시편 한 권으로 읽기』. 서울: 대한기독교서회, 2013.
______. 『신앙공동체를 위한 구약성서이해』. 서울: 성서연구사, 1993.
______. 『새로 읽는 구약성경』. 서울: CMI, 2018.
______. 『엑소도스, 하나님의 성소를 이루기까지』. 서울: kmc, 2015.
______. 『창조신앙의 복음, 창조신앙의 영성』. 서울: 대한기독교서회, 2016.
______. "토라와 그리스도." 『구원·예수 그리고 성서』. 이상훈 박사 팔순 기념 논문집. 서울: 한들출판사, 2010, 99~126,
______. "한국인의 성서해석, 그 회고와 전망 - 한국 구약학을 중심으로." 이화여자대학교 한국문화원. 『신학연구 50년』. 서울: 도서출판 혜안, 2003, 47~92.
______. "해방과 추방, 구약신학적 검토." 『Canon & Culture』 17(2015봄), 5~34.
______. "해방에서 성화까지: 출애굽의 구조에서 읽는 존 웨슬리." 『존 웨슬리와 현대목회』. 서울: 감리교신학대학교, 1993, 106~120.
조태연·차정식·유승원. 『뒤집어 읽는 신약성서』. 서울: 대한기독교서회, 2001.
차준희. 『최근 한국교회의 예언서 설교』. 구약사상문고 7. 서울: 대한기독교서회, 2013.
최종원. "소위 '불평' 이야기의 문맥 안에 있는 예언자적 현상에 관한 연구: 민수기 11장에 나타난 역사적인 상황화를 중심으로." 『구약논단』 22: 3(2016), 105~136.
하경택. 『질문과 응답으로서의 욥기 연구: 지혜탄식 논쟁 안에 있는 신학과 인간학』. 서울: 한국성서학연구소, 2006.
Blenkinsopp, Joseph. *Judaism: The First Phase. The Place of Ezra and Nehemiah in the Origins of Judaism*. Grand Rapids: Eerdmans, 2009.
Blumenthal, Fred. "Eldad and Medad." *Jewish Bible Quarterly* 36:2(2008), 88~92.
Brueggemann, Walter. *The Psalms and the Life of Faith*. Minneapolis: Fortress, 1995.
______. Linafelt, Tod. *An Introduction to the Old Testament, The Canon and Christian Imagination.* 2nd edition. 김은호·홍국평 옮김. 『구약개론』. 서울: CLC, 2014.
Buber, M. *Kingship of God.* New York: Harper & Row, 1967.
Coats, G. W. "The Wilderness Itinerary." *Catholic Biblical Quarterly* 34(1972), 135~152.

Cotton, Roger D. "The Pentecostal Significance of Numbers 11." *Journal of Pentecostal Theology* 10:1(2001), 3~10.

Davies, G. "The Wilderness Itineraries and the Composition of the Pentateuch." *Vetus Testamentum* 33(1983), 1~13.

DeRoche, Michael. "Yahweh's rib against Israel: A Reassessment of the so-called 'Prophetic Lawsuit' in the Preexilic Prophets." *Journal of Biblical Literature* 102:4(1983), 563~574.

Gardner, Anne. "Ecojustice or Anthropological Justice? A Study of the New Heavens and the New Earth in Isaiah 65:17," in Habel, Norman C. ed. *The Earth Story in the Psalms and the Prophets.* Cleveland: Pilgrim, 2001, 204~218.

Gordon, Cyrus H. "The Biblical Sabbath: Its Origin and Observance in the Ancient Near East." *Judaism* 31:1(1982), 12~17.

Gosse, Bernard. "Sabbath, Identity and Universalism Go Together after the Return from Exile." *Journal for the Study of the Old Testament* 29:3(2005), 359~370.

Gowan, Donald E, *Theology of the Prophetic Books: The Death and Resurrection of Israel.* Louisville: Westminster John Knox. 1998.

Hazony, Yoram. *The Philosophy of Hebrew Scripture*. 김구원 옮김.『구약성서로 철학하기』. 서울: 홍성사, 2016.

Heschel, Abraham Joshua. *A Passion for Truth*. A Jewish Lights Classic Reprint. Woodstock. Vt.: Jewish Lights Pub., 1995.

______. 이현주 옮김.『예언자들』하권. 서울: 종로서적, 1988.

Knierim, Rolf P. "The Composition of the Pentateuch." *Society of Biblical Literature 1985 Seminar Papers*. Atlanta, Georgia: Scholars Press, 1985, 393~415.

______. *The Task of Old Testament Theology; Method and Cases.* Grand Rapids: Eerdman, 1995.

Köhler, Ludwig. *Old Testament Theology.* Philadelphia: Westminster, 1958.

Kugel, James L. "Topics in the History of the Spirituality of the Psalms." in Green, Arthur. ed. *Jewish Spirituality from the Bible through the Middle Ages.* New York: Crossroad, 1988, 113~144.

LaCocque, Andre. *Romance She Wrote: A Hermeneutical Essay on Song of Songs*. Eugene. Oregon: Wipf & Stock, 1998.

Levenson, John D. 홍국평 옮김.『시내산과 시온, 하버드대학 유대인 성서학자가 본 성서신학의 두 기둥』. 서울: 대한기독교서회, 2012.

______. "The Jerusalem Temple in Devotional and Visionary Experience," *Jewish Spirituality from the Bible through the Middle Ages.* ed., by Green, Arthur. New York: Crossroad, 1988, 32~61.

Rad, Gerhard von. *Wisdom in Israel.* Nashville: Abingdon, 1972.

Raitt, Thomas M. *A Theology of Exile*. Philadelphia: Fortress, 1977.

Reis, Pamela T. "Numbers XI: Seeing Moses Plain." *Vetus Testamentum* 55:2(2005), 207~231.

Sanders, James A. *From Sacred Story to Sacred Text*. Philadelphia: Fortress, 1987.

Shanks, Hershel. ed. *Ancient Israel: From Abraham to the Roman Destruction of the Temple.* Revised and Expanded Edition. 김유기 옮김. 『고대 이스라엘: 아브라함부터 로마인의 성전 파괴까지』. 서울: 한국신학연구소, 2005.

Shields, Martin A. *The End of Wisdom: A Reappraisal of the Historical and Canonical Function of Ecclesiastes.* Winona Lake, IN.: Eisenbrauns, 2006.

Sweeney, Marvin. *TANAK: A Theological and Critical Introduction to the Jewish Bible*. Minneapolis: Fortress, 2012.

Tamaret, Aaron S. "The Exile of the Presence and the Presence of the Exile." *Tikkun* 25:6 (Nov/Dec 2010), 56~58.

Wang, Tai-il. "On the Theology of the Pentateuch." in Kim, Wonil., Ellens, Deborah., Floyd, Michael., Sweeney, Marvin A. eds. *Reading the Hebrew Bible for a New Millennium: Form, Concept, and Theological Perspective*. vol. 2. Harrisburg, PA: Trinity International, 2000, 276~298.

______. "Performing the Scripture: Understanding the Bible from Korean Biblical Hermeutics." in Lee, Young Mee., Yoo, Yoon Jong. eds. *Mapping and Engaging the Bible in Asian Cultures*. Congress of the Society of Asian Biblical Studies 2008 Seoul Conference. Seoul: The Christian Literature Society of Korea, 2009, 37~52.

• 기타

매튜 폭스 해제·주석. 김순현 옮김. 『마이스터 엑카르트는 이렇게 말했다 - 대지를 품어 안은 엑카르트의 영성』. 왜관: 분도출판사, 2006.

유진 피터슨. 양혜원 옮김. 『그 길을 걸으라』. 서울: IVP, 2007.

구약과 웨슬리

발행일 2019년 11월 1일 초판 1쇄

지은이 왕대일
발행인 전명구
편집인 한만철
발행처 도서출판kmc

서울특별시 종로구 세종대로 149 감리회관 16층
(재)기독교대한감리회 도서출판kmc
전화 02-399-2008 팩스 02-399-2085
www.kmcpress.co.kr

ISBN 978-89-8430-831-2 03230

이 도서의 국립중앙도서관 출판예정도서목록(CIP)은 서지정보유통지원시스템 홈페이지(http://seoji.nl.go.kr)와 국가자료종합목록시스템(http://kolis-net.nl.go.kr)에서 이용하실 수 있습니다.(CIP제어번호:CIP2019041513)